国内外经典教材辅导系列·教育类

教育心理学

笔记和课后习题(含考研真题)详解

【适用张大均第3版教材】

主编：圣才考研网

www.100xuexi.com

中国石化出版社

内 容 提 要

本书是张大均主编的《教育心理学》(第3版)的学习辅导书。本书遵循该教材的章目编排，共分18章，每章由三部分组成：第一部分为复习笔记，剖析本章考点，并进行拓展延伸；第二部分为课后习题详解，提供课后习题的参考答案；第三部分为考研真题与典型题详解，精选部分参考价值较高的考研真题与典型试题并提供解答。

圣才考研网(www.100xuexi.com)提供张大均《教育心理学》电子书、题库。购买本书享受大礼包增值服务【本书电子书+配套题库(手机版、电脑版)】。手机扫码(本书封底)领取本书大礼包。

图书在版编目(CIP)数据

教育心理学笔记和课后习题(含考研真题)详解/圣才考研网主编. —北京:中国石化出版社,2023.4
ISBN 978-7-5114-7063-8

Ⅰ. ①教… Ⅱ. ①圣… Ⅲ. ①教育心理学-研究生-入学考试-自学参考资料 Ⅳ. ①G44

中国国家版本馆CIP数据核字(2023)第075059号

中国石化出版社出版发行

地址:北京市东城区安定门外大街58号
邮编:100011 电话:(010)57512500
发行部电话:(010)57512575
http://www.sinopec-press.com
E-mail:press@sinopec.com
武汉市盛宏源印务有限公司印刷
全国各地新华书店经销

*

787×1092毫米 16开本 17.5印张 435千字
2023年5月第1版 2023年5月第1次印刷
定价:68.00元

序　言

我国各大院校一般都把国内外通用的权威教科书作为本科生和研究生学习专业课程的参考教材，这些教材甚至被很多考试(特别是硕士和博士入学考试)和培训项目作为指定参考书。为了帮助读者更好地学习专业课，我们有针对性地编著了一套与国内外教材配套的复习资料，并提供配套的名师讲堂、电子书和题库。

张大均主编的《教育心理学》(第3版)是我国高校采用较多的教育心理学经典教材。作为该教材的配套辅导书，本书遵循第3版的章目编排，共分18章，每章由三部分组成：第一部分为复习笔记；第二部分为课后习题详解；第三部分为考研真题与典型题详解。本书具有以下几个方面的特点：

1. 框架图表体系，通俗易懂好记

本书每章的知识框架图和考点归纳表，在全方位把握核心考点的同时，提纲挈领地以思维导图形式，呈现重要的考点、难点，脉络清晰，一目了然，更容易记忆。

2. 解析课后习题，提供详尽答案

本书参考大量教育心理学相关资料对张大均主编的《教育心理学》(第3版)的课后习题进行了详细解答。

3. 精选考研真题，巩固重点知识

本书精选了部分名校近年的教育心理学考研真题，并提供了详细的答案。所选试题涵盖的知识点全面，特别注重理论联系实际，凸显当前热点。

4. 编撰典型习题，拓展解题思路

本书参考大量教育心理学相关资料为每章教材编撰了数量不等的典型习题，并进行了详细解答，对教材遗漏的某些重要知识点做了一定的拓展。

要深深牢记：第一，目前，部分高校研究生院往往会给考研专业课的复习指定一些参考书目，这些参考书目无疑是备考考生最重要的复习对象，但是，研究生入学考试作为一种发掘科研人才的选拔性考试，其属性决定考生仅仅把对专业知识的了解与掌握拘囿于一、两本参考书目是远远不够的，必须是对整个专业的学术概况有一定的了解，基于此，本书对笔记的编写和题目的选择融合了整个学科的重要资源，而不是只以一本教材作为依据。第二，考研不同一般考试，概念题(名词解释)要当作简答题来回答，简答题要当作论述题来解答，而论述题的答案要像是论文，有的论述题的答案简直就是一份优秀的论文(其实很多考研真题就是选自一篇专题论文)，完全需要当作论文来回答。总之，答得多不扣分，答得少则可能漏掉采分点！

购买本书享受大礼包增值服务。手机扫码(本书封底)领取本书大礼包。具体包括：①本书电子书；②配套题库(手机版、电脑版)。

圣才考研网(www. 100xuexi. com)是圣才学习网旗下的考研考博专业网站，提供全国各高校教育类专业考研考博辅导班、电子书、题库、全套资料(历年真题及答案、笔记讲义等)、国内外经典教材名师讲堂、考研教辅图书等。

考研辅导：kaoyan. 100xuexi. com(圣才考研网)

资格考试：www. 100xuexi. com(圣才学习网)

圣才考研网编辑部

目　录

第1章　绪　论 ……………………………………………………（1）

1.1　复习笔记 ……………………………………………………（1）

1.2　课后习题详解 ……………………………………………………（8）

1.3　考研真题与典型题详解 ……………………………………………………（11）

第2章　心理发展与教育 ……………………………………………………（17）

2.1　复习笔记 ……………………………………………………（17）

2.2　课后习题详解 ……………………………………………………（24）

2.3　考研真题与典型题详解 ……………………………………………………（26）

第3章　学习理论 ……………………………………………………（31）

3.1　复习笔记 ……………………………………………………（31）

3.2　课后习题详解 ……………………………………………………（39）

3.3　考研真题与典型题详解 ……………………………………………………（41）

第4章　教学理论 ……………………………………………………（52）

4.1　复习笔记 ……………………………………………………（52）

4.2　课后习题详解 ……………………………………………………（60）

4.3　考研真题与典型题详解 ……………………………………………………（63）

第5章　学习动机 ……………………………………………………（68）

5.1　复习笔记 ……………………………………………………（68）

5.2　课后习题详解 ……………………………………………………（75）

5.3　考研真题与典型题详解 ……………………………………………………（77）

第6章　学习策略 ……………………………………………………（84）

6.1　复习笔记 ……………………………………………………（84）

6.2　课后习题详解 ……………………………………………………（89）

6.3　考研真题与典型题详解 ……………………………………………………（92）

第7章　知识学习 ……………………………………………………（98）

7.1　复习笔记 ……………………………………………………（98）

7.2　课后习题详解 ……………………………………………………（105）

7.3　考研真题与典型题详解 ……………………………………………………（108）

第8章　规范学习 ……………………………………………………（114）

8.1　复习笔记 ……………………………………………………（114）

8.2　课后习题详解 ……………………………………………………（122）

8.3　考研真题与典型题详解 ……………………………………………………（125）

第9章 教学设计 ……（134）
9.1 复习笔记 ……（134）
9.2 课后习题详解 ……（141）
9.3 考研真题与典型题详解 ……（144）
第10章 教学策略 ……（149）
10.1 复习笔记 ……（149）
10.2 课后习题详解 ……（156）
10.3 考研真题与典型题详解 ……（160）
第11章 问题解决及其教学 ……（163）
11.1 复习笔记 ……（163）
11.2 课后习题详解 ……（170）
11.3 考研真题与典型题详解 ……（173）
第12章 创造性培养 ……（179）
12.1 复习笔记 ……（179）
12.2 课后习题详解 ……（184）
12.3 考研真题与典型题详解 ……（187）
第13章 教师心理 ……（192）
13.1 复习笔记 ……（192）
13.2 课后习题详解 ……（198）
13.3 考研真题与典型题详解 ……（202）
第14章 心理素质教育与学生心理健康 ……（211）
14.1 复习笔记 ……（211）
14.2 课后习题详解 ……（218）
14.3 考研真题与典型题详解 ……（220）
第15章 学生心理差异与因材施教 ……（223）
15.1 复习笔记 ……（223）
15.2 课后习题详解 ……（228）
15.3 考研真题与典型题详解 ……（232）
第16章 教学交往与课堂管理 ……（234）
16.1 复习笔记 ……（234）
16.2 课后习题详解 ……（240）
16.3 考研真题与典型题详解 ……（244）
第17章 美育心理及其效应 ……（249）
17.1 复习笔记 ……（249）
17.2 课后习题详解 ……（253）
17.3 考研真题与典型题详解 ……（255）
第18章 教与学的评价 ……（257）
18.1 复习笔记 ……（257）
18.2 课后习题详解 ……（264）
18.3 考研真题与典型题详解 ……（269）

第1章 绪 论

1.1 复习笔记

【知识框架(庖丁解牛)】

- 绪论
  - 教育心理学的对象和任务
    - 教育心理学的学科性质
    - 教育心理学的学科特点与体系
    - 教育心理学的任务和价值
  - 教育心理学的研究方法
    - 教育心理学研究的思想方法
    - 教育心理学研究的基本原则
    - 教育心理学的实证研究方法
    - 教育心理学研究的科学化
  - 教育心理学的历史回顾与发展展望
    - 教育心理学的诞生
    - 教育心理学的发展

【考点剖析与拓展(游刃有余)】

考点一、教育心理学的对象和任务

1. 教育心理学的学科性质

表1-1 教育心理学的学科性质

要点	具体内容
教育心理学的含义	是研究教育教学情境中主体的心理活动及其发展变化机制、规律和促进策略的学科
研究对象	教育教学情境中人的各种心理活动的特征、机制、规律和促进策略，具有二重性特征
活动主体	教育者(教师)和受教育者(学生)
学科目的	不仅要揭示教学情境中主体心理活动的特征、机制和规律，而且要重点揭示有效促进主体健全发展的策略
研究领域	①研究教育心理学的科学学问题，构建学科基础和学科体系。 ②研究主体心理发展的一般机制和规律，揭示教学主体心理活动的机制和规律。 ③研究教与学情境中促进主体心理发展的有效途径和策略，提高教学质量。 ④研究影响主体实现教学目标及主体发展的条件和因素，提高教学质量。 ⑤研究新兴研究课题，美育心理问题、教育社会心理问题等，适应时代发展

2. 教育心理学的学科特点与体系

表 1－2 教育心理学的学科特点与体系

要点	具体内容	
学科特点	从学科范畴来看	是心理科学与教育科学的交叉，也是心理学的分支
	从学科任务来看	是理论性学科与应用性学科的交叉，承担教育心理学理论任务又兼具实验指导作用
	从学科属性来看	是自然科学与人文社会科学的交叉，同时兼具自然科学和社会科学的属性
体系	理论体系	①基础理论：如关于人的本性的认识、关于教育本质的认识等。 ②学科理论：如教育心理学的科学学理论、领域理论、具体问题理论等。 ③相关理论：如智力发展理论、人格培养理论、态度转变理论等
	方法论体系	①哲学基础：指引教育心理学的诞生和不断发展。 ②科学背景：为教育心理学的发展提供了新的研究思路；为研究有机体的心理活动提供了科学的技术手段和方法。 ③方法论原则和实证研究方法：是任何科学的教育心理学研究都必须遵循的规范
	内容体系	教育心理学内容体系的变化具有开放性、渐进性和包容性等特点，有四个发展阶段： ①20 世纪初叶，以桑代克的《教育心理学》为代表的传统内容体系的初步确立。 ②20 世纪 20～50 年代，多学派并存，教育心理学不断发展、扩充内容的阶段。 ③20 世纪 60～90 年代，与教学实践相结合的认知理论占主导的阶段。 ④20 世纪 90 年代以后，从学派对立向学派融合转化的综合化阶段

3. 教育心理学的任务和价值

表 1－3 教育心理学的任务和价值

要点	具体内容		
任务	理论探索任务	从学科范畴看	①作为心理科学的分支，揭示教与学的基本心理规律，丰富和发展心理科学，尤其是教育心理学理论。 ②作为教育科学的分支，研究如何依据教学心理规律设计教育内容、改革教育方法、优化教育资源、提高教育效能、培养高素质人才
		从学科任务看	①理论学科，探索教与学情境中主体获得知识、发展智能、形成健全人格的心理机制和规律，为构建科学合理的教育心理学理论体系服务。 ②应用学科，探索如何通过教育心理学理论指导高效的教学实践
	实践指导任务	研究教与学情境中主体的心理规律为己任，以便学校系统地确立和应用必须遵循主体心理活动的特点和规律，以教育心理学提供的实施途径、策略等内容作具体指导	
价值	①提高教育工作者的理论素养，形成正确的教育观念。 ②完善教育工作者的知识结构，加速教师的专业化发展。 ③认识教与学的特点，贯彻因材施教的原则，提高教育效益		

考点二、教育心理学的研究方法

1. 教育心理学研究的思想方法

表1-4 教育心理学研究的思想方法

要点	具体内容
辩证观	辩证观是包括教育心理学在内的一切科学研究应遵循的思想方法。主张用联系的、系统的、发展的眼光看问题，一切从实际出发，反对机械论、经验论，从本质上系统地、完整地认识对象
人性观	①人性观是指对人(总体)的本质属性的根本观点，确立科学的人性观是教育心理学研究的重要的思想方法。 ②人具有生物本性、社会本性、独特的意识性
系统观	系统观，即从系统观出发去研究复杂的教育心理学问题，具体要做到： ①要把握主体心理的整体性。 ②要了解主体心理的层次性。 ③要分析主体心理的动态性。 ④要增强主体心理的自组织适应性

2. 教育心理学研究的基本原则

表1-5 教育心理学研究的基本原则

要点	具体内容	
客观性原则	含义	是指教育心理学的研究要实事求是，注重对事物本质、规律与机制的客观性探索
	贯彻注意事项	①收集资料时，对被试的记录应该如实详尽；应尽量采用多种方法，确保采集的第一手资料客观、准确、全面。 ②在研究资料的处理、研究结果的分析与整理过程中，要制定并依据客观标准，当研究假设与相应的理论不一致时，需要谨慎处理。 ③要依据研究资料下结论，在客观资料数据允许的范围内做出合理的判断，不应过度推论
教育性原则	含义	是指教育心理学研究乃至心理学研究需要遵守的基本伦理道德原则，研究过程中采用的实验研究手段与方法应能促进被试者心理的良性发展
	贯彻注意事项	①可以采取适当的手段获取真实的数据，但是应该适度。 ②不可伤害儿童心理的正常发展，要避免外部刺激对被试造成不良影响
理论联系实际的原则	含义	是指教育心理学研究应从教育情境，尤其是主体的实际需要出发
	贯彻注意事项	研究重点要由基础理论研究向应用研究倾斜，做到理论与实践紧密结合，把应用研究放在突出位置上，研究结论注意生态效度和实践价值

3. 教育心理学的实证研究方法

表 1－6　教育心理学的实证研究方法

<table>
<tr><th>要点</th><th colspan="3">具体内容</th></tr>
<tr><td rowspan="5">描述性研究方法</td><td>含义</td><td colspan="2">是指对教育教学的状况、过程和特征进行客观、准确、详细描述的方法</td></tr>
<tr><td rowspan="4">分类</td><td>观察法</td><td>①含义：是指应用感官或借助于科学的观察仪器，有计划、有目的地对被试的言行进行考察，从而收集资料的一种方法。
②使用条件：对观察情景不加控制，不影响被观察者的正常行为，便于使用，既可单独使用，也可结合其他方法进行。
③优缺点：记录的材料较真实，但不够精密。
④注意事项：a. 选择特定的观察内容，最好只观察少数或一种行为；b. 事先界定需观察的行为；c. 观察时应随时记录，可利用录音、录像设备；d. 观察时间不宜过长，但对同一类行为可重复观察；e. 尽量避免被试知道观察行为，保证被试的行为真实，可采用单向玻璃等技术</td></tr>
<tr><td>调查法</td><td>①含义：是指在自然条件下，对所要研究的对象的状况进行实际了解，从而收集有关资料的一种方法。
②类型：包括面谈、家访、作业分析等，使用最广泛的是问卷法。
③优点：简便易行，可取样大，使研究对象具有广泛性和代表性，还可对数据资料做统计处理。
④编制问卷的注意事项：a. 问卷题目不宜过多，要根据调查目的合理设计；b. 问卷应尽量生动有趣，且题目的回答应尽量简单；c. 问卷应包含探测项目，用以了解被调查者回答的真实性；d. 问卷施测前，应进行信度和效度分析</td></tr>
<tr><td>个案研究法</td><td>①含义：是指对一个人或一组人的问题进行研究的方法，有时与纵向追踪研究相结合。
②优点：系统记载了被试某些心理活动的发展状况，为分析和解决被试教学心理问题，提供了基本资料。
③注意事项：研究者与被调查者要建立良好的关系</td></tr>
<tr><td>教育经验总结法</td><td>是指教育工作者总结自己的平时工作经验，以获得理解有关教育心理学现象的方法</td></tr>
<tr><td rowspan="3">实验性研究方法</td><td>含义</td><td colspan="2">是指从某种理论或假设出发，有计划地控制某些条件，以促使某种或某些现象的产生，从而对其结果进行分析研究的一种方法</td></tr>
<tr><td rowspan="2">分类</td><td>实验室实验法</td><td>①含义：是指在特别创设的条件下(通常指实验室)进行实验的方法。
②特点：对实验情境和实验条件进行严格控制；实验结果的记录、统计比较精确客观。
③优缺点：优点是控制严格，所获数据可重复性高且较可靠。缺点是简化了教育情境中的心理现象，有明显人为性，且实际推广的应用价值有限</td></tr>
<tr><td>自然实验法</td><td>①含义：是指在教育实际中按照研究目的控制某些条件，以引起某种心理活动而进行研究的方法。</td></tr>
</table>

续表

要点	具体内容		
实验性研究方法	分类	自然实验法	②优缺点： a. 优点：与实际联系密切，能反映真实情况。但自然实验一般花费较高，所需的研究技能也较复杂。 b. 缺点：由于是在真实的自然情境中进行的研究，被试的取样与分配、实验处理等都不是随机的，而是以符合实际条件的方式来操作的，有许多变量参与到实验中，影响着实验结果。 ③基本形式： a. 单组实验，是同一组被试在其他条件恒定时先后接受不同实验因素影响的实验。 b. 等组实验，是用两个或多个条件相当（或相等）的被试样本施以不同的实验因素从而对照分析各实验因素效果的实验。 c. 循环组实验，是单组实验和等组实验相结合，各实验因素轮流施行

4. 教育心理学研究的科学化

表1－7　教育心理学研究的科学化

要点	具体内容
规范化教育心理学研究程序的方法	一个完整的教育心理学研究范式包括： ①理论探讨。 ②课题选择。 ③文献资料收集与查阅。 ④提出研究假设。 ⑤制订研究计划。 ⑥选择研究方法和对象。 ⑦实施具体研究。 ⑧整理与分析研究结果。 ⑨检验研究结果。 ⑩撰写研究报告
规范教育心理学研究的有效性的方法	保证教育心理学研究的有效性，必须学会评价研究的有效性。一般通过对实验过程和实验结果的处理来判定，具体评判步骤包括： ①被试的分组是否做到了随机同质。 ②无关变量是否得到了有效的鉴别与控制。 ③研究过程是否做到了有效合理的控制。 ④研究结果的数据分析处理是否做到了客观可靠。 ⑤研究的过程和结果是否具有可代表性和重复性

考点三、教育心理学的历史回顾与发展展望

1. 教育心理学的诞生

（1）教育心理学诞生的背景

表 1-8　教育心理学诞生的背景

要点	具体内容
社会背景	①工业革命的期待。 ②城市化进程的要求。 ③解决移民带来的教育问题的需要
哲学背景	①经验主义，如桑代克在洛克的联想主义哲学基础上，提出了三大学习律。 ②理性主义，如在天赋观念基础上，提出了图式、知识结构、认知结构等观念。 ③实证主义，如实证主义指导教育心理学成为一门独立学科。 ④实用主义，如实用主义理论促进了具有应用性质的教育心理学的产生和发展
心理学背景	①教育心理化运动。强调教育作为一种科学必须以心理学为基础，一切教育活动，包括教学理论的提出、教学内容的编制、教学过程、教学方法和原则的使用等等都要遵循受教育者的心理发展规律。 ②心理测量运动。心理测量为教育心理学的发展提供了一种重要的研究手段，心理测量学的发展促进教育心理学的研究从理论性和定性的探索走向实验性和定量化的研究。 ③儿童研究运动。儿童研究运动的发展推动了心理学方法在教育学研究中的运用，指出教育研究需要尊重儿童的身心发展规律，从而改善了教育实践。 ④冯特的科学心理学。冯特建立了第一个心理实验室，标志着现代心理学(即科学心理学)的开端。 ⑤艾宾浩斯的记忆研究。该研究证明遗忘是有规律的，人们可以从遗忘曲线中掌握遗忘规律并加以利用，因此也证明了人类的高级心理是可以改变和促进的。 ⑥动物心理研究。通过研究动物行为来揭示动物的心理状态和心理发展的规律，并应用于人类的学习行为
科学理论背景	主要是指进化论对心理学的影响，具体表现为： ①认为动物活动是有机体的某种表现，人的心理和有机体具有同一性，因此心理活动指导实践活动。 ②人和动物在心理上具有连续性，因此可以将动物心理行为的规律应用于人类的学习行为。 ③强调心理适应环境的作用，推动了侧重应用的教育心理学的产生。 ④个体差异思想被发展成为桑代克科学教育心理学理论的三大内容之一

(2)教育心理学诞生的标志

①教育心理学的催产士——詹姆斯、杜威

a. 詹姆斯的《给教师的谈话》推动了心理学原理向教学原理的转化，为教育心理学的创立提供了良好的环境。

b. 杜威的教育心理学思想几乎涉及教学的每个方面，而且他也在教育实践中大力宣传和推广教育心理学。

②教育心理学的创立者——桑代克

1903 年，桑代克出版《教育心理学》，创立了教育心理学这门学科，使教育心理学从教育学和儿童心理学中分化出来，成为一门独立的学科。因此，桑代克被称为教育心理学的奠基人。

2. 教育心理学的发展

表 1-9　教育心理学的发展

要点		具体内容
发展阶段	创立阶段（20 世纪 20 年代以前）	①1903 年，美国心理学家桑代克出版了《教育心理学》，这是西方第一本以教育心理学命名的专著，奠定了教育心理学发展的基础，西方教育心理学的名称和体系由此确立。 ②1906 年我国的第一本教育心理学著作《教育实用心理学》出版，由日本小泉又一编纂，后由房宗岳译补
	迷茫阶段（20 世纪 20 到 50 年代）	①学科发展陷于“等待”与“借用”的困境，教育心理学盲目从其他邻近心理学科中借鉴研究成果，忽略了自身理论构建，内容零散、庞杂，未出现重要进展。 ②我国第一本《教育心理学》教科书出版，由我国早期心理学家廖世承于 1924 年编写
	选择阶段（20 世纪 60 到 90 年代）	①主要有两项任务：a. 对各派理论内核的选择和研究领域的选择、拓展；b. 重构学科体系。 ②1976 年“文革”结束后，我国教育心理学的研究工作逐渐恢复和发展，研究课题逐项展开，研究队伍不断扩大。 ③国内外教育心理学研究内容开始趋于集中，多数研究围绕教学的有效性开展。教育心理学作为一门具有独立的理论体系的学科正在形成
	整合阶段（20 世纪 90 年代以后）	自 20 世纪 90 年代以后，教育心理学的发展呈现整合趋势，具体表现为： ①理论构建的综合化倾向：吸取融合不同门派理论，综合构建教育心理学理论体系。 ②研究取向的整体化倾向：从教与学的整体出发，探讨构建完整的教育心理学体系。 ③研究方法论的本土化倾向：立足本土化研究，构建教育心理学的方法论体系
主要问题	研究对象认识不统一	学者们对研究对象的认识，主要包括以下几种观点： ①心理教育学化观点。 ②以儿童发展研究为中心的观点。 ③以学习研究为中心的观点。 ④以教学研究为中心的观点。 ⑤综合化的观点
	研究内容缺乏系统性与稳定性	①忽视了心理现象本身的统一性，为了易于实验和控制被分割成互不联系的小块。 ②研究课题繁杂多样，但还缺乏核心。 ③教育心理学的内容、领域和方法变化无常
	学科性质定位模糊	针对教育心理学学科性质，具有两种不同的观点：一是认为教育心理学是将心理学原理应用于教育研究领域；二是认为教育心理学的研究内容是教育情境中的心理现象，本身是一门独立的学科。这就造成了以下几方面的问题： ①给学科发展带来困扰，如在研究中学科的应用性和学科体系的建立不能得到兼顾。 ②给学科实践带来困难，如广大教育心理学工作者无法真正认识自己的角色与地位。 ③就未来教育心理学家的培养来说，无法规范教学内容和培养方向
	研究方法亟待提高	①教育心理学没有自身独特的研究方法，还不是一门成熟的科学。 ②教育心理学研究方法没能很好地将定量和定性研究结合起来
	实践指导亟待加强	传统的教育心理学往往通过在具体的教育学科中运用其基本原理而间接对教育实践起指导作用，对教学实践的直接指导作用较弱

续表

要点		具体内容
研究趋势	研究取向	从行为范式、认知范式向情境范式转变。情境观将知识与学习看成是同现实活动和情境紧密联系的，强调社会因素、动机等对知识和策略获得的影响，用互动的观点去理解和解释学习的过程和结果
	研究内容	强调教与学的心理并重；认知与非认知的研究并举；新兴与传统的领域互补
	研究思路	强调认知和人本观的统一、分析观和整体观的结合
	学科体系	从庞杂、零散逐渐转向系统、整合、完善
	研究方法	强调研究方法要逐渐科学化、客观化、人文化和生态化，注重分析与综合、量性与质性、人文精神与科学精神、现代化与生态化相结合

1.2 课后习题详解

1. 什么是教育心理学？教育心理学的研究对象是什么？

答：(1)教育心理学的含义

教育心理学，是研究学与教的基本心理规律的科学。这一表述包含以下三层意思：

①研究对象是学的过程、教的过程以及学与教之间的相互作用。

②活动主体是教育者(教师)和受教育者(学生)。

③教育心理学不但应揭示教育教学情境中主体心理活动的特征、机制和规律，而且应重点揭示有效促进主体健全发展的策略。

(2)教育心理学的研究对象

教育心理学的研究对象主要包括以下五个研究领域：

①研究教育心理学的科学学问题，构建学科基础和学科体系。

②研究主体心理发展的一般机制和规律，揭示教与学情境中主体心理活动的机制和规律。

③研究在教与学情境中促进主体心理发展变化的有效途径和策略。

④研究制约和影响主体顺利实现教与学的目标及主体发展的条件和因素。

⑤新兴研究课题，如美育心理问题、教育社会心理问题、心理健康教育和心理素质培养问题、有效教与学的策略问题等。

这五个研究领域分别从不同侧面揭示了教育心理学研究对象发展变化的特征和规律，即把学生的学习心理作为研究的主要领域。但现代教育心理学主张学习心理研究与教学心理研究并重，因此，教育心理学应从教与学的不同维度对主体心理活动及其规律进行研究。

2. 为什么说教育心理学是一门交叉学科？

答：任何一门学科的性质都是与其研究对象密不可分的，研究对象规定学科的体系并决定这门学科的性质特点。教育心理学研究的对象是教育过程中学生的各种心理现象及其变化规律、并根据这些规律研究如何有效地学与教，教育心理学是一门基础研究和应用研究并重的学科。教育心理学作为心理学的分支学科具有较强的理论性，作为指导教育实践活动的学科又具有极为鲜明的实践性与应用性。具体表现为以下三个方面：

(1)从学科范畴看，教育心理学是心理学与教育学的交叉，也是心理学的分支。

(2)从学科任务看，教育心理学是基础科学与应用科学的交叉，承担教育心理学理论发展任务的同时也兼具着实验指导作用。

(3)从学科属性来看，教育心理学是自然科学与社会科学的交叉，同时兼具自然科学和社会科学的属性。

3. 教育心理学诞生的基本条件有哪些?

答：1903年，桑代克的《教育心理学》出版，标志着教育心理学的诞生。为教育心理学诞生做铺垫的基本条件，主要包括以下几个方面：

(1)社会背景

教育心理学诞生于20世纪初的美国，当时美国正处于进入资本主义工业化时期。这一时期的社会背景因素是推动教育心理学成为独立科学的重要因素，主要表现为以下几个方面：

①西方工业革命对教育的期待。工业化的加速要求社会建立公共教育机构来承担起教育儿童、青少年的责任。

②城市化进程与教育发展。西方的城市化特征要求公民在具备一定的专业知识和技能的同时，必须遵守城市的各种规范和制度，从而推动了基础公共教育事业的发展。

③移民带来的教育问题。美国是典型的移民国家，不同种族的不同文化背景，容易引起社会冲突。解决这些冲突，亟待通过教育将不同文化背景的人"美国化"。

(2)哲学背景

哲学背景为教育心理学的诞生提供了指引方向，其中最为突出的包括以下几种哲学流派：

①经验主义，如桑代克在洛克的联想主义哲学基础上，提出了三大学习律。

②理性主义，如现代教育心理学理论中的图式、知识结构、认知结构等概念就与理性主义有一定联系。

③实证主义，如实证主义使教育心理学成为一门独立学科。

④实用主义，如实用主义理论促进了具有应用性质的教育心理学的产生和发展。

(3)心理学背景

在教育心理学诞生之前，科学心理学已从哲学中分离出来，成为一门独立的学科，并取得了丰富的成果，为教育心理学的诞生提供了理论基础，具体表现为以下几个方面：

①教育心理化运动。强调教育作为一种科学必须以心理学为基础，一切教育活动，包括教学理论的提出、教学内容的编制、教学过程、教学方法和原则的使用等等都要遵循受教育者的心理发展规律。

②心理测量运动。心理测量为教育心理学的发展提供了一种重要的研究手段，心理测量学的发展对于促进教育心理学的研究从理论性和定性的探索走向实验性和定量化的研究。

③儿童研究运动。儿童研究运动的发展推动了心理学方法在教育学研究中的运用，指出教育研究需要尊重儿童的身心发展规律，从而改善了教育实践。

④冯特的科学心理学。德国生理学家冯特建立了第一个心理实验室，标志着现代心理

学(即科学心理学)的开端。其抛弃精神分析所强调的意识问题，以可量化的实验来研究心理学，不同于精神分析学者所强调的质的研究。

⑤艾宾浩斯的记忆研究。该研究证明遗忘是有规律的，遗忘的进程不是均衡的，人们可以从遗忘曲线中掌握遗忘规律并加以利用，从而提升自我记忆能力。

⑥动物心理研究。通过研究动物行为来揭示动物的心理状态和心理发展的规律，在研究中注重采用试验法。

(4)科学理论背景——进化论

进化论对心理学的影响表现为以下几个方面：

①认为动物活动是有机体的某种表现，人的心理和有机体具有同一性，因此心理活动指导实践活动。

②人和动物在心理上具有连续性，因此可以将动物心理行为的规律应用于人类的学习行为。

③强调心理适应环境的作用，推动了侧重应用的教育心理学的产生。

④个体差异思想被发展成为桑代克科学教育心理学理论的三大内容之一。

4. 教育心理学百年发展中存在的主要问题有哪些?

答：教育心理学，是研究学与教的基本心理规律的科学。其理论基础既包括教育学理论，又包括心理学理论，因此对教育心理学的认识还存在以下几方面的问题：

(1)对研究对象的认识不明确

学者们对研究对象的认识，主要包括以下几种观点：

①心理教育学化观点。

②以儿童发展研究为中心的观点。

③以学习研究为中心的观点。

④以教学研究为中心的观点。

⑤综合化的观点。

(2)对研究内容的把握缺乏系统性和稳定性

一方面，随着社会和教育心理学自身的发展，教育心理学的研究内容发生变化；另一方面，随着教育心理学的发展壮大，部分本属于教育心理学的传统研究领域逐渐独立出来成为心理学的一个独立的分支学科。教育心理学对研究内容的把握缺乏系统性和稳定性，具体表现为以下几个方面：

①忽视了心理现象本身的统一性，为了易于实验和控制，心理现象被分割成互不联系的小块。

②研究课题繁杂多样，但还缺乏核心。

③教育心理学的内容、领域和方法变化无常。

(3)对教育心理学的学科性质定位模糊

针对教育心理学学科性质，具有两种不同的观点：一是认为教育心理学是将心理学原理应用于教育研究领域；二是认为教育心理学的研究内容是教育情境中的心理现象，本身是一门独立的学科。这就造成了一些问题，主要包括以下三个方面：

①给学科发展带来困扰，如在研究中学科应用性和学科体系的建立不能得到兼顾。

②给教育心理学的实践带来困难，如许多教育心理学工作者缺乏对学科性质的清楚认识。

③由于学科性质的不确定，教育心理学无法规范教学内容和培养方向。

(4)研究方法的独特性和科学性亟待提高

教育心理学的研究方法的独特性和科学性亟待提高，具体表现为以下两个方面：

①教育心理学没有自身独特的研究方法，还不是一门成熟的科学。

②教育心理学的研究方法没能很好地将定量和定性研究结合起来。

(5)对教与学实践的直接指导作用亟待加强

传统的教育心理学往往通过在具体的教育学科中运用其基本原理而间接对教育实践起指导作用，对教学实践的直接指导作用较弱。

5. 如何客观把握当代教育心理学发展的基本趋势?

答：教育心理学，是研究学与教的基本心理规律的科学。随着教育背景、教育主体的变化，以及教育学和心理学的发展，当代教育心理学发展的基本趋势主要表现为以下几个方面：

(1)在研究取向上，从行为范式、认知范式向情境范式转变。情境观认为，知与行是交互的——知识是情境化的，通过活动不断向前发展，参与实践促进了学习和理解。必须抛弃概念是独立实体这个想法，而应该把它看作工具，只有通过应用才能被完全理解意义和身份都是在互动中建构的。

(2)在研究内容上，强调教与学的心理并重；认知与非认知的研究并举；新兴与传统的领域互补。

(3)在研究思路上，强调认知和人本观相统一、分析观和整体观相结合。人本主义教育心理学、认知观教育心理学都存在一定的缺陷，但人本主义教育心理学致力于解决认知观教育心理学存在的问题，这为两者的融合提供了可能。

(4)在学科体系上，从庞杂、零散逐渐转向系统、整合、完善。透过当今教育心理学多取向研究的互补，不难看到其整合的趋势，这对教育心理学的发展具有重要意义。

(5)在研究方法上，强调研究方法要逐渐科学化、客观化、人文化和生态化，注重分析与综合、量性与质性、人文精神与科学精神、现代化与生态化相结合。总的发展趋势是：

①将由宏观考察转向微观机制的分析。

②从注重吸收现代科学成果转向吸取现代科学思维方式，注意对过程和方法论的研究。

③从线性研究转向非线性研究，即强调用综合、动态、交互的观点去研究教育心理现象。

1.3 考研真题与典型题详解

一、单项选择题

1. 根据维果茨基观点，属于心理工具的是(　　)。[统考2021年研]

A. 微信表情　B. 毛笔　C. 无人机　D. 口罩

【答案】A

【解析】维果茨基的文化历史发展理论认为，人有两种工具，一种是物质工具，一种是心理工具(精神工具)。心理工具是指人为创造的标记、符号、文字、公式、图像等。它们能够帮助个体去掌握并适应于自己所在文化的心理功能，如感知觉、记忆、注意等。题目中只有微信表情属于符号。

2. 教育心理学的研究对象是(　　)。
A. 教育教学情境中师生教与学相互作用的心理过程，教与学过程中的心理现象
B. 学与教以及两者相互作用的心理规律
C. 学与教的心理规律，但以后者为主
D. 学与教的心理规律，但以前者为主
【答案】A
【解析】教育心理学是一门通过科学方法研究学与教相互作用基本规律的科学，是应用心理学的一个分支。教育心理学的知识围绕学与教的相互作用而组织，包括学生心理、学习心理、教学心理和教师心理四大部分内容。其研究对象包含了学习与教学的交互模式、学习与教学的因素、学习与教学的过程，学习与教学的过程是一个系统过程，两者地位没有主次之分。

二、概念题

1. 教育心理学[东北师范大学 2018 年研]

答：教育心理学是研究教育教学情境中主体的心理活动及其发展变化机制、规律和促进策略的学科。这一定义包含三层意思：①研究对象是教育教学情境中人的各种心理活动的特征、机制、规律和促进策略；②施教者(教师)和受教者(学生)都是活动的主体，是心理与行为的承担者和组织者，都属于教育心理学的研究范畴；③教育心理学不但要揭示教育教学情境中主体心理活动的特征、机制和规律，而且要重点揭示有效促进主体健全发展的策略。

2. 观察法

答：观察法是通过直接观察教育教学过程并记录下个体某种心理活动的表现或行为变化，从而了解学生心理的方法。在观察中，研究者对观察情境不加任何控制条件，不影响被观察者的正常行为。观察法是教育心理学研究中最普遍、最基本的方法之一。这种方法应用简便，可直接使用，也可结合其他方法进行。观察法记录的材料比较真实，但是不够精密，它不但需要观察者具有敏锐的观察力，善于从纷繁复杂的情境中捕捉所需的行为表现，同时还要进行及时的记录。

3. 实验法

答：实验法，即实验性研究方法，是指在控制严格的实验条件下，操纵教育教学情境中的一些变量而研究其效应的方法。实验法根据场所的不同可分为两种：①实验室实验法，是在专门的实验室内利用一定的仪器进行心理实验，通过实验获得人的心理现象的某些科学依据；②自然实验法，是指在教育实际中按照研究目的控制某些条件，以引起某种心理活动而进行研究的方法。自然实验的基本形式包括单组实验、等组实验、循环组实验三种。

三、简答题

1. 什么是教育心理学？［湖北大学2018年研］

答： 教育心理学作为一门独立的学科，不但有其自身的学科性质研究对象、学科体系，而且有其自身的发展轨迹和研究方法，这些都是学习教育心理学首先应该明确的基本问题。

（1）教育心理学的作用

教育心理学旨在帮助学习者掌握现代教育心理学的理论和方法，提高理论素质，为学习其他专业课程奠定理论基础，使学习者能应用所学理论和方法，分析、探讨、解决教育教学中的各种心理问题，掌握教育心理规律，提高教育能力和教育科研能力。

（2）教育心理学的学科性质、研究对象、学科体系及其研究方法

①教育心理学的含义

教育心理学是研究学校教育教学情境中主体的各种心理活动及其交互作用的运行机制和基本规律的科学。这一定义包含三层意思：

a. 教育心理学要研究学校教育教学情境中的各种心理现象。

b. 在学校教育教学情境中施教者和受教者是活动的主体、行为的承担者。

c. 教育心理学的基本任务是揭示学校教育教学情境中主体心理活动及其交互作用的运行机制和基本规律。

②教育心理学的学科特点

a. 从学科范畴看，它既是心理学的一个分支学科，又是以教育学与心理学结合而产生的交叉学科。

b. 从学科作用看，它既是一门理论性学科（具有基础性），又是一门应用性较强的学科（具有实践指导性）。

c. 从学科发展来看，教育心理学还是一门交叉学科，其交叉性的特点主要表现在自然科学与人文社会科学的交叉，且兼具自然科学和人文社会科学的某些特征。

③教育心理学的研究对象

教育心理学主要从三个层面对教育教学活动主体的心理进行研究：

a. 客观描述教育教学情境中主体心理活动的特点。

b. 揭示主体心理活动运行的机制和规律。

c. 为促进主体（尤其是学生）心理健康发展、顺利成长和成才创造条件和提供科学方法指导。

④教育心理学的学科体系

a. 20世纪初期，教育心理学的内容体系是普通心理学的理论框架加教育工作实际材料的印证。

b. 20世纪中期，教育心理学的内容体系出现了两派：一是以发展心理学为基础，按照儿童年龄阶段的分期，加上教育工作的材料来建构教育心理学的内容体系；二是按照教育学与教学法的基本体系，应用心理学的材料，来建构教育心理学的内容体系。

c. 20世纪70～80年代，教育心理学得到了长足的发展，出现了以人的学习与发展为理论基础，以教与学过程的科学研究资料为事实来建构教育心理学的内容体系。

d. 当前国内外教育心理学体系除重视学习心理这一经典和主干问题外，对品德心理、

教学心理、教师心理、能力与个别差异和教育社会心理等内容也日渐重视。

e. 我国教育心理学内容体系中的品德心理、美育心理和体育心理等，是国外同类教科书中少见的，有中国特色。

⑤教育心理学的研究方法

a. 教育心理学研究的基本原则有：客观性原则、系统性原则、教育性原则、理论联系实际的原则。

b. 教育心理学的研究方法有：描述性研究方法、实验性研究方法。

2. 教育心理学在发展过程中，取得了哪些主要成就？还存在哪些问题？

答：教育心理学发展至今已取得了很大的成就，但同时也存在着一些根本性的问题。

(1)教育心理学的主要成就

①教育心理学从无发展到有，而且目前已成为心理科学中一个较发达的分支。

②教育心理学的研究成果显著，在本学科的发展过程中，不仅创立了许多学习理论，提出了许多教育、教学的心理学观点，而且积累了大量的研究资料，出版了大量的研究作品和有关教育心理学的著作。所有的理论及其所依据的研究资料都为本学科的建设奠定了良好的基础。

③教育心理学对教育实践的作用越来越显著。20世纪50年代以来，轰动一时的一些重大教育改革运动，也都是由教育心理学家发起的。在理论思想方面，外因论和机械论被逐渐克服；实验采用心理模拟法；理论研究与实际研究相结合；在传统理论及课题基础上提出了许多新的理论、研究课题与方法，如认知理论、构造观点、累积学说、内化学说、信息加工模式等；微观研究与宏观研究相结合；分析性研究与综合性研究相结合；定量研究与定性研究相结合。所有这些，对教育心理学的发展都将产生重大的影响。

(2)教育心理学发展中存在的主要问题

①教育心理学研究对象不明确，意见分歧大。

②传统的教育心理学的内容庞杂，体系凌乱。

③教育心理学与邻近学科的关系不明。

(3)研究方法有待改进

教育心理学是一门不够成熟的学科，积累的资料也还不够。研究所依据的事实，并不都来自实验，因而其结果的科学性和精确性会受到影响。在教育心理学研究中，要重视方法，但又不局限于某种固定的方法。

3. 怎样确定一个有价值的教育心理学研究课题？

答：确定一个有价值的教育心理学研究课题程序如下：

(1)选定研究主题。

(2)形成研究问题。

在教育实际工作中，常会提出这样那样的问题。面对问题，第一步是构想出一个明确而具体的问题；然后对问题中的概念加以界定。

(3)确定变量及其测量技术：

①确定变量。

②选择测量技术。

(4)提出假设。

(5)选择研究方法。

四、论述题

1. 试论质性研究对教育实践的意义与影响。[首都师范大学2013年研]

答：定性研究，是指研究者运用历史回顾、文献分析、访问、观察、参与经验等方法获得教育研究的资料，并用非量化的手段对其进行分析、获得研究结论的方法。由于教育研究的对象的特殊性，量化的研究所反映的变量与变量之间的关系仍不足以全面地反映教育研究的特性。而且，在教育研究过程中，研究者往往不仅会碰到量的资料，也会有大量质的资料。因此，教育研究中不仅需要量的方法，而且也需要质的方法。

(1)质性研究对教育实践的意义

①定性研究方法，使得研究者更仔细地研究所选择的论题，并且不受先前决定的分析范畴所限制，实地研究更具深度、开放性，且详尽周密。

②定性研究方法会产生关于较少数人的丰富又详尽的资料，可增进我们对所研究个案和情境深入而具体的了解。正因为如此，定性研究也会降低其结论普遍性的意义。

③在定性研究中，研究者即是工具。这是定性研究的一个基本的观点，也是定性研究的特色和难点所在。定性研究之效度，关键在于进行资料分析、实地工作的技巧、能力和操作的严谨性。另一方面，这一人类工具的独特性是建基于弹性、洞察能力等品质之上的，这些都足以弥补量的研究过程中的不足。

(2)质性研究对教育实践的影响

质性研究有一定优点，也有一些局限性。质性研究是“描述”的定性研究的资料大多是文字形式的描述性资料，这些资料被称为软性的资料；研究者关心的不仅是事情的结果，而且关心现象的过程；研究者在进行研究时是弹性的和临场性的；研究的问题不是由操作定义的变量来界定，而是在现场进行研究时逐渐呈现而成的；研究的探究程序是开放的和见机行事的，需要参照在现场情境所搜集的事实持续地定义研究的方向；研究是“人性化的”研究者探究人世现象的方法会影响其如何看他们自己，当定性研究者探究某个社会人群时，是亲自地去了解他们，去体验他们在社会中日常生活；研究是“非判断的”对定性研究者而言，所有的观点都是有价值的，研究者不是要寻求真理或标准，而是仔细地了解人们的观点，在定性研究中，所有的人都被视为相等的，少年罪犯的观点和法官的观点一样的重要。由于质和量的方法具有不同的优缺点，它们是可相互补充而非排斥的研究策略。质的和量的资料，可以在不同研究或者同一研究中得到体现，构成了教育研究的丰富而多元的内涵。

2. 论述教育心理学的发展过程。

答：教育心理学的产生和发展有其过程，具体包括以下几个发展时期：

(1)初创时期(20世纪20年代以前)

随着19世纪资本主义市场经济的形成、政治经济的发展，普及教育的改革相继在世界范围内展开，教育心理学由此诞生，其标志是1903年美国心理学家桑代克出版的《教育心理学》。这一时期教育心理学著作的特点是内容多以普通心理学的原理解释实际的教育问题。

(2)发展时期(20世纪20年代~50年代末)

在20世纪20年代以后，西方教育心理学汲取儿童心理学和心理测量方面的研究成果，大大扩充了学科的内容。30年代以后，学科心理学发展很快。到40年代，弗洛伊德的理论广为流传，有关儿童的个性和社会适应以及生理卫生问题也进入了教育心理学领域。50年代，程序教学和机器教学兴起，信息论的思想为许多心理学家所接受，这些成果也影响和改变了教育心理学的内容。这一时期，学习理论是教育心理学的主要研究领域，此时的教育心理学尚未成为一门具有独立理论体系的学科。

(3)成熟时期(20世纪60年代~80年代末)

①西方教育心理学的成熟。从20世纪60年代开始，西方教育心理学的内容日益集中。教育心理学作为一门具有独立理论体系的学科正在形成。西方教育心理学比较注重结合教育实际，注重为学校教育服务。如美国教育心理学家布鲁纳发起了课程改革运动、皮亚杰理论被介绍到了美国、罗杰斯也提出了“以学生为中心的主张”。随着计算机的发展，美国教育心理学家围绕着计算机辅助教学的条件和效果进行了大量的研究工作。

②苏联教育心理学的成熟。20世纪60年代以来，苏联教育心理学的发展表现出以下几方面的动向和特点：

a. 日趋与发展心理学相结合，开展了许多针对儿童心理发展的实验研究。如赞可夫开展“教学与发展”实验研究，出版了《年龄与教育心理学》，直接推动了本国的学制和课程改革。

b. 发展了不同于西方的学习理论，如巴甫洛夫的联想－反射理论、列昂节夫和加里培林的学习活动理论。

③我国教育心理学的成熟。20世纪50年代，我国主要学习和介绍苏联的教育心理学理论和研究，只做了一些有关教学改革和儿童入学年龄的实验研究。60年代前期，在学科心理方面做了大量的实验研究。60年代后期到70年代前期，我国教育心理学的研究一度中断。

(4)深化拓展时期(20世纪90年代以后)

这一时期，教育心理学越来越注重与教学实践相结合，教育心理学得到了大发展，计算机教学应用的研究也达到了一个新的水平。教育心理学理论派别的分歧越来越小，一方面，认知派理论和行为派理论都在吸取对方合理的部分，另一方面，东西方心理学跨越鸿沟，相互吸收。

第2章　心理发展与教育

2.1　复习笔记

【知识框架(庖丁解牛)】

- 心理发展与教育
  - 认知发展与教育
    - 皮亚杰的认知发展理论与教育
    - 维果茨基的认知发展理论
  - 人格发展与教育
    - 人格发展的含义及影响因素
    - 人格的发展与培养
    - 自我意识的发展及培养
  - 社会性发展与教育
    - 社会性发展的内涵
    - 亲社会行为的发展与教育
    - 攻击行为的发展与教育
    - 同伴关系的发展及培养

【考点剖析与拓展(游刃有余)】

考点一、认知发展与教育

1. 皮亚杰的认知发展理论与教育

皮亚杰是瑞士著名的发展心理学家和发生认识论的创始人，对儿童认知发展进行了系统的研究，所著《教育心理学》标志着教育心理学发展成一门独立的学科。

表2-1　皮亚杰的认知发展理论与教育

要点	主要内容	
认知发展的实质	概述	认知发展的实质就是图式的发展。儿童在利用自身已有的图式与环境进行同化和顺应，不断达成与环境的新的平衡，从而实现认知发展
	含义	①图式，是指儿童用来适应环境的认知结构。人最初的图式来源于先天的遗传，表现为一些简单的反射，如抓握反射、吸吮反射等。 ②同化，是指儿童把新刺激物纳入已有图式的认知过程。同化是在原有图式的基础上对其进行丰富的过程，引起图式的量变。 ③顺应，是指当有机体不能利用原有图式接受和解释新的刺激时，其认知结构由于刺激的影响而发生改变的过程。顺应引起图式的质变，使儿童的认知能力达到新的水平。 ④平衡，是指同化和顺应间的均衡。平衡是相对的，不平衡是绝对的。个体正是在平衡与不平衡的交替中不断建构和完善其认知结构，实现认知发展

续表

<table>
<tr><th>要点</th><th colspan="2">主要内容</th></tr>
<tr><td>影响认知发展的因素</td><td colspan="2">①成熟，是认知发展的生理基础，是指机体的成长。在机体成熟过程中，自然和社会环境的影响越来越重要。
②练习与习得经验，是认知发展的必要条件。经验包括以下两类：物理经验与逻辑－数理经验。
③社会经验，是认知发展的必需因素，是指社会环境中人与人、人与社会之间的相互作用和社会文化的传递。
④平衡化，是心理发展的决定因素，能调节同化和顺应的关系，使个体的认知不断发展；具有自我调节的作用</td></tr>
<tr><td rowspan="5">认知发展的阶段理论</td><td>特征</td><td>①连续性和阶段性。认知发展是个体由低级到高级、由简单到复杂、由量变到质变的连续不断的发展过程，反映在教学中，即遵循循序渐进的规律。个体发展的阶段性强调每一个阶段都有相应的任务，不同阶段任务不同，因此教学不能“一刀切”。
②方向性和顺序性。儿童的认知发展符合一定的顺序和方向。
③不平衡性。儿童认知的各方面发展并非同步，其发展速度、成熟水平等都存在差异。
④个体差异性。不同个体间的认知发展存在一定的差异。
⑤交叉性。认知发展的各阶段交叉进行</td></tr>
<tr><td>感觉运动阶段</td><td>①大致年龄：0～2岁。
②主要特征：从被动反应到积极而有意义的反应；获得了客体永恒性；通过操纵物体来了解其属性；是之后认知发展的基础</td></tr>
<tr><td>前运算阶段</td><td>①大致年龄：2～7岁。
②主要特征：可以运用符号表征事物；认知具有具体形象性、不可逆性、刻板性、自我中心主义</td></tr>
<tr><td>具体运算阶段</td><td>①大致年龄：7～11岁。
②主要特征：掌握了具体事物的逻辑运算能力，但不能扩展到抽象的概念；认知具有守恒性、逆向性、结合性、同一性和重复性</td></tr>
<tr><td>形式运算阶段</td><td>①大致年龄：11岁以后。
②主要特征：能够进行抽象思维和纯符号思维，获得了假设－演绎推理能力、命题推理能力、组合分析能力，认知发展接近成人水平</td></tr>
<tr><td>认知发展与教学</td><td colspan="2">①提供活动。教师应为学生提供与认知结构相适宜的活动，让学生在与活动的互动中发展自身认知结构。
②创设最佳的难度。教师在教学过程中要为学生提供难度适宜的认知材料，激发学生认知冲突，促使学生在对新材料的认知过程中形成由不平衡向平衡的转换。
③关注儿童的思维过程。认知发展的差异导致儿童与成年人存在不同的思维方式，因此教师应站在儿童的角度，以儿童的思维方式来选择合适的教学活动，促进其认知的发展。
④认识儿童认知发展水平的有限性。不同年龄阶段的儿童在认知水平方面存在一定差异，教师应认识到这一点，并依照儿童认知水平安排教学活动。
⑤让儿童多参与社会活动。教师要重视社会活动对儿童认知发展的作用。让儿童在社会活动中积极与他人互动，促进儿童去自我中心化</td></tr>
</table>

2. 维果茨基的认知发展理论

维果茨基是苏联著名心理学家、社会文化历史学派的创始人之一。在认知领域，提出了文化历史发展理论。

表 2-2 维果茨基的认知发展理论

要点	主要内容	
文化历史发展理论	维果茨基根据恩格斯的劳动工具理论，详细地阐述了高级心理机能的社会起源观。他认为，人的高级心理是随意的、后天形成的心理过程，受人类文化历史的制约。 ①两种工具的理论。人有物质工具和精神工具，人运用精神工具进行精神生产、心理操作。精神工具的使用使人类心理发生质的变化；并且精神工具与物质工具一样，是不断发展变化的。 ②两种心理机能。第一种是进化过程中自然获得的低级心理机能；第二种是以精神工具为中介、受社会文化制约、在同社会互动的过程中发展而来的高级心理机能。在个体发展过程中，这两种心理机能是融合的	
心理发展的本质	概述	心理发展，是指个体在生命历程中所发生的积极的心理变化，是低级心理机能不断向高级心理机能过渡的过程
	标志	①心理活动的随意机能。心理活动是随意的、主动的、由主体按预定目的自觉引起的。 ②心理活动的抽象－概括机能。心理活动的反映水平是概括的、抽象的。 ③高级心理机能的形成。高级心理机能起源于人类的社会活动，个体在与社会成员的相互作用中，在使用某一文化创造的符号过程中，经过内化过程而形成高级心理机能。 ④心理活动的社会文化历史制约性。随年龄增长，儿童不断社会化，逐渐成为社会的人。 ⑤心理活动的个性化。儿童心理发展最主要的是其个性的形成和发展
认知发展与教学	关于认知发展与教学的关系，维果茨基从以下五个方面探讨： ①教学的含义。广义是指学生通过活动和交往掌握精神生产的手段，它带有自发的性质；狭义是指有目的、有计划进行的一种交际形式，它创造着学生心理的发展。 ②强调活动。教学本身是一种社会文化活动，儿童也只有在与他人、与社会的互动活动中才能获得知识、发展能力。因此教学要强调活动的重要作用，让学生在真实的活动情境中发展认识。 ③最近发展区。一般是指儿童独立解决问题的水平与在他人指导帮助下解决问题的水平之间的差距。这就要求教师以学生的现有水平为基础，将教学置于发展区内，不断提高学生现有水平。 ④学习存在着最佳期。儿童学习任何内容都存在最佳年龄，教师应把握好适当的教学时机。 ⑤认知发展的内化说。内化是指将外部实践活动转化为内部心理活动的过程。教育必须重视内化，帮助学生形成丰富的心理过程，促进个性发展	

考点二、人格发展与教育

1. 人格发展的含义及影响因素

表 2-3 人格发展的含义及影响因素

要点	主要内容
人格发展的含义	①人格，又称个性，是个体所具有的一种长期的内部倾向性和心理特征。 ②人格发展是个体在先天遗传因素的影响下，在后天环境中通过与人、社会的互动，使人格不断得以发展的过程

续表

要点	主要内容
影响因素	①气质。是指个体在心理活动反应速度、情绪强烈程度与控制能力、行为灵活性与指向性、注意力等方面所表现出来的较为稳定的心理特征。 ②家庭。家庭是孩子最初的生活环境，家庭成员是儿童身心过程发展中的重要他人，家庭教养方式会深刻地影响儿童的人格。 ③学校。对儿童人格发展的影响，主要表现在以下三个方面：课堂教学；班集体；教师。其中，教师的态度对学生人格发展的影响有以下三种： a. 专制的教师态度可能导致学生形成情绪紧张、冷淡、攻击性强、自制力弱的人格特点。 b. 放任的教师态度可能导致学生形成无组织纪律性、无团体目标的人格特点。 c. 民主的教师态度可能使学生形成情绪稳定、态度积极友好、有领导能力的人格特点

2. 人格的发展与培养

表 2-4 人格的发展与培养

要点	主要内容
心理社会性发展理论	①人格发展理论，又称心理社会性发展理论，由埃里克森提出，强调各阶段的社会性发展。 ②埃里克森认为，个体发展是持续一生的，在不同阶段会面临不同的心理社会问题。个体若能顺利解决这些问题，就会对个体产生积极影响；反之，会产生消极影响
人格发展的八个阶段	①年龄：出生到 18 个月。 ②危机：信任对怀疑。 ③重要事件：喂食。 ④危机描述：婴儿与监护者建立初步的爱与信任，获得安全感处理不好，则在不熟悉环境中会产生焦虑
	①年龄：18 个月到 3 岁。 ②危机：自主对羞愧。 ③重要事件：如厕训练。 ④危机描述：儿童身体技能获得发展，开始出现符合社会要求的自主性行为；如果不能较好控制自己的行为，则容易缺乏信心，发展出羞愧
	①年龄：3 ~ 6 岁。 ②危机：主动对内疚。 ③重要事件：独立。 ④危机描述：儿童对周围世界更加主动和好奇，更具自信和责任感；如发展不顺利，则表现出退缩行为或过于主动，引起内疚感
	①年龄：6 ~ 12 岁。 ②危机：勤奋对自卑。 ③重要事件：入学。 ④危机描述：儿童开始学习知识并发展为人处世的能力；如发展不顺利，则产生自卑感和失败感，缺乏基本能力

续表

要点	主要内容
人格发展的八个阶段	①年龄：12～18 岁。 ②危机：同一性对角色混乱。 ③重要事件：同伴关系。 ④危机描述：青少年在职业、性别角色等方面获得了同一性，方向明确；如发展不顺利，则容易丧失目标，失去信心
	①年龄：成年初期。 ②危机：亲密对孤独。 ③重要事件：爱情关系。 ④危机描述：成年初期逐渐感到和他人相处具有亲密感；如果发展不顺利，则容易被社会疏离而感到孤独寂寞
	①年龄：成年中期。 ②危机：繁殖对停滞。 ③重要事件：养育子女、指导者。 ④危机描述：成年中期关爱家庭，支持下一代人发展，具有社会责任感；如果发展不顺利，则不关心他人，生活容易失去意义
	①年龄：成年晚期。 ②危机：完美无憾对悲观绝望。 ③重要事件：反省和接受生活。 ④危机描述：成年晚期自我接受感和满足感达到顶点，安享晚年；如果发展不顺利，则固着于陈年往事，虚度时光

3. 自我意识的发展及培养

表 2－5　自我意识的发展及培养

要点	主要内容
自我意识的含义	是指主体对自身、自己与他人、与社会的关系的认识和态度，是一个多维度、多层次的心理系统。其成熟标志着人格的基本形成。在自我意识的发展中，自我概念、自我评价和自尊是最重要的内容
主要内容	①自我概念 a. 含义：是指个体对自己的总体认识，学生的自我概念包括学业和非学业两方面。 b. 功能：是指个体行为的导向和动力，影响个体信息加工。 c. 发展特点：小学生的特点是自我描述逐渐抽象化、内部化，开始用心理词汇描述自己，但形式具体，社会性逐渐增强。 d. 发展途径：阅读、他人的积极评价。 ②自我评价 a. 含义：是指个体经自我感觉、自我观察和自我分析后对自身所做的评价。 b. 功能：推动个体学习和工作，对个体的态度转变具有决定作用。 c. 发展特点： 第一，小学生的特点：评价由他律到自律；评价准则由具体行为向应用道德原则发展；学会将动机与效果结合进行评价；从正确评价别人向正确评价自己发展。

续表

要点	主要内容
主要内容	第二，中学生的特点：评价更独立、概括、客观、稳定。 d. 发展途径：了解自己对他人的认识、分析他人对自己的评价、与他人进行比较、分析自己的活动表现和取得的成果以及进行自我反省。 ③自尊 a. 含义：个体对自己是否有价值、是否重要的一种体验，包括自尊心和尊重感。 b. 功能：推动个体规范、监控和校正行为。 c. 发展特点：高自尊感的学生比较自信，能用积极和现实的观点看待自己的能力，积极进行社会实践，能取得较好成绩；中等自尊感的学生对自己不自信，需要他人更多认可，遵守规则；低自尊感的学生比较悲观，不合群，容易低估自己的能力，对批评过分敏感。 d. 发展途径：建立正确自我，取得他人的情感支持和社会支持，掌握应对策略并取得良好成绩

考点三、社会性发展与教育

1. 社会性发展的内涵

表 2－6　社会性发展的内涵

要点	主要内容
社会性的本质	社会性，是个体意识的表现，是指个体在社会生活过程中形成的全部社会特性的总和。其中，心理特性使得个体能适应社会环境，与人正常交往和互动，使个体努力实现自我完善，并积极影响和改造周围环境
社会性发展	社会性发展是个体的社会性不断得以完善的过程，也是个体由自然人成长为社会人的过程。在这一过程中，个体根据社会的需要，掌握规范、形成技能、学习角色、发展行为，其观念、情感、态度等都随之产生变化

2. 亲社会行为的发展与教育

表 2－7　亲社会行为的发展与教育

要点	主要内容
亲社会行为的含义	是指行为者由于道德水平的不断提高，因而自愿为他人、社会带来利益，做出符合社会希望、但对行为者本身无明显好处的行为。如谦让、分享、帮助等
发展阶段	艾森伯格利用两难故事情景，将儿童新社会行为的发展划分为五个阶段。这五个阶段总体上是随年龄增长而不断发展的，但根据儿童个体差异也会有逆发展的现象出现。 ①第一阶段：享乐主义、自我关注取向阶段，主要出在学前儿童及小学低年级学生中，特点是更关心自己，在对自己有利的情况下可能帮助别人。 ②第二阶段：他人需求取向阶段，主要出现在小学生及一些正要步入青春期的少年中，特点是其助人的决定是以他人的需求为基础的，不去助人时不会产生同情或内疚。 ③第三阶段：赞许和人际关系取向阶段，主要出现在小学生以及一些中学生中，特点是关心别人是否认为自己的利他行为是正面的，好的表现是重要的。 ④第四阶段：自我投射的、移情的取向，主要出现在一些小学高年级的学生及中学生中，特点是出于同情而关心他人，设身处地为他人着想。

续表

要点	主要内容
发展阶段	⑤第五阶段：内化的法律、规范和价值取向阶段，主要出现在少数中学生中，特点是助人的决定以内化的价值、规范和责任为基础，违反个人内化的原则将会损伤自尊
习得途径	①移情反应的条件化，是指通过听故事、引导理解、续编故事、扮演角色等方法，让儿童设身处地感受他人情绪的训练，以便形成条件化反应，在遇到相似情境时能够主动表现出亲社会行为。 ②直接训练，是指教师在实际的学习和实践活动过程中，指导学生积极解决其中的矛盾和冲突，启发儿童去想问题解决的不同办法，使儿童学会谦让、合作、共享等良好行为。 ③观察学习，是指通过观察他人(榜样)的行为及其结果学会某种复杂行为。社会榜样是影响亲社会行为最重要的因素。教师要树立学生可有意或无意进行模仿的榜样，引导儿童不仅在行为上做出相似的反应，更重要的是在心理层面不断内化亲社会原则

3. 攻击行为的发展与教育

表 2－8 攻击行为的发展与教育

要点	主要内容
攻击行为的含义	是一种经常有意地伤害和挑衅他人的问题行为，在儿童、青少年中较常见，对个体的人格和品德的发展有消极影响，严重的会导致个体的犯罪行为
分类	①按攻击行为的表现形式，可分为：身体攻击、言语攻击和间接攻击。 a. 身体攻击，是指攻击者对直接他人身体进行殴打、攻击的行为。 b. 言语攻击，是指攻击者利用语言对他人实施直接的侮辱、谩骂等行为。 c. 间接攻击，是指攻击者间接做出的攻击行为，如借助言语进行离间等。 ②按攻击行为的起因，可分为：主动型攻击和反应型攻击。 a. 主动型攻击，是指行为者在未受激惹的情况下主动发动的攻击行为，主要表现在物品的获取、欺负等情境中。 b. 反应型攻击，是指受到他人攻击或激惹后做出的攻击反应，主要表现为愤怒、发脾气或失去控制等。 ③按攻击行为的目的，可分为：敌意性攻击和工具性攻击。 a. 敌意性攻击，是指行为人主观上故意做出的伤害行为。 b. 工具性攻击，是指行为人为了达到一定目的而进行的、主观上并非故意的攻击。如为了获得某利益而将他人打伤
改变攻击行为的方法	①冷处理与消退法，无视儿童的攻击性行为，使儿童意识到这一行为不受重视与强化，从而逐渐减少行为出现频率。 ②惩罚与去除奖励，当儿童表现出攻击性行为时，家长或教师可以对其进行适当的惩罚或收回给予儿童的奖励，但这一方法的使用应适当。 ③榜样示范与观察学习，为儿童创造一个和谐友爱的生活环境，让儿童在观察学习中不断消除不良行为，习得亲社会行为。或结合惩罚与去除奖励法，让儿童观察他人接收到的不愉快刺激，从而产生替代性强化。 ④角色扮演法，让儿童交替扮演攻击者与受攻击者，并说出内心感受。这一方法能够提高儿童自我控制冲动的能力

4. 同伴关系的发展及培养

表 2-9 同伴关系的发展及培养

要点	主要内容	
同伴关系的含义	是指年龄或心理发展水平相同或相近的个体，在共同活动与协作的过程中形成的人际关系。同伴关系存在于整个人类社会，任何个体的成长都离不开同伴	
友谊的发展	友谊的含义	是指个体以亲密关系为核心，在相互交往过程中连接而成的共同情感；友谊随个体发展而渐趋稳定
	发展的阶段	塞尔曼通过研究，提出儿童友谊的发展要经历五个阶段： ①阶段1(3~7岁)，尚不稳定的友谊。儿童还没有形成友谊的概念，儿童间的关系还不能称为友谊，而只是短暂的游戏同伴关系。 ②阶段2(4~9岁)，单向帮助关系。这个阶段的儿童要求朋友能够服从自己的愿望和要求。如果顺从自己就是朋友，否则就不是朋友。 ③阶段3(6~12岁)，双向帮助关系。这个阶段的儿童能相互帮助，但还不能共患难。儿童对友谊的交互性有一定的了解，但带有明显的功利性。 ④阶段4(9~15岁)，亲密的共享。儿童发展了朋友的观念，认为朋友之间可相互分享，可倾诉秘密，应相互信任和忠诚，应一起讨论和制订行动计划并同甘共苦。友谊开始具有一定的稳定性，但也有明显的排他性和独占性。 ⑤阶段5(12岁以后)，友谊发展成熟。随着年龄的增长，儿童对朋友的选择逐渐严格，友谊持续时间也逐渐增强
促进同伴关系的良好发展	①开设相关课程，进行交往技能训练。引导学生了解、掌握化解非报复性冲突的原理与方法，培养学生自我反省的态度，提高学生以非暴力的方式解决纷争的能力。 ②丰富交往活动。通过小组合作、同伴竞争等活动，促进学生在获得知识的同时与他人主动进行交往，发展良好的同伴关系；组织丰富多彩的实践活动，为学生创造真实而轻松的交往环境，促进儿童交往技能的提升，使之获得积极的情感体验。 ③培养学生的亲社会能力。个体的亲社会行为越多，被同伴接纳的程度就越高，就越能发展良好的同伴关系	

2.2 课后习题详解

1. 根据皮亚杰的认知发展理论，应如何促进学生的认知发展？

答：皮亚杰的认知发展理论认为，认知发展的实质就是图式的发展。儿童在利用自身已有的图式与环境进行相互作用的过程中，通过同化、顺应不断达成与环境的新的平衡。这一理论对于促进学生认知发展很有启发，主要包括以下几点：

(1)提供活动。教师应为学生提供与认知结构相适宜的活动，让学生在与活动的互动中发展自身认知结构。

(2)创设最佳的难度。教师在教学过程中要为学生提供难度适宜的认知材料，激发学生认知冲突，促使学生在对新材料的认知过程中形成由不平衡向平衡的转换。

(3)关注儿童的思维过程。认知发展的差异导致儿童与成年人存在不同的思维方式，因此教师应站在儿童的角度，以儿童的思维方式来选择合适的教学活动，促进其认知的发展。

(4)认识儿童认知发展水平的有限性。不同年龄阶段的儿童在认知水平方面存在一定差异，教师应认识到这一点，并依照儿童认知水平安排教学活动。

(5)让儿童多参与社会活动。教师要重视社会活动对儿童认知发展的作用。让儿童在社会活动中积极与他人互动，促进儿童去自我中心化。

2. 试分析哪些因素有利于良好人格特征的形成。

答：人格，又称个性，是个体所具有的一种长期的内部倾向性和心理特征。人格发展就是个体在先天遗传因素的影响下，在后天环境中通过与人、社会的互动，使人格不断得以发展的过程。影响人格的因素包括气质、家庭、学校三个方面，有利于良好人格特征的形成的影响因素包括以下几个方面：

(1)提供适应儿童气质的成长环境

气质是指个体在心理活动反应速度、情绪强烈程度与控制能力、行为灵活性与指向性、注意力等方面所表现出来的较为稳定的心理特征，一般分为多血质、黏液质、胆汁质、抑郁质四种。在学校、家庭和社会生活中，如果能提供给这类儿童一个适合其气质的成长环境，安抚其情绪，以教育艺术鼓励其放松，积极融入新环境，则有利于儿童形成良好的人格特质。

(2)健康良好的家庭因素

家庭是孩子最初的生活环境，家长是他们的第一任老师。家庭成员是儿童身心过程发展中的重要他人，家庭教养方式会深刻地影响儿童的人格。儿童与父亲、母亲建立健康的依恋关系，父母之间情感融洽，给儿童提供温馨的家庭氛围，父母以民主的教养方式对待儿童等，对于儿童而言，都是健康良好的家庭因素，都有利于帮助儿童形成良好的人格特质。

(3)健康良好的学校

学校对儿童人格发展的影响，主要表现为三个方面：

①课堂教学。课堂教学不仅传授知识，更重要的是帮助儿童在获得知识的过程中，养成与他人合作研究的能力、积极主动学习的精神、遇到困难不退缩的态度等等，逐渐使儿童形成良好的情感、态度、价值观，发展良好的人格。

②班集体。学生学习生活的班集体，对他们人格的形成与发展有很大影响。良好的班风可使学生形成团结友爱、合作、大公无私等人格特征。在班集体中，每个人都承担着自身应有的责任，扮演着独一无二的角色，共同组成一个集体，这在潜移默化中培养了学生的责任意识和大局意识。

③教师。教师对学生良好人格特征的形成起榜样作用。教师对学生的态度会影响学生人格的形成与发展。民主的教师，更容易培养出具有情绪稳定、态度友好、有领导力等良好人格特征的学生。

3. 如何培养学生的亲社会行为，避免学生的攻击行为？

答：亲社会行为是指行为者由于道德水平的不断提高，因而自愿为他人、社会带来利益，做出符合社会希望、但对行为者本身无明显好处的行为。如谦让、分享、帮助等。攻击行为是一种经常有意地伤害和挑衅他人的行为。亲社会行为与攻击行为相反，前者能够为社会和他人带来益处，后者则不利于儿童的人格、品德的发展。

(1)培养学生的亲社会行为，可从以下几个方面入手：

①移情训练，是指通过听故事、引导理解、续编故事、扮演角色等方法，让儿童设身处地感受他人情绪的训练方法。儿童不断地进行这一训练，接受移情带来的愉悦，以便形成条件化反应，在遇到相似情境时能够主动表现出亲社会行为。

②直接训练法，是指教师在实际的学习和实践活动过程中，指导学生积极解决其中的矛盾和冲突，启发儿童想出问题解决的不同办法，使儿童在实践中学会谦让、合作、共享等良好行为的一种方法。

③观察学习法，社会榜样是影响亲社会行为最重要的因素。教师要树立学生可有意或无意进行模仿的榜样，引导儿童不仅在行为上做出相似的反应，更重要的是在心理层面不断内化亲社会原则。具体表现为：成人的亲社会行为会成为儿童学习的榜样，诱导出儿童相似的亲社会行为；儿童经常受到榜样的引导，更有可能内化利他性原则，从而有助于利他倾向的发展。

(2)避免或改变学生的攻击行为，可从以下几个方面入手：

①冷处理与消退法。无视儿童的攻击性行为，使儿童意识到这一行为不受重视与强化，从而逐渐减少行为出现的频率。

②惩罚与去除奖励。当儿童表现出攻击性行为时，家长或教师可以对其进行适当的惩罚或收回给予儿童的奖励，但这一方法的使用应适当。

③榜样示范与观察学习。为儿童创造一个和谐友爱的生活环境，让儿童在观察学习中不断消除不良行为，习得亲社会行为。或结合惩罚与去除奖励法，让儿童观察他人接收到的不愉快刺激，从而产生替代性强化。

④角色扮演法。角色扮演法能够提高儿童自我控制冲动的能力，让儿童交替扮演攻击者与受攻击者，并说出内心感受。这一方法能够提高儿童自我控制冲动的能力。

2.3 考研真题与典型题详解

一、单项选择题

1. 学生能理解“北京、首都、中国”之间的关系，表明她处于哪一阶段？(　　)[统考2023年研]

A. 感知运动阶段　B. 前运算阶段　C. 具体运算阶段　D. 形式运算阶段

【答案】D

【解析】皮亚杰认为处于形式运算阶段的儿童逐渐从依赖于具体内容的抽象思维中摆脱出来，而逐渐进入脱离具体内容的抽象思维的认知发展阶段。具体体现为儿童能够对抽象的假设或命题进行逻辑转化，开始接近成熟的思维。题干中儿童能够理解“北京、首都、中国”之间的关系，这属于一种脱离具体事物的抽象思维能力。因此答案选 D。

2. 皮亚杰认为，儿童内在表征系统发展的最早表现是(　　)。

A. 象征　B. 符号　C. 平衡　D. 延迟模仿

【答案】D

【解析】皮亚杰认为，儿童内在表征系统发展的最早表现是延迟模仿。所谓延迟模仿，是指儿童观看了他人的某一动作，过了一段时间以后，仍能将此动作再现出来的能力。这种能力使得儿童能将各种信息以心理符号的形式贮存下来，从而促进儿童表象性思维的发展。

3. 提出认知结构学习论的心理学家是(　　)。

A. 奥苏伯尔　B. 布鲁纳　C. 加涅　D. 桑代克

【答案】B

【解析】布鲁纳认为，学习是人的主动的认知过程，即是认知结构的组织和重新组织，知识的学习就是在学习者的头脑中形成各学科知识的基本结构。

二、概念题

1. 最近发展区[北京师范大学 2023 年研；南京师范大学 2016 年研]

答：最近发展区是由苏联心理学家维果茨基提出一个概念，是指学生独立解决问题的真实发展水平和在成人指导下或与他人合作情况下解决问题的潜在发展水平之间的差距。根据该理论，教师在教学中既要能充分考虑学生现有的发展水平，又要能根据学生的最近发展区，走在学生心理发展的前面，对学生提出更高的发展要求。

2. 自我同一性[北京师范大学 2018 年研]

答：自我同一性是埃里克森人格发展理论中 12 ~ 18 岁时期面临的矛盾。这里的角色同一性是有关自我形象的一种组织，它包括有关自我的能力、信念、性格等的一贯经验和概念。在埃里克森看来，自我既与个体过去的经验相联系，又与个体当前面临的任务有关，自我同一性的形成与职业的选择、性别角色的形成、人生观的形成等有着密切的联系。如果个体在这一时期把这些方面很好地整合起来，他所想的、所做的与他的角色概念相符合，个体便获得了较好的角色同一性。此外，埃里克森注意到前几个阶段中冲突的健康解决会成为本时期的良好基础，如前几阶段形成的信任感、自主感、主动创造性和勤奋感都有助于个体更自信地面对各种选择，从而使个体成功地获得角色同一性。

3. 内化学说

答：内化学说是苏联学者维果茨基在分析智力形成的过程后提出的一种理论。内化是指个体将社会环境中吸收的知识转化到心理结构中的过程。维果茨基认为，心理发展源于在社会交互作用中对文化工具的使用，源于将这种交互作用内化和进行心理转换的过程。其内化学说的基本观点包括：①维果茨基的内化学说的基础是他的工具理论。所有人所特有的心理过程(即所谓高级心理过程)都是由语言、标志和符号这样的心理工具充当中介的。在与这些工具相关的活动中，成年人将它们教给儿童，儿童对它们进行内化，之后，这些工具就在儿童更高级的心理过程中发挥中介功能了。②在内化的过程中，语言发展中的自我中心言语起着至关重要的作用。自我中心言语的出现表明儿童的符号系统已经开始内化，儿童在没有他人帮助的情况下也能够思考和解决问题，对自己的行为具有了一定的自我调节能力。

三、简答题

1. 简述皮亚杰的认识发展阶段理论。[首都师范大学 2018 年研]

答：认知发展阶段论是皮亚杰关于认知发展的重要理论，皮亚杰认为认知的实质就是适应，即儿童的认知是在已有图式基础上，通过同化、顺应和平衡，不断从低级向高级发展的。他的认知发展理论包括认知发展观和认知发展阶段论。

(1)基本观点

皮亚杰的发展理论体现了建构主义的思想。在他看来，发展在很大程度上依赖于儿童对周围环境的操纵以及与周围环境的积极互动。个体与环境相互作用的建构过程促进了其内部心理结构的不断变化。这种变化不是简单地在原有信息的基础上加上新的事实和思想，而是涉及思维过程的质的变化。

(2)认知发展阶段论

皮亚杰认为个体从出生到青年的认知发展不是简单的数量增加的过程，而是分为感知运算阶段、前运算阶段、具体运算阶段和形式运算阶段四个有着质的差异的阶段，每个阶段出现的新的认知能力表明个体发展出新的适应环境的方式，即：

①感知运动阶段(0～2 岁)

感知运动阶段，儿童主要是通过探索感知觉与运动之间的关系来获得动作经验，在这些活动中形成了一些低级的行为图式，以此来适应外部环境和进一步探索外界环境。这一时期，儿童的认知能力也是逐渐发展的，一般从对事物的被动反应发展到主动地探究。这个阶段的一个显著标志是儿童渐渐获得了客体永恒性，知道消失了的事物的存在，表明儿童开始在头脑中用符号来表征事物，但是还不能用语言和抽象符号为事物命名。

②前运算阶段(2～7 岁)

前运算阶段，儿童的言语与概念以惊人的速度发展。儿童在感知运动阶段获得的感觉运动行为模式，在这一阶段已经内化为表象或形象模式，具有了符号功能。并且儿童的表象日益丰富，其认知活动已经不只局限于对当前直接感知的环境施以动作，开始能运用语言或较为抽象的符号来代表他们经历过的事物，但这一阶段的儿童还不能很好地掌握概念的概括性和一般性。

③具体运算阶段(7～11 岁)

具体运算阶段，儿童开始接受学校教育，出现了显著的认知发展。这一阶段儿童的认知结构已发生了重组和改善，思维具有一定的弹性，儿童已经获得了长度、体积、重量和面积等的守恒，能凭借具体事物或从具体事物中获得的表象进行逻辑思维和群集运算。但他们形成概念、发现问题、解决问题都必须与他们熟悉的物体或场景相联系，还不能进行抽象思维。此外，本阶段儿童已经能理解原则和规则，但在实际生活中只能刻板地遵守规则，不敢改变。随着分类和排序的获得，儿童获得了思维的可逆性。他们的思维开始逐渐地去集中化，能够学会处理部分与整体的关系，进行一些逆向或互换的逻辑推理。去集中化是具体运算阶段儿童思维成熟的最大特征。

④形式运算阶段(11 岁以后)

形式运算阶段，儿童的思维已超越了对具体的可感知事物的依赖，使形式从内容中解脱出来。本阶段中个体推理能力得到提高，能从多种维度对抽象的性质进行思维。他们的思维是以命题形式进行的，并能发现命题之间的关系；能够进行假设性思维，采用逻辑推理、归纳或演绎的方式来解决问题；能理解符号的意义、隐喻和直喻，能做一定的概括，其思维发展已接近成人的水平。

(3)影响认知发展的因素

影响儿童认知发展的因素包括成熟、练习与习得经验、社会性经验、平衡等。

①成熟

它是指机体的成长，特别是神经系统和内分泌系统的成熟，皮亚杰认为神经系统的成熟只能决定某一固定阶段的可能性与不可能性，环境因素对于实现这些可能性始终是不可少的。

②练习和经验

它指个体对物体施加动作过程中的练习和习得的经验(不同于社会性经验)的作用，分为物理经验和逻辑数理经验，前者指个体作用于物体，获得有关物体特性，后者指理解动作与动作之间相互协调的结果。

③社会性经验

它指社会环境中人与人之间的相互作用和社会文化的传递，社会环境因素主要涉及教育、学习和语言等方面。

④平衡化

它是指个体在与环境相互作用过程中的自我调节，每经过一次由失衡到新的平衡，其认知结构就会产生一次新的改变，个体认知结构的改变使之能够吸收容纳更多新的知识经验，促使智力水平得到发展。平衡是心理发展的决定因素，具有自我调节的作用。

(4)皮亚杰发展理论对教育的影响

①创设合理情境

皮亚杰不主张教给儿童那些明显超出他们发展水平的材料，教师应该为学生提供略微高于他们现有思维水平的教学，使学生通过同化和顺应过程达到平衡，从而帮助学生发展已有的图式，并建立新的图式。

②保持学生的学习主动性和自主性，使他们积极地参与到学习活动中来

皮亚杰反对教师主动地教而学生却处于消极状态的教学。儿童的认知发展需要丰富的环境刺激，教师要提供探索的机会，提供社会互动的机会。同时，教师要学会利用学生的生活经验，促进学生新旧知识的整合，帮助儿童纠正错误的思维方式，而不是盲目地做出判断。

③注意学生个体差异，实施个别化教学

每一个班学生的认知发展水平和已有知识经验都有很大差异，教师要确定学生的不同认知发展水平，以保证所实施的教学与学生的认知水平相匹配。

2. 简述埃里克森的心理社会发展理论。[苏州大学 2017 年研]

答：埃里克森出于对文化和个体关系的重要性的认识，提出了他的心理社会发展理论，他把发展看作一个经过一系列阶段的过程，每一阶段都有其特殊的目标、任务和冲突。各个阶段互相依存，后一阶段发展任务的完成依赖于早期冲突的解决。他还指出，不仅所有的发展阶段是依次地相互联系着的，而且最后一个阶段和第一个阶段也是相互联系着的。

他把人的心理发展分为以下8个阶段：

(1)基本信任对怀疑(0~1.5岁)。这一阶段，尤其是生命的头几个月，婴儿的目标是建立起对周围世界的基本信任感。如果婴儿得到较好的抚养并与母亲建立了良好的亲子关系，儿童将对周围世界产生信任感，否则将产生怀疑和不安。这种不信任感可能伴随儿童度过整个童年期，甚至影响到成年期的发展。

(2)自主对羞怯(1.5~3岁)。这个阶段中的儿童已经学会了走路，并且能够充分地利用掌握的语言和他人进行交流。儿童开始表现出自我控制的需要与倾向，这时，父母要允许儿童自由地探索，如果父母对儿童一味地严厉要求和限制，会使得儿童对自己的能力产生怀疑。过多的怀疑和羞怯可能会导致个体一生对自己的能力缺乏信心。

(3)主动感对内疚感(3~6岁)。这一阶段儿童的活动范围逐渐超出家庭的圈子，开始追求出于自我利益和动机的活动。本阶段的危机就在于儿童既要保持对活动的热情，又要控制那些会造成危害或可能会被禁止的活动。

(4)勤奋感对自卑感(6~12岁)。本阶段儿童开始进入学校学习，开始体会到持之以恒的能力与成功之间的关系，开始形成一种成功感。因此，成年人对儿童在各种活动中表现出的勤奋给以鼓励是必要的。学生在这一阶段的危机未解决好，往往是其以后学业颓废的重要原因。教师对学生行为的评价、对儿童的自我概念具有重要的影响。

(5)角色同一性对角色混乱(12~18岁)。这一阶段大体相当于少年期和青春初期。个体此时开始体会到自我概念问题的困扰，即开始考虑“我是谁”这一问题，体验着角色同一与角色混乱的冲突。

(6)亲密感对孤独感(18~30岁)。这一阶段大体相当于青年晚期。此时个体如能在人际交往中建立正常的人与人之间的友好关系，可形成一种亲密感。如果害怕被他人占有和不愿与人分享便会陷入孤独中。

(7)繁殖感对停滞感(30~60岁)。这一阶段大体包括中年期和壮年期。本阶段个体面临抚养下一代的任务，并把下一代看作自己能力的延伸。发展顺利的个体表现为家庭美满，富有创造力；反之则陷入自我专注，对他人及后代感情冷漠以至于颓废消极。

(8)完美感对绝望感(60岁以后)。本阶段相当于老年期。这一阶段个体的发展受前几阶段发展的影响极大。如果个体在前几个阶段发展顺利，则在这一时期巩固自己的自我感觉并完全接受自我，意味着个体获得了自我完满感；相反，没有获得完满感的个体将陷入绝望，并因而害怕死亡。

埃里克森的发展理论对心理学研究及教育实践都有着较大的启发意义，首先，埃里克森注重文化和社会因素对人的发展的作用。其次，埃里克森从整体上，从个体心理发展的各个层面及其相互关系中考查了人的社会性发展和道德等的形成发展，而不是孤立地看待它们的发展历程。最后，埃里克森的理论阐释了个体从出生到青年期、中年期、老年期一生的发展，体现研究人的终身发展的观念，比较符合人的发展实际，也是最早研究人的一生发展的心理学家。

第3章　学习理论

3.1　复习笔记

【知识框架(庖丁解牛)】

- 学习理论
  - 概述
    - 学习的实质
    - 学习的类型
    - 学生学习的特点
  - 行为主义的学习观
    - 桑代克的联结－试误说
    - 巴甫洛夫的经典性条件反射论
    - 斯金纳的操作性条件反射论
    - 班杜拉的社会学习理论
  - 认知派的学习观
    - 布鲁纳的发现学习论
    - 奥苏伯尔的有意义的接受学习论
    - 加涅的信息加工学习理论
  - 人本主义的学习观
  - 建构主义的学习观
    - 建构主义学习观概述
    - 建构主义关于学习的基本观点

【考点剖析与拓展(游刃有余)】

考点一、概述

1. 学习的实质

(1)学习表现为行为或行为潜能的变化。主体在某个规定情境中通过学习获得的重复经验，会影响人们未来行为的潜能。

(2)学习所引起的行为或行为潜能的变化是相对持久的。药物、疲劳等因素会引起个人行为的暂时性变化，但通过学习获得的知识保持时间是相对持久的。

(3)学习是由反复经验而引起的。由经验而产生的学习主要有两种类型：

①有计划地练习或训练而产生的正规学习，如中小学生的在校学习。

②由偶然的生活经历而产生的随机学习，如看电视学会了某个成语等。

2. 学习的类型

表 3-1 学习的类型

分类依据	具体内容
学习性质分类	奥苏伯尔等从性质上对学习进行了两种分类: ①依据学习主体所得经验的来源可分为:发现学习和接受学习。 ②依据学习主体原有知识经验与材料之间关系的差异可分为:意义学习和机械学习。 这两个维度互不依赖,彼此独立
学习结果分类	①加涅根据学习结果的不同,将学习分为五种,即言语信息、智慧技能、认知策略、动作技能、态度。 ②加涅进一步将五种学习分为三个领域:言语信息、智慧技能、认知策略属于认知领域;动作技能属于动作技能领域;态度属于情感领域。 ③每种学习结果产生于不同的内外部条件中,各自具有不同的特点,在具体的教学中需要了解各种学习结果产生的不同条件,只有这样才能提升学习结果的有效性
教育目标分类	布鲁姆等人在其教育目标分类系统中将教学目标分为认知、情感和动作技能三大领域: ①认知领域目标是指认知的结果,包括知识、领会、应用、分析、综合和评价等六级水平。 ②情感领域的教学目标根据价值内化的程度而分为接受或注意、反应、评价、组织价值观念系统、价值体系个性化五个等级。 ③动作技能教学目标是指预期教学后在学生动作技能方面所应达到的目标。分为知觉、模仿、操作、准确、连贯、习惯化六个等级
学习内容分类	冯忠良根据传递经验的不同内容,将学生学习分为以下三类: ①知识学习。知识是客观事物的特征和联系在人脑中的主观印象,它是来自反映对象本身的认知经验。 ②技能学习。技能是通过学习而形成的符合法则要求的活动方式,包括心智技能和操作技能两种,要解决的是会不会做和做得熟不熟练的问题。 ③行为规范的学习。行为规范是用以调节人际交往、实现社会控制、维持社会秩序的思想工具。通过习得行为规范,学生将形成一定的态度,培养相应的品德
学习意识水平分类	雷伯根据学习意识水平的不同,学习可分为以下两类: ①内隐学习,是指有机体在与环境接触的过程中,不自觉地获得了一些经验,并因此改变其事后某些行为的学习,是一种产生抽象知识、平行于外显学习方式的无意识加工。 ②外显学习是有意搜寻或把规则应用于刺激物领域的学习。在外显学习的过程中,人们的学习行为受意识的控制、有明确目的、需注意资源、要做出一定的努力。 ③内隐学习和外显学习是两个不同机制的学习。内隐学习有三大特点,即自动性、概括性和理解性。内隐学习和外显学习相对独立又联系紧密,任何学习都是内隐和外显的结合
本书的分类	①知识学习,包括知识的领会、巩固和应用三个环节,要解决的是知与不知、知之深浅的问题。 ②规范学习,又称行为规范的学习或接受,是把外在于主体的行为要求转化为主体内在的行为需要的内化过程

3. 学生学习的特点

表3-2 学生学习的特点

要点	具体内容
学习的主要形式是接受学习	学生作为教育系统中的构成要素，其学习必然受整个教育系统的制约，学生学习的主要途径是接受学习，教师则是知识的传授者和促进者
学习的过程是主动构建过程	学习是主动建构意义的自主活动，而不是被动地接受刺激
学习的内容具有间接性	学生主要是学习和掌握前人所积累起来的各门科学知识，即间接的知识经验
学习的连续性	学生的学习是一个连续的过程，其前后学习相互关联。前面的学习为后来的学习奠定基础，而后面的学习又是前面学习的补充和发展
学习目标的全面性	学生学习的目的是使学习者的行为、态度、人格等获得全面发展
学习过程的互动性	学生的学习是相互作用的过程。通过社会互动不但可以促进学习者的意义建构，还可以促进师生、生生之间的相互理解，培养合作能力

考点二、行为主义的学习观

1. 桑代克的联结-试误说

表3-3 桑代克的联结-试误说

要点	具体内容
学习的实质在于形成一定的联结	桑代克指出，学习即联结，是指某情境仅能唤起某些反应，而不能唤起其他反应的倾向。学习就是在刺激与反应之间建立联结，即S-R，就是形成行为习惯或条件反射，这一过程是通过反复尝试实现的
联结-试误学习的基本规律	①内容 a. 效果律，是指试误学习的过程中如果一个动作得到满意的结果，那么在类似的情境中这个动作重复的可能性将增加，反之可能性则减少的规律。 b. 练习律，是指在试误学习的过程中，如果对一个刺激与反应的联结经常联系或运用，这种联结的力量就会逐渐增强，反之则减弱，甚至消退的规律。 c. 准备律，是学习者在学习开始时的预备定势，是指在试误学习的过程中，当刺激与反应之间的联结事前处于某种准备状态时，实现则感到满意，不实现则感到烦恼，当此联结不准备实现时，实现则感到烦恼。 ②意义与启示 a. 虽然尝试与错误学习模式从动物实验中推导出来，但对人类学习仍有借鉴意义。 b. 中小学生的学习也有这个特点。该理论特别强调“做中学”，教师应允许学生试误。 c. 在实际的教育过程中，教师应努力使学生的学习得到自我满意的积极结果，并且应注意在学习过程中注意加强合理的练习、及时地练习。此外，任何学习都应在学生有准备的状态下进行

2. 巴甫洛夫的经典性条件反射论

表3-4 巴甫洛夫的经典性条件反射论

<table>
<tr><th>要点</th><th colspan="2">具体内容</th></tr>
<tr><td>经典性条件反射的含义</td><td colspan="2">是指原来并不能引起某种本能反射的中性刺激物(铃声、红灯)，由于它总是伴随某个能引起该本能反射的刺激物出现，如此多次重复之后，这个中性刺激物也能引起该本能反射</td></tr>
<tr><td rowspan="2">主要原理</td><td>获得与消退</td><td>①将条件刺激与无条件刺激多次结合呈现，可以获得条件反应和加强条件反应，在获得过程中需要注意两点：
a. 条件刺激与无条件刺激呈现的时间需要相近或同时。
b. 条件刺激的呈现需要先于无条件刺激。
②条件反射建立后，若不予强化，则会逐渐减弱并最终消失，这个过程称为消退。
③行为矫正者可用消退法来消除学生的不良行为</td></tr>
<tr><td>泛化与分化</td><td>①泛化是指某种特定条件刺激反应形成后，与之类似的刺激也能激发相同的条件反应。
②分化是指通过选择性的强化和消退使有机体学会对条件刺激做出反应，对相似的刺激不做出反应。
③刺激的泛化和分化是互补的过程，借助于泛化可以将学习扩展到原初的特定刺激以外，而借助于分化则可以针对不同的情境做出不同的恰当反应，从而避免盲目泛化。
④在实际教学过程中，需要将分化刺激的思想应用于课堂教学和管理中，只强化适当的行为</td></tr>
</table>

3. 斯金纳的操作性条件反射论

表3-5 斯金纳的操作性条件反射论

<table>
<tr><th>要点</th><th colspan="2">具体内容</th></tr>
<tr><td>操作性条件反射论的含义</td><td colspan="2">是斯金纳在桑代克的联结主义学习理论的基础上，通过“斯金纳箱”的实验而提出的一种由刺激引起行为改变的过程与方法</td></tr>
<tr><td rowspan="2">主要原理</td><td>强化</td><td>斯金纳用强化概念来替代桑代克的奖赏概念。他把条件反射中能够增强反应概率的一切手段称为强化，将产生强化作用的刺激称为强化物。
①正强化，是一种积极的刺激，它跟随在机体行为反应之后出现，能够提高该行为再次出现的概率。
②负强化，又称消极强化，是指当厌恶刺激或不愉快情境出现时，有机体做出某种反应从而避免该刺激，则相似情境中该反应的概率会增加。
③强化程序影响强化效果。立即强化优于延宕强化，部分强化(只选择在部分正确反应后提供强化物)优于连续强化(每次个体出现正确反应之后，均提供强化物)</td></tr>
<tr><td>惩罚和消退</td><td>①惩罚，是指在反应之后紧跟一个厌恶刺激，从而导致反应概率下降的措施。
②惩罚和负强化的区别：
a. 目的不同。惩罚的目的是阻止不良行为的发生，负强化则是激励良好的行为。
b. 实施的方式不同。惩罚在当个体表现不良时使用，负强化在受罚个体表现好时使用。
c. 后果不同。惩罚的结果是不愉快的，而负强化的结果是愉快的。
③使用惩罚的注意要点：
a. 惩罚并不一定能消除行为。惩罚只能暂时抑制，不能永久性地根除或改变行为。
b. 慎重运用惩罚。纠正不良行为要把惩罚和负强化结合起来。
④消退，是指消除强化从而消除或降低某一个行为发生的概率</td></tr>
</table>

续表

要点	具体内容	
主要原理	连续渐进法与塑造	①连续渐进法，又称塑造，是斯金纳设计的一种用类似分解动作的方式渐进，最后将多个反应连贯成复杂行为的方法，用以研究包括一连串反应的学习。 ②使用的程序(以训练智能较低儿童自己上桌吃饭为例)： a. 先把要求个体学习的目标行为列举出来。 b. 饭前自行走向饭桌(第一个反应)，立即予以奖励。 c. 在饭桌边自行坐上座位(第二个反应)，立即予以奖励。 d. 坐定后自行拿起调羹(第三个反应)，立即予以奖励。 e. 用调羹自行吃饭(第四反应，即目标行为)，立即予以奖励

4. 班杜拉的社会学习理论

表3-6 班杜拉的社会学习理论

要点	具体内容	
社会认知论	认为儿童通过观察生活中重要任务的行为而习得社会行为。这些观察以心理表象或其他符号表征的形式储存在大脑中，来帮助他们模仿行为	
交互作用论	认为人的行为是内外部因素相互作用的产物。在学习过程中，环境是决定行为的潜在因素，人和环境交互决定行为，环境、人和行为的相互关系和作用，是一种交互决定的过程	
观察学习论	含义	是指人们通过观察他人的行为及其后果，获得榜样行为的符号表征和经验教训，并引导观察者今后行为的学习
	过程	①注意过程，调节着观察者对示范活动的探索和知觉，决定着观察者选择什么作为观察对象，学习什么行为等。影响注意过程的因素包括：观察者、榜样及其行为的特征。 ②保持过程，即学习者把瞬间经验转变为符号概念，形成内部表征，依赖于表象系统和语言系统。 ③动作再现过程，是指把记忆中的表象转换成行为，并根据反馈来调整行为以做出正确的反应。自我效能感是影响动作再现的重要因素。 ④动机过程，决定哪种经由观察习得的行为得以表现。替代强化和自我强化影响行为的表现，具体如下： a. 替代强化，是指学习者因观察到榜样的行为受到强化而使自己间接地受到强化。 b. 自我强化，是指个体自发地预测行为的结果，并依靠信息反馈进行自我评价和调节
自我效能论	含义	是指个人对影响其生活的事件能够施加控制的信念。自我效能感通过决定人试图做什么，以及要付出多大努力的预期而对个体行为起重要的引导作用
	来源	个体迄今在某一领域所取得的成就，源于对他人活动效能的观察比较
评价	该理论揭示了人类的一种极为普遍的学习形式，突破了旧的理论框架，把行为主义、认知心理学和人本主义加以融合，以信息加工和强化相结合的观点阐述了学习的过程和机制，并把社会因素引入研究中，开创了心理学研究的新领域	

考点三、认知派的学习观

1. 布鲁纳的发现学习论

布鲁纳特别强调学生的主动探索，主张学习的目的在于采用发现学习的方式，使学科的基本结构转变为学生头脑中的认知结构。因此，他的理论被称为发现学习论。

表 3－7　布鲁纳的发现学习论

要点	具体内容	
认知结构观	学习的实质	认为学习的实质在于主动地形成认知结构，学生不是被动地接受知识而是主动地获得知识，通过新旧知识的结合积极地建构其知识体系
	学习的过程	①新知识的获得，新知识可能是对旧知识的深化，也可能与旧知识相背。 ②新知识的转化，即超越给定信息，设法改变其形式，以适合新任务，获得更多的知识。 ③新知识的评价，是知识转化效果的一种核验方式，包含对知识的合理性的判断
	教学启示	①教师应明确学生要构建的认知结构包含哪些要素，并能画出各要素的关系图。 ②教师应采取有效措施帮助学生获得、转换和评价知识，使学生内化学科知识结构
发现学习法	含义	是指教师向学生提出有关问题，引导学生学习、搜集有关资料，通过积极思考，自己体会、“发现”概念和原理的方法
	优点	①学生自行发现和自行组织的知识，有助于长期记忆。 ②学生主动思维式的学习活动，有助于智力的发展与提升。 ③学生从主动发现过程中获得成就感的满足，不需靠外界赏罚去维持动机与兴趣。 ④学生养成自动自发的学习习惯之后，有助于以后的独立求知与研究
	缺点	①费时太多，不能保证学习的进度，且学生须具有一定的知识和技能。 ②在缺乏知识经验的小学低年级，很难使用此种方式教学。 ③忽视了学生的个体差异性，对思维较缓慢的学生可能造成一定的精神压力
	注意事项	①不能未经学生探索，而将答案告诉学生，这易使学生一知半解，遗忘迅速。 ②教师是学生学习过程的引导者，而不是知识经验的提供者

2. 奥苏伯尔的有意义的接受学习论

表 3－8　奥苏伯尔的有意义的接受学习论

要点	具体内容	
意义学习	含义	是指学习者将符号代表的新知识与认知结构中已有的相应的观念建立起实质性的和非人为的联系；与机械学习相对
	条件	①客观条件：学习的材料必须具有逻辑意义，可为学习者理解且在其学习能力范围内。 ②主观条件： a. 学习者要有从事意义学习的心向，并积极主动地将新旧知识建立联系。 b. 学习者的认知结构中，必须有能同化新知识的旧知识。 c. 学习者必须积极主动地实现新旧知识之间的联系，从而揭示新知识的意义
接受学习	含义	是指在教师指导下，学习者接受事物意义的学习
	辨析	接受学习绝非被动学习，接受学习是机械的还是有意义的取决于学生是否能将新旧知识建立联系进行学习
	内容	大多是现成的概念、结论、原理，以既定的方式呈现，通过教师传授或课本呈现

续表

要点	具体内容	
接受学习	心理过程	首先在认知结构中要找到能同化新知识的有关观念；然后找到新知识与起固着点作用的观念的相同点；最后找到新旧知识的不同点，从而区别新旧概念使知识不断系统化
	与布鲁纳的发现学习的异同	①相同之处：两者都重视学生学习的主动性，强调新知识的学习对已有知识的依赖性、强调认知结构对学习新知识的重要性，以及认知结构的可变性。 ②差异之处：布鲁纳提倡发现学习法，教师不应主动讲解而应该主动引导学生自行发现知识的内涵；奥苏伯尔则认为教学的主要模式就是教师讲解式教学
	评价	①适合于年龄较大、有较丰富的知识和经验的人，也是学习者掌握已有经验的主要途径。 ②某种程度上能够提高学习的效率和学习的结果，并且获得的经验便于巩固和储存。 ③接受学习有其合理性，尤其是先行组织者策略有利于知识的学习和保持

3. 加涅的信息加工学习理论

表 3－9　加涅的信息加工学习理论

要点	具体内容
学习的信息加工模式	①信息传输的流程 学生通过感受器从环境中接受刺激→感受器将刺激的物理信息转换为神经信息，并进入感觉登记→登记的信息进入短时记忆→信息通过编码进入长时记忆→信息从长时记忆中提取出来进入反应发生器→通过反应器作用于环境。 ②信息储存的特点 a. 感觉登记是非常短暂的记忆储存，涉及注意或选择性知觉。 b. 进入短时记忆的信息可保持二三十秒，且容量很有限，只有 7 个左右的记忆组块。 c. 长时记忆是永久性的信息存储库。需要使用信息时，需经过检索提取信息。被提取的信息可直接通向反应发生器，也可再回到短时记忆。 ③学生的期望事项和执行控制的作用 a. 期望事项，是指学生期望达到的目标，即学习的动机，期望事项是记忆发生的前提。 b. 执行控制，是指对认知过程的控制，在信息加工过程中它监控和指导认知活动的进行，并且改变策略以提高学习效果
学习阶段	加涅依据学习的信息加工模式将学生的学习过程划分为八个阶段： ①动机阶段。有效的学习离不开学习动机，教学先要激发学生的学习动机。 ②领会阶段。刺激被编码，储存在短时记忆中。 ③习得阶段。学生把感知到的材料，在短时记忆系统中进行编码。 ④保持阶段。习得的信息，以语义编码的形式进入长时记忆储存。 ⑤回忆阶段。学生重现已保持在长时记忆系统中信息的过程。 ⑥概括阶段。学生把已经获得的知识，推广到更广泛的领域中去的过程。 ⑦作业阶段。作业是反映学生是否真正习得的形式。 ⑧反馈阶段。教师及时的反馈会强化学生学习的动机
评价	加涅的学习理论融合了行为主义和认知心理学的观点，试图通过综合来解释学习的过程，为理解教学和教学过程、进行教学设计提供了可操作性的思路

考点四、人本主义的学习观

表 3-10 人本主义的学习观

要点	具体内容
人本主义心理学家的观点	强调人的价值和主观能动性，认为心理学应该研究人的价值、创造性和自我实现。其核心的研究理念包括： ①人是不可分割的整体，要想了解人、研究人，必须从整个人着眼。 ②人都有自己的需求和愿望，要想了解和研究人，必须了解人的内在的心理状态
人本主义学习理论的独特之处	①不从验证性研究中得到原则后做出推论，而多半是根据经验原则来提出观点和建议。 ②不只求解释简单的反应和知识学习，而是扩大视野，研究人类与自我实现有关的一切问题，强调教育环境的创设要符合学生人性发展的实际需求
代表人物的教育思想	①库姆斯的教育思想 a. 知觉、信念与行为 认为知觉是构成信念的基础，信念是行为的基础。要改变一个人的行为，必须从改变其知觉或信念着手。这种观点被视为人本主义心理学的基本信条之一。 b. 全人教育思想 主张教育的目是培养学生健全的人格，因此人本主义教育要重视实现七项目标：个人潜能的充分发挥；智能和情感的发展；知识、技能和能力的发展；教育效果的个人化；知、情、意的整体效果；构建良好的学习情境；培养学生良好气质与自我认识能力。 ②罗杰斯的自由学习观 a. 教育目标观 指出认知和情感都是人类高级心理活动的内容，教育理想是要培养知情融为一体的人，即“完人”或“功能完善者”，教育目标应促进变化和学习，培养能够适应变化和知道如何学习的人。 b. 学生中心的教学观 第一，在采用当事人中心疗法时，需要三个条件：真诚一致、无条件的积极关注和同理心。 第二，需要创设良好的学习环境激发学生向上的潜能，并促使他们的潜能充分发展。 第三，促进学习的关键在于教师和学生的关系。教师应具备的四种态度方面的品质：充分信任学生能发展其潜能；表里如一，真诚对待学生；尊重学生的个人经验，重视他们的感情和意见；深入理解学生的内心世界，设身处地为学生着想

考点五、建构主义的学习观

1. 建构主义学习观概述

表 3-11 建构主义学习观概述

要点	具体内容
主张	认为每个人对世界的理解都是以自己的经验为基础的，因此在学习上建构主义者更加关注学生如何以原有的经验、心理结构和信念为基础来建构知识，强调学习的主动性、社会性和情境性
发展历程	①苏格拉底和柏拉图是最早的建构主义者。苏格拉底著名的“产婆术”、杜威的“做中学”、布鲁纳的发现学习、认知心理学中的图式理论等都对建构主义颇有影响。 ②皮亚杰的主客体相互作用论认为，知识是在主客体的相互作用过程中建构起来的。 ③维果茨基在心理发展上强调社会文化历史的作用、区分了个体发展的两种水平、提出了最近发展区，对建构主义思想的发展起了极大的推动作用

续表

要点	具体内容
与行为主义学习观和认知学习观的关系	①联系：建构主义是学习理论中行为主义发展到认知主义以后的进一步发展。 ②区别：行为主义学习观和认知学习观都把学习看作学习者个体的活动，而建构主义学习观则将学习作为个体原有经验与社会环境互动的加工过程。

2. 建构主义关于学习的基本观点

表3－12 建构主义关于学习的基本观点

要点	具体内容
新知识观	①观点： a. 知识只是一种较为可靠的解释或假设，具有相对性和不确定性，是不断发展的。 b. 知识是个体基于其经验背景而建构起来的，不以实体存在。 ②评价： 相对于传统知识观(认为知识具有客观性，是固定和不容置疑的)，建构主义知识观具有一定的激进倾向，但也有一定的创新性，主要体现在： a. 课本知识只是一种关于各种现象较为可靠的解释，不是绝对正确的最终答案。 b. 学习不仅是理解新知识，而且是对新知识的分析、检验和批判。 c. 知识的应用不是简单套用，具体情境总有其特异性
新学生观	①学生并不是空着脑袋走进教室的，而是在日常生活、学习中积累了丰富的经验。 ②教师要引导学生从现有的知识经验“生长”出新的知识经验。 ③教学不是知识的传递，而是知识的处理和转换。
新学习观	①学习的主动建构性。学生是主动的信息构建者，不是被动的刺激接受者。学习是学习者根据自己的经验背景，对外部信息进行主动地选择、加工和处理。 ②学习的社会互动性。学习是在一定的情境即社会文化背景下，通过人际的协作活动而实现的意义建构过程。 ③学习的情境性。学习在实际情境中进行，个体的学习应与情境化的社会实践活动联系在一起
新教学观	①要让学生通过问题解决来学习，消除其认知上的冲突，并以此建构对知识的理解。 ②使学习去情境化，提倡情境性学习。教学应该使学习在与现实相似的情境中发生，教师只提供解决问题的原型，并指导学生探索，激发学生学习积极性，培养其问题解决能力。 ③重视师生以及学生之间的社会性相互作用，广为采用合作学习、交互教学，从而使学生超越自己的认识，从而形成更加丰富和全面的认识

3.2 课后习题详解

1. 结合教与学实际，举例说明什么是发现学习。

答：发现学习由布鲁纳提出。布鲁纳认为学习的实质在于主动地形成认知结构，学生不是被动地接受知识，而是主动地获得知识，通过新旧知识的结合积极地建构其知识体系。关于什么是发现学习，可从以下两方面加以说明：

(1)布鲁纳发现学习法的主要内容

发现学习法，是指教师向学生提出有关问题，引导学生学习、搜集有关资料，通过积极思考，自己体会、“发现”概念和原理。布鲁纳认为学习的目的不在于掌握琐碎的知识，而是在获取、追求知识的过程中学会怎样学习。

(2)结合教学实际说明

例如，高中生物课堂上，教师在引导学生学习叶片的结构时，可给学生每人发一片树叶，或带学生去野外亲自观察叶片的结构、特征，进而由学生自己找出事物的表面特征，即大部分树叶的上表皮与下表皮不同，然后带领学生认识事物的本质，即栅栏层和海绵层的区别等。

2. 人本主义学习观对我国教育改革有何启示与影响?

答: 关于人本主义学习观及其对我国教育改革有何启示与影响的阐释，具体如下:

(1)人本主义学习观

人本主义心理学强调人是不可分割的整体，每个人都有自己的需求和愿望，是“以人为本”的理论。其学习理论的独特之处在于:

①人本主义学习理论根据经验原则来提出观点和建议。

②人本主义心理学家研究人类与自我实现有关的一切问题，强调教育环境的创设要符合学生人性发展的实际需求。

(2)对我国教育改革有何启示与影响

①要了解行为者如何从他的观点去觉知他所处的世界。教育者与教育管理者应当多站在学生的角度去思考学生意识与行为的合理性，例如，当学校认为学生的行为不符合学校规章而学生本人认为合理时，尝试以学生的视角观察意识和行为本身。

②应重视价值、态度、情感等因素的作用，促进学生全面发展。我国的教育目标从重视基础知识、基本能力的发展，到不仅重视知识技能、还重视过程、方法，情感、态度、价值观就是最明显的体现。

③要坚持学生中心的教学观。传统教学模式中主体是教师，客体是学生，知识信息的交流是单向的，缺乏交流双方的情感互动性、参与性和双向反馈。我国已经从传统的学习模式过渡到学生主体、教师主导的课堂教学模式。

3. 建构主义学习理论的知识观、学习观、学生观及教学观对实际教学有何指导作用?

答: 建构主义学习理论对实际教学具有重要指导价值，具体体现在如下方面:

(1)建构主义的知识观及其对实际教学的指导作用

①建构主义的知识观: 知识并不是对现实世界的绝对正确表征，只是一种关于各种现象的较为可靠的解释或假设，处在不断的发展中，会随着人类的进步而不断地被“革命”掉，并随之出现新的假设。

②对实际教学的指导作用: a. 课本知识只是一种关于各种现象的较为可靠的假设，而不是解释现实的模板; b. 知识在各种情况下应用并不是简单套用，具体情境总有自己的特异性; c. 学习不能遵从教条主义，学习的过程是不断深化的过程，并且会随着具体情境发生变化，要使学习走向“思维中的具体”。

(2)建构主义的学习观及其对实际教学的指导作用

①建构主义的学习观：a. 学习的主动建构性。学生是主动的信息构建者，不是被动的刺激接受者。学习是学习者根据自己的经验背景，对外部信息进行主动地选择、加工和处理。对所接收到的信息进行解释，生成了个人的意义或者说是自己的理解。个人头脑中已有的知识经验不同，调动的知识经验相异，对所接收到的信息的解释就不同；b. 学习的社会互动性。学习是在一定的情境即社会文化背景下，借助其他人的帮助即通过人际的协作活动而实现的意义建构过程，以此形成的学习共同体是由学习者及助学者(包括教师、专家、辅导者等)共同构成的团体；c. 学习的情境性。建构主义者提出了情境性认知的观点，情境认知是一种解决学生在保持和概括知识时存在困难的方法。学习者使用概括的方法，有助于将知识从一种情境迁移至另一种情境。情境学习环境允许学习者在“需要的时候能复述有关的信息”。个体的学习应与情境化的社会实践活动联系在一起。

②对实际教学的指导作用：a. 学习要重视学习者综合、重组、转换、改造头脑中已有的知识经验，来解释新信息、新事物、新现象以及解决新问题等；b. 在教学环境下，构建学习共同体；c. 重视师生以及学生之间的社会性相互作用，广为采用合作学习、交互教学。个体对事物往往有独特的理解，不存在对事物唯一正确的理解。合作学习和交互教学可使学生超越自己的认识，从而形成更加丰富和全面的认识。

(3)建构主义的学生观及其对实际教学的指导作用

①建构主义的学生观：a. 学生并不是空着脑袋走进教室的；在学生建构自己知识的过程中，现有的知识经验和信念起着重要作用；b. 即使有些问题没有接触过，没有现成的经验，但当问题呈现在面前时，他们往往会基于相关经验，依靠自己的认知能力，形成对问题的某种解释，并且这种解释并不都是胡乱的猜测，而是从相关的经验背景出发而推出的合乎逻辑的假设。

②对实际教学的指导作用：a. 教学不能无视学生的现有经验，而是要将学生现有的知识经验作为新知识的生长点，引导学生从现有的知识经验“生长”出新的知识经验；b. 教师应重视学生自己对各种现象的理解，重视师生、生生之间的交流，引导他们丰富或调整自己的理解。

(4)建构主义的教学观及其对实际教学的指导作用

①建构主义的教学观：建构主义教学观最基本、核心的思想是让学生通过问题解决来学习，其原则是让学生就学科内容形成问题，即让学生带着对知识的好奇，去探索，消除认知冲突，然后自己建构对知识的理解。

②对实际教学的指导作用：教师的重要职责之一是为学生团体设置任务，即要探索的问题。问题的设计要将学生的新旧知识联系起来。

3.3 考研真题与典型题详解

一、单项选择题

1. 与华生的频因律相近的桑代克的学习律是(　　)。[统考2023年研]

A. 准备律　　B. 练习律　　C. 效果律　　D. 近因律

【答案】B

【解析】行为主义学习理论代表人物华生提出的频因律是指在其他条件相同的情况下，练习越多，习惯形成得越迅速，即练习的次数在习惯形成中起重要作用。行为主义学习理论另一代表人物桑代克提出的练习律是指重复一个学会了的反应，将增加刺激－反应之间的联结，这种联结被联系和使用得越多，就变得越强。因此答案选 B。

2. “风声鹤唳”“草木皆兵”反映的是条件作用的(　　)。[统考 2021 年研]

A. 分化　　B. 消退　　C. 泛化　　D. 强化

【答案】C

【解析】A 项，分化是指经过选择性强化或消退，使有机体学会对条件刺激和与条件刺激相类似的刺激做出不同反应。B 项，消退是指条件反射建立之后，如果多次只给条件刺激而没有无条件刺激加以强化，条件反射的反应强度就会逐渐减弱，最后完全消失。C 项，泛化是指某一特定的条件反射形成后，其他与该条件刺激相类似的刺激也能诱发其条件反应。题干中因为敌军的刺激，导致把“风”“鹤”“草木”(类似“兵”的刺激)都当成了敌军。D 项，强化是指能提高反应出现概率的刺激。

3. 建构主义强调知识的特点是(　　)。

A. 主观性　　B. 客观性　　C. 普遍适用性　　D. 永恒性

【答案】A

【解析】从行为主义到信息加工论基本都以客观主义为基础，对事物的认知就是单向的刺激或信息接收过程，而建构主义者认为事物的信息要被人理解应该依赖于个体原有的知识经验。学习是一个建构的过程，是学习者通过新旧知识经验相互作用来形成、丰富和调整自己的经验结构的过程。教学并不是把知识经验从外部装到学生的头脑中，而是引导学生从原有的经验出发，建构新的经验，具有主观性。

4. 依照桑代克的尝试－错误说，学习的基本规律有三：效果律、练习律和(　　)。

A. 准备律　　B. 刺激律　　C. 失败－成功律　　D. 成功－成功律

【答案】A

【解析】美国心理学家桑代克提出学习需要遵循三条重要的学习律：①准备律，是指个体在学习开始时存在的预备定势。②练习律，是指反应－刺激(S－R)联结被练习和使用得越多，就变得越强；反之，变得越弱。③效果律，是指在一定情境下产生满意的效果的行为倾向于在这一情境中重复出现。

5. 某小学生为了避免父母的斥责而认真完成家庭作业，其行为背后的作用机制是(　　)。

A. 正强化　　B. 负强化　　C. 正惩罚　　D. 负惩罚

【答案】B

【解析】B 项，负强化，是指通过消除厌恶刺激来增强反应概率，父母的斥责属于厌恶刺激。A 项，正强化，是指通过呈现愉快刺激增强反应概率，如给予表扬。CD 两项，惩罚与强化相反，是指在反应之后紧跟一个导致反应概率下降的刺激。与强化相应，惩罚可以分为Ⅰ型惩罚(正惩罚)和Ⅱ型惩罚(负惩罚)。正惩罚通过呈现厌恶刺激降低反应概率，如关禁闭；负惩罚通过消除愉快刺激降低反应概率，如禁用手机。

6. 强调学习的主动性、社会性与情境性的理论是(　　)。

A. 格式塔的顿悟说　　B. 认知发现理论

C. 认知同化理论　　D. 认知建构理论

【答案】D

【解析】建构主义兴起于 20 世纪 80 年代，面对信息技术对教育的挑战以及社会对创造性人才的培养需求，传统学习和教学理论无法适应新的要求，揭示了学习者在学习过程中的主动性，突出了意义建构和社会文化互动在学习中的作用。A 项，格式塔学派利用猩猩实验证明了学习是一种顿悟，而不是桑代克认为的尝试错误说。B 项，布鲁纳的发现学习重在发展学生解决新问题、探索新情境、发现新事物的态度和能力，使学生用自己的头脑亲自获得知识的一切形式。C 项，奥苏伯尔的认知同化学习理论重在对意义学习的描述，区分了机械学习与有意义学习之间的关系。

7. 认为人类不仅可以通过直接的经验产生学习，而且还可以通过观察他人即榜样的行为而产生学习、获得间接经验的学习理论是(　　)。

A. 认知发现理论　　B. 认知同化理论

C. 社会学习理论　　D. 人本主义学习理论

【答案】C

【解析】行为主义心理学家关注儿童的社会行为获得问题，班杜拉的模仿理论被称为社会学习理论，主张儿童通过观察他们生活中重要人物的行为而习得社会行为，这些观察以心理表象或其他符号表征的形式储存在大脑中，来帮助他们模仿行为。

8. 提出学习的认知同化理论的心理学家是(　　)。

A. 桑代克　　B. 奥苏伯尔　　C. 托尔曼　　D. 布鲁纳

【答案】B

【解析】奥苏伯尔认为，当学生把教学内容与认知结构联系起来时，有意义的学习就发生了，这种相互作用导致了新旧知识有意义地同化，被称为认知同化理论。

9. 布鲁纳认为，学生掌握学科结构的最好方法是(　　)。

A. 发现法　　B. 试误法　　C. 顿悟法　　D. 讲授法

【答案】A

【解析】布鲁纳认为让学生学习一般的原理固然重要，但发展学生解决新问题、探索新情境、发现新事物的态度和能力更为重要。他极力倡导发现学习，即学习者用自己的头脑亲自获得知识的一切形式，发现人类现有的知识和未知晓的事物。

10. 人本主义心理学的学习观认为，学习就是(　　)的过程。

A. 建立暂时神经联系　　B. 试误

C. 学习者发挥潜能和自我实现　　D. 顿悟

【答案】C

【解析】人本主义心理学以人为本，其学习理论从全人教育的视角阐释了学习者整个人的成长历程，重视如何为学习者创造一个良好的环境，使其从自己的角度感知世界，发展出对世界的理解，达到自我实现的最高境界。马斯洛的内在学习论主张依靠学生内在驱动，充分开发潜能，达到自我实现。

11. 加涅的学习理论按照学习的结果，把学习分为(　　)。

A. 信号学习、概念学习、规则的学习、连锁学习、辨别学习

B. 言语信息学习、智慧技能的学习、认知策略的学习、态度学习、运动技能的学习

C. 认知学习、情感学习、动作技能学习

D. 有意义学习、接受学习、机械学习、发现学习

【答案】B

【解析】学习现象极为复杂，学习理论家从不同的角度对学习做出了几种分类。加涅认为学习结果就是各种习得的能力或性情倾向，可以分为言语信息的学习、智慧技能的学习、认知策略的学习、态度学习、运动技能的学习这五种类型。A项，加涅根据学习水平分类，从低到高分别为：信号学习、刺激-反应学习、连锁学习、言语联想学习、辨别学习、概念学习、规则学习(又称原理学习)、高级规则学习(又称问题解决的学习)。C项，为布卢姆提出的理论。D项，为奥苏伯尔提出的理论。

二、概念题

1. 终身教育[首都师范大学2013年研]

答：终身教育是二战后在成人教育的经验基础上形成的观念和理论。1965年，联合国教科文组织正式采纳了“终身教育”。自从联合国教科文组织终身教育科长保罗·朗格朗的《终身教育引论》(1970年)问世以来，终身教育在国际上产生了广泛的影响。终身教育观念和理论，以战后科学技术、经济的飞跃发展和迅速更新以及国际民权运动高涨为其滋生与发展的历史背景，它完全应和了人们充分发展个性、创造能力和学习能力的要求以及人化(人道化)的要求。它的本质在于，现代人的一生应该是终身学习、终身发展的一生。

2. 学习科学

答：学习科学是指研究学习与教学的跨学科领域。它涉及认知科学、教育心理学、计算机科学、人类学、社会学、信息科学、神经科学、教育、设计研究、教学设计等领域与学科。这些领域的研究者们在多种多样的情境中，从不同的学科视角，多层面、全方位地研究如何支持和促进人在整个生命历程中的学习活动，不仅包括在学校课堂中的正式学习，也包括在家中、工作中和同伴中发生的非正式学习，旨在理解有效学习的认知与社会过程，并且将这些知识应用于对教室和其他学习环境的再设计中，从而使学习者能够高效地学习。

3. 操作性条件作用理论

答：操作性条件作用理论是斯金纳在严格控制的动物实验、对操作行为及其形成过程、强化的原则、类型和程序的精细研究基础上进行的系统性阐明。斯金纳认为一切行为都是由反射构成的，所有行为都可分为两类：①应答性行为是由已知的刺激引起的，机体被动地对环境刺激做出反应。②操作性行为是由机体自身发出的，最初是自发的行为，这些行为由于受到强化而成为在特定情境中随意的或有目的的操作。相应地，他把条件作用也分

为两类：应答性条件作用（即经典性条件作用）和反应性条件作用（即操作性条件作用）。经典性条件作用是刺激－反应（S－R）的联结，反应是由刺激引起的；操作性条件作用则是操作－强化（R－S）的过程，重要的是跟随操作后的强化（即刺激）。

4．格式塔学习理论

答：格式塔学习理论是指以“顿悟”说明学习的性质和进程的理论，代表人物是苛勒（1887～1967）。其基本观点包括：①学习就是知觉的重新组织。人在认知活动中需要把感知到的信息组织成有机的整体，在头脑中构造和组织一种格式塔（或称为完形），对事物、情境的各个部分及其相互关系形成整体理解，而不是对各种经验要素进行简单的集合。②学习过程不是渐进的尝试与错误的过程，而是突然的顿悟。之所以产生顿悟，一方面是由于分析当前问题情境的整体结构，另一方面是由于心智能利用过去经验的痕迹和心智本身具有的组织的功能，填补缺口或缺陷。③格式塔学派的主要代表人物是苛勒。

5．符号学习理论

答：符号学习理论是美国行为主义心理学家E.C. 托尔曼提出的一种学习理论。他根据白鼠学习方位的迷宫图的实验提出符号学习理论，认为：①学习是有目的的行为，而不是盲目的。②学习是对“符号完形”的认知。③在外部刺激（S）和行为反应（R）之间存在中介变量（O），主张将行为主义S－R公式改为S－O－R公式，用O代表机体的内部变化。

6．文化内化

答：文化内化是由维果茨基提出的关于高级心理机能发展的理论。他从人类社会、历史、文化发展角度理解和解释个体的心理发展，尤其是语言、思维等高级心理机能的发展机制。他认为，内化，即把存在于社会中的文化（如语言、概念体系、文化规范等）变成自己的一部分，来有意识地指引、掌握自己的各种心理活动。人的高级心理机能的发展就是社会文化内化的结果。高级心理机能的核心特征是人能够利用符号工具——不仅用符号工具完成相互之间的交流，而且用符号工具指引、掌握自己的心理过程，即用语言进行思维。此外，维果茨基还分析自下而上的知识、自上而下的知识这两种知识在内化过程中的相互作用。

三、简答题

1．简述人本主义学习理论。

答：人本主义心理学是20世纪50～60年代在美国兴起的一种心理学思潮，其主要代表人物是马斯洛和罗杰斯。人本主义的学习理论深刻地影响了世界范围内的教育改革，是与程序教学运动、学科结构运动齐名的20世纪三大教学运动之一。

（1）人本主义学习理论的内容

①关于学习的基本观点

a．学习结果：使学生成为一个完善、有用的人，整体的人格得到发展。

b．学习过程：学生在一定条件下，自我挖掘其潜能，自我成长、自我实现的过程。

c．促进学习的方法：以学生为中心，突出学习者在教学中的中心地位；让学生觉察到学习内容与自我的关系；让学生处在一个和谐、关爱、理解的氛围中；从做中学。

②关于教学的主要论点

a. 总的原则：尊重学习者，重视学习者的意愿、情感与需要，相信学习者能自我教育，发展潜能。

b. 以题目为中心的课堂讨论模式：强调学生全身心投入课堂的群体讨论中；强调学生在课堂讨论中的个别性和独特性；不长时间集中讨论某一题目。

c. 自由学习的教学模式：学生参与决定学习的内容与授课方式；学生选择信息源；师生共同制定契约；课堂结构安排的变通性；由学生进行学习的评定。

(2)对人本主义学习理论的评价

①贡献

人本主义学习理论充分肯定了学习者的价值，强调了学习目的是促进人格的发展，强调了学习过程是学习者通过自我指导、实现自我发展的过程；强调了学生的尊严和价值。

②局限

人本主义容易误入绝对的学生中心，而忽视了教师在教育教学过程中对学生的鼓励、激发和引导等作用。

2. 简述桑代克联结说的主要内容。

答：桑代克是美国第一个系统地论述教育心理学的心理学家。其联结说的主要内容包括：

(1)桑代克的联结主义学习理论

桑代克提出学习的实质不是建立在观念之间的联结，而是建立刺激－反应联结，即在一定的刺激情境与某种正确反应之间形成联结，其中不需要观念或思维的参与。这种刺激－反应联结主要是通过尝试错误、不断修正行为而形成的。学习就是通过渐进地尝试错误形成刺激－反应联结的过程，桑代克的联结说又称为“试误说”。

(2)三个学习规律

①准备律，是指学习者在学习开始时的预备定势。学习者有准备而且给以活动就感到满意，有准备而不活动则感到烦恼，学习者无准备而强制活动也会感到烦恼。

②练习律，是指重复一个学会了的反应，将增加刺激反应之间的联结，也就是S－R联结受到练习和使用得越多，就变得越来越强；反之，变得越弱。练习律指导人们对所有学生进行大量的重复、练习和操练。

③效果律，是指如果一个动作跟随某情境中一个满意的变化，在类似的情境中这个动作重复的可能性将增加；如果跟随的是一个不满意的变化，这个行为重复的可能性将减少。效果律指导人们使用一些具体奖励如小红花、口头表扬等。行为主义心理学家们把学习看作形成刺激和反应的联结或联想。但是，巴甫洛夫和华生认为，学习是通过刺激和反应的同时出现进行的。桑代克认为，学习是通过行为受奖励而进行的。

3. 简述观察学习的过程。

答：班杜拉认为，观察学习经历了以下四个过程：

(1)注意过程

在注意过程中，学习者会注意和知觉榜样情景的各个方面。榜样和观察者的几个特征决定了观察学习的程度，具体表现为：观察者比较容易观察那些与他们自身相似的或者被认为是优秀的、热门的和有力的榜样；有依赖性的、自身概念低的或焦虑的观察者更容易模仿行为；强化的可能性或外在的期望影响个体决定观察谁、观察什么。

(2)保持过程

在保持过程中，学习者记住他们从榜样情景中了解的行为，所观察的行为在记忆中以符号的形式表征，个体使用两种表征系统——表象和言语。个体储存他们所看到的感觉表象，并且使用言语编码记住这些信息。

(3)复制过程(又称动作再现过程)

在复制过程中，学习者复制从榜样情景中所观察到的行为。个体将符号表征转换成适当的行为，个体必须做到两点：一是选择和组织反应要素；二是在信息反馈的基础上精练自己的反应，即自我观察和矫正反馈。

(4)动机过程

在动机过程中，学习者因表现所观察到的行为而受到激励。

4. 简述建构主义的学习观。

答：建构主义认为，学习者不是被动的信息吸收者，学习不简单是知识由外到内的转移和传递，而是学习者主动地赋予信息以意义，建构自己的知识经验的过程。学习者的知识建构过程包括以下三个重要特征：

(1)主动建构性

面对新信息、新概念、新现象或新问题，学习者需要主动激活头脑中的先前知识经验，对新、旧知识进行综合和概括，并对自己的想法进行反思和检验。

(2)社会互动性

学习是通过对某种社会文化的参与，内化相关知识和技能，掌握有关工具的过程，这一过程需要通过学习共同体的合作互动来完成。学习共同体，即学习的社会群体，是由学习者及其助学者(教师、专家、辅导者等)共同构成的团体。学习共同体的协商、互动和协作对知识建构有重要的意义。

(3)情境性

建构主义者提出，知识存在于具体的、情境性的、可感知的活动中。它不是一套独立于情境的知识符号(名词术语等)，不可能脱离活动情境而抽象地存在，只有通过实际情境中的应用活动才能真正被人理解，仅学习抽象概念和规是无法灵活适应具体情境的变化的。

四、论述题

1. 说明负强化与惩罚的区别。对“我占用了他的课时时间，是对他迟到的负强化”进行修改。[北京师范大学2018年研]

答：强化有正强化与负强化之分，正强化包括积极强化、阳性强化、给予奖励，负强化包括消极强化、阴性强化、撤销惩罚。在操作性条件作用中，无论是正强化，还是负强化，都能增加以后发生反应的概率。

(1)负强化与惩罚的区别

负强化是指通过消除或终止厌恶、不愉快刺激来增强反应概率；惩罚是指通过施加一个不受欢迎的反应来降低行为以后发生反应的概率。可以从以下三方面来论述这一观点：

①两者所采用的刺激方式不同

负强化是通过移去伴随于行为之后的有害刺激，以达到增强所期望的行为的目的；惩罚则分为两种：一种是正惩罚，例如，当儿童出现不适宜的行为时，家长可以施加一个坏的刺激，给予儿童处罚的一种方法；另一种是负惩罚，例如，当儿童出现一个不适宜行为时，去掉一个好的刺激，即不给予原有的奖励，以减少儿童不适宜行为的出现概率。负强化是伴随着有害刺激的移除，而正惩罚是施加坏刺激，负惩罚则是去掉好的刺激。所以两者采用的刺激方式是不同的。

②两者的作用不同

负强化是去除有害刺激而鼓励人们去“做某事”，以达到所期望的行为的目的，因而其作用都是积极的；惩罚的目的是叫人“不做什么”，有时其作用是积极的而有时则是消极的，所以把负强化等同于惩罚是不正确的；同时，不论是正强化还是负强化都起着增强学习动机的作用，而惩罚则一般起着削弱学习动机的作用，但有时也可使一个人在失败中重新振作起来。

③两者的目的不同

负强化是为了增加儿童适宜性行为出现的概率，而惩罚正好相反，即为了减少儿童不适宜行为出现的概率。

(2)修改题目

题目中的话如果表达惩罚的意思，可以改为“我占用了他的课时时间，是对他迟到的惩罚”，也可以改成“我不再占用他的课时时间，这是对他不再迟到的负强化”来表达负强化的概念。

2. 论述有意义接受学习。［华中师范大学2016年研］

答：奥苏伯尔根据学习者是否理解要学习的材料，把学习分为有意义学习与机械学习。根据学习方式的不同，把学习分为发现学习和接受学习，并认为学生的学习主要是有意义的接受学习。

(1)有意义学习

奥苏伯尔提出，有意义学习过程的实质，就是符号所代表的新知识与学习者认知结构中已有的适当观念建立非人为和实质性的联系。

①划分机械学习与有意义学习的两条标准：a. 新的符号或符号代表的观念与学习者认知结构中的有关观念具有实质性联系；b. 新旧知识的非人为的联系。

②有意义学习的条件：a. 有意义学习的外部条件：学习材料必须具有逻辑意义；b. 有意义学习的内部条件：学习者必须具有有意义学习的心向；学习者认知结构中必须具有适当的知识，以便与新知识进行联系；学习者必须积极主动地使这种具有潜在意义的新知识与他认知结构中有关的旧知识发生相互作用。

③有意义学习的类型：a. 表征学习是学习单个符号或一组符号的意义，或者说学习它们代表什么；b. 概念学习实质上是掌握同类事物的共同的关键特征；c. 命题学习，命题是以句子的形式表达的，可以分为非概括性命题和概括性陈述。

(2)接受学习

接受学习是指教师通过直接呈现或传授知识及其意义，学生通过新、旧知识之间的相互作用来获得新知识。奥苏伯尔认为，学生的学习主要表现为接受学习，是通过教师的传授来接受事物意义的过程，它是一种有意义的接受，完全可以是有意义的学习。在接受学习中，教师所呈现的新知识大多数都是现成的、已有定论的、科学的基础知识，包括一些抽象的概念、命题、规则等，学生主要通过利用和这些新知识有关的、认知结构中已经具有的旧知识去同化它们，通过这种同化或称相互作用去理解新知识的意义。

①接受学习的基本心理过程表现为：

a. 在认知结构中找到能同化新知识的有关观念。

b. 找到新知识与认知结构中起固定点作用的观念之间的相同点。

c. 找到新旧知识之间的不同点，使新旧知识之间形成明显的、清晰的区别，并在积极的思维过程中融会贯通，使知识不断分化、系统化。

②先行组织者的教学策略。奥苏伯尔认为，影响接受学习的关键因素是认知结构中起固定作用的观念的可利用性。为此，他提出了先行组织者的教学策略。“先行组织者”是先于学习任务本身呈现的一种引导性材料，它的抽象、概括和综合水平高于学习任务，并且与认知结构中原有的观念和新的学习任务相关联。其目的在于为新的学习任务和旧知识之间搭建一座桥梁，为新的学习任务提供观念上的固着点，增加新旧知识之间的可辨别性，以促进学习的迁移。

(3)评价

①作用：奥苏伯尔的认知－接受学习理论注重有意义的接受学习，突出了学生的认知结构和有意义学习在知识获得中的重要作用。对有意义接受学习的实质、条件、机制、类型等作了精细的分析，澄清了长期以来对传统讲授教学和接受学习的偏见，以及对发现学习和接受学习与有意义学习和机械学习之间关系的混淆。他提出的先行组织者策略对改进课堂教学设计、提高教学效果有重要的实用价值。

②局限性：他偏重学生对知识的掌握，而对学生能力的培养尤其是创造能力的培养不够重视，且过于强调接受学习与讲授方法，没有给予发现学习应有的重视。

3. 某小学低年级新学期开学不久，班上来了一位插班生。这天数学课学习“8 加 1”的计算，她没有学会。课后，老师对其进行个别辅导，一遍又一遍地连续重复了多个“8 加 1”的例题，她似乎会了，但当换成“7 加 1”“9 加 1”等其他计算题时她又算错了。老师越讲越生气，不知这学生到底怎么了？

试根据加涅的学习层次理论，就如何改善这个学生的数学学习状况，给该教师提出一些建议，并思考该教例对教学的启示。［统考 2014 年研］

答：(1)根据学习层次理论，加涅提出了八类学习：

①信号学习。即经典性条件作用，学习对某种信号做出某种反应。其过程是：刺激－强化－反应。

②刺激－反应学习。即操作性条件作用，与经典性条件作用不同，其过程是：情境－反应－强化。即先有情境，做出反应动作，然后得到强化。

③连锁学习：是一系列刺激－反应的联合。

④言语联想学习：是一系列刺激－反应的联合，但它是由言语单位所联结的连锁。

⑤辨别学习：是指学会识别多种刺激的异同并对之做出同样的反应。

⑥概念学习：是指对刺激进行分类时，学习对一类刺激做出同样的反应，也就是对事物的抽象特征的反应。

⑦规则学习：是指了解两个或两个以上概念之间的关系。规则是两个或两个以上概念的联合。

⑧解决问题的学习：是指在各种情况下，使用所学规则去解决问题。

该学生处于连锁学习与言语联想学习阶段，老师只是不断对其进行强化，让其通过练习得到反应。

(2)建议：

①教师在教学过程中要根据学生的实际情况采用合适的方法和策略进行引导。具体教学策略如下：

a. 教师要根据学生的知识结构和认知水平对教学内容进行教学法的加工，力求使所传授的内容同学生原有的认知结构建立实质性的联系。

b. 激发学生积极主动地从自己原有的知识结构中提取有联系的旧知识来作为掌握新知识的基础。

c. 在教学过程中注意学科理论与实践的结合，掌握知识与培养能力的结合。

d. 在教师主导作用发挥的同时，要特别注意学生主体作用的发挥。

②学生在学习过程中学生需要掌握一定的学习策略。根据麦基奇等人的观点，学习策略包括认知策略、元认知策略和资源管理策略三部分。

a. 认知策略是信息加工的策略，又可以分为复述策略、组织策略、精加工策略等。精细加工策略可以把所学的新信息和已有的知识联系起来，寻求背后的深层次意义，或者以此来增加新信息的意义，从而帮助学习者将信息储存到长时记忆中去。

b. 元认知策略是对信息加工过程进行调控的策略。

c. 资源管理策略则是辅助学生管理可用的环境和资源的策略，它对学生的动机具有重要的作用。

学生在教师的引导下，采用正确的学习策略，才能达到比较好的效果。

(3)启示：

要使教学能积极、有效地展开，教师不能只关注当下的特定任务，更不能简单地重复教学，还应该分析和明确目标任务所需要的前提知识、技能及其层次关系，以及学生在学习该任务时实际所处的层级水平。

4. 论述心理学家关于学习的共识及由此概括出学习的定义。

答：(1)心理学家在学习的本质上的共识，具体表现为：

①从学习的过程或学习的来源来看，学习是由经验引起的。

学习是一个获得和积累经验的过程。通过主客观的相互作用，个体在头脑中产生对客观现实的能动的主观反映，这种主观反映即经验。随着经验的不断获得与积累，心理结构逐步地形成与发展起来。

②从学习的结果来看，学习之后会获得行为或思维较为持久的变化。

学习可以通过行为的变化表现出来。经验结构或心理结构的形成与变化的过程是内在的，难以直接观察到。但由于心理结构是行为的内部调节机制，所以其形成、发展状况可以依据个体的行为变化来加以推断，并最终通过行为的变化表现出来。个体从不会说话到与别人正常地进行言语交流，从不会骑车到灵活自如地骑车，诸如此类的行为变化都证明了学习的发生。

③从功能上讲，学习实质上是一种适应活动。

a. 个体要生存，必须适应环境的变化，与环境保持动态的平衡。适应有两种：生理适应是在环境变化的作用下，引起个体生理结构与机能及其行为的变化；心理适应是在环境变化的作用下，引起个体心理结构与功能及其行为的变化。

b. 学习属于心理适应范畴，是一种以心理变化适应复杂多变的环境的过程。个体与环境的相互作用是适应得以发生的客观基础，个体的反映活动及其身心变化是适应发生的内在机制，个体的行为变化是适应发生的外在表现。

(2)根据以上分析，可将学习定义为：学习是指个体在特定情境下由于练习或反复经验而产生的行为或行为潜能的比较持久的变化。

第 4 章　教学理论

4.1　复习笔记

【知识框架(庖丁解牛)】

- 教学理论
  - 概述
    - 什么是教学
    - 什么是教学理论
  - 主要教学理论
    - 行为主义的教学理论
    - 认知观的教学理论
    - 人本主义的教学理论
    - 建构主义的教学理论
  - 教学过程
    - 教学过程分析
    - 教学过程阶段理论
    - 对教学过程的规律性认识
  - 教学条件
    - 教学环境
    - 教学资源

【考点剖析与拓展(游刃有余)】

考点一、概述

1. 什么是教学

表 4－1　什么是教学

要点	主要内容
教学的含义	是指教师的教和学生的学的共同活动，即教与学相结合或相统一的活动
教学的实质	①本质上是教师的教和学生的学所组成的一种人类特有的人才培养活动。这种活动由教师、学生、课程教材、教学方法、教学手段、教学环境以及教学评价等要素组成，各要素之间构成错综复杂的各种关系。 ②三种有代表性的观点：经验传递论、特殊认识论、师生交往论。 a. 经验传递论认为，教学是一种知识(人类经验)授受活动，相对于其他活动的特征在于教学以传递人类经验为目的。 b. 特殊认识论认为，教学是一种特殊的认识活动，相对于其他活动的特征在于教学活动对象的主体性以及教学活动自身的综合性。 c. 师生交往论认为，教学是师生以信息交流为主的人际交往活动，相对于其他活动的特征在于主体(师生)之间的交互性

续表

要点	主要内容		
有效教学	含义		是指教学活动达成了教师完成教学目标以及学生获得发展两方面的成就的教学行为，包含以下三方面内容： ①评价标准：学生的进步和发展。 ②出发点和关键：激发和调动学生的主动性、积极性和自觉性。 ③实质和核心：提供和创设适宜的教学环境，促成学生有效学习
	特征		①坚持以学生发展为本的教学目标，教学有效知识量高。 ②通过教师的教学，学生的能力得到提高。 ③教师有自己的教学风格和特点，教学能表达清楚；突出重、难点；激发学生主动性等
	QAIT 模式	来源	斯莱文在时间学分析模式的基础上，出于使教师或学校能够直接接受为目的，提出了 QAIT 模式
		解释	只有当这四个因素都合适时，有效教学才成为可能： ①Q 即教学质量，是指教师所呈现的知识和技能的易学程度。 ②A 即教学的适当性，是指教师确保学生做好学习新课的准备程度。 ③I 即教学诱因，是指教师对学生完成学习任务的激励程度。 ④T 即时间，是指教师让学生学习所教材料的时间的充裕程度

2. 什么是教学理论

表 4－2　什么是教学理论

要点	主要内容	
教学理论的界定	布鲁纳	主张教学理论必须说明如何引导学生进入学习准备状态、如何选择并组织材料、如何呈现材料、如何维持学生的学习动机
	加涅	主张教学理论要在教学事件、教学事件对学习过程的影响、学习过程所产生的学习结果之间提出一种以理性为基础的关系
	教材观点	教学理论应该具备应用性和基础性，既有方法指导价值，也有实践指导价值，也是各科教师教学前需要学习的系统性基础理论
与学习理论、发展理论的关系	①教学理论和学习理论是相对独立的。 ②学习理论和发展理论是描述性的，教学理论是处方性的。 ③教学理论与学习理论、发展理论都服务于教育目的的实现	
与课程理论的关系	①课程理论强调学生的行为，教学理论强调教师的行为。 ②课程与教学相互依存、交叉，联系紧密。 ③课程与教学可以分别研究与分析，但不可能各自独立运作	

考点二、主要教学理论

1. 行为主义的教学理论

表 4-3　行为主义的教学理论

要点		主要内容
概述		①行为主义教学理论源于对行为主义心理学的研究，产生于20世纪20年代的美国，其代表人物有巴甫洛夫、华生、桑代克和斯金纳等。 ②桑代克的《教育心理学》被认为是教育心理学学科体系确立的奠基之作。他建立了S-R(刺激-反应)教育心理学理论范式。 ③斯金纳、布卢姆、凯勒等不断发展了行为主义的教学理论
斯金纳的程序教学理论		①在《学习的科学和教学的艺术》(1945)一文中提出程序教学思想，主张通过使用机器装置来提高算术、阅读、拼写和其他学科的教学效率。 ②在《教学机器》(1958)一文中提出了程序教学的基本原则： a. 小步子呈现原则。b. 积极反应原则。c. 及时反馈原则。 d. 自定步调原则。e. 低错误率原则
新行为主义教学理论	掌握学习教学模式	①布卢姆提出的旨在确保所有学生都能达到一定学习水平的教学模式。 ②其指导思想是，在适当的学习条件下，让所有人都能学会学校所教的知识。 ③这一模式包括：掌握学习的准备、掌握学习的实施和评定掌握等级
	个别化教学体系(PSI)	①凯勒提出的一种强调学生自学为主、以学生自己定速来适应个别差异的个别化教学理论。 ②能激发学生的学习动机，但一般适用于年级较高、独立性较强的学生。 ③其教学程序包括：划分学习单元；自定学习进度；掌握一单元后，进入下一单元；学生相互辅导；指出学习目标和建议；自由式讲课
	以计算机运用为基础的教学	①计算机辅助教学(CAI)，是将程序教学的基本思想和方法同计算机系统结合起来的一种个别化教学形式。 ②多媒体教学，是在以班级授课制为主要形式的课堂教学中，教师依据一定的教学目标和教学内容的需要，适当地引进多媒体系统，从而达到优化教学过程的目的一种教学形式

2. 认知观的教学理论

表 4-4　认知观的教学理论

要点		主要内容
加涅的指导学习教学理论	理论体系	①教学目标可分为智慧技能、认知策略、言语信息、动作技能和态度这五种学习结果，它们是跨学科的，学校的每门学科都要按照这五种学习结果制订具体的教学目标。 ②教学是一组经过设计的支持内在学习的外在事件。教只是为了帮助学生的学。 ③教师要把握学习结果的类型，选择最适当的教学方法。 ④教学目标要设置合理而且陈述得明确、具体、可观察和可测量
	教学设计原理与技术	①教师是教学的设计者和管理者，也是学生学习的评定者。 ②教学是教根据学生的内部学习条件和不同学习结果类型，创设与之相应的学习的外部条件，促进有效学习，以实现预期的教学目标的过程。 ③教学设计的主要成分是：a. 设计可观察和可测量的操作目标；b. 为选出的目标确定适当的教学事件

续表

要点	主要内容	
布鲁纳的结构教学理论	强调智慧	重视传授给学生知识，更强调智慧的发展
	注重结构	①强调认知结构在学习过程中的作用，学习就是编码系统的形成，并认为一切知识都是按编码系统排列和组织的。 ②其作用是：可使学科更容易理解；使科学知识更易于记忆；可促进迁移；可缩小高级知识和初级知识之间的间隙
	倡导发现教学法	①认为发现学习包括用自己的头脑亲自获得知识的一切形式。 ②其一般步骤包括：提出问题；激发探究欲望；提出假设；验证假设；得出结论；验证结论，解决问题
	教学原则	①动机原则。教学必须对学习者选择的学习和问题解决的探索活动起促进和调节作用。 ②结构原则。任何观念、问题或知识都可以用简单的结构化形式表现出来以便理解。 ③序列原则。学习材料的顺序根据学生的具体情况灵活变通。 ④反馈原则。长远来看，外在强化并无裨益；应强调学习者的内在动机和奖励
奥苏伯尔的同化教学理论	教材呈现原则	①认知结构的形成与教材内容及其组织形式有关，并依赖于两方面的内容：一是与该学科教材内容关联的实质性概念和原理；二是最能提高认知结构清晰性、稳定性和整合性的呈现与安排教材顺序的方法。 ②逐渐分化原则。奥苏伯尔根据知识在头脑中的层级结构分为上位概念和下位概念，新知识必须和它在认知结构中的组织符合不断分化原则，从而达到最理想的学习和保持效果。 ③综合贯通原则。教材的组织应该有利于学生觉察一个领域与另一个领域之间有意义的联系，以获得一种统一的观点，而不应该是各个领域相互隔离甚至相互冲突
	先行组织者策略	①先行组织者是指先于学习任务本身呈现的一种引导性材料，它的抽象、概括和综合水平高于学习任务，并且与认知结构中原有的观念和新的学习任务相关联。 ②目的在于为新的学习任务提供观念上的固着点，增加新旧知识之间的可辨别性，以促进学习的迁移。先行组织者策略，有利于实现教学的逐渐分化和知识的综合贯通

3. 人本主义的教学理论

表 4－5 人本主义的教学理论

要点	主要内容	
主要观点	①教师对学生的知觉是有效教学的前提，认为知觉是决定个人行为取向的基础。 ②教学的目标是促进学生认知素质和情意素质的全面和谐发展和自我实现，即全人教育理念。 ③学生中心的教学观，提出了当事人中心疗法，条件是真诚一致；无条件积极关注、同理心。 ④建立良好的师生关系是有效教学的基础，教师必须做到：信任学生、真诚对待学生、尊重学生、理解学生	
罗杰斯的非指导性教学理论	非指导的含义	是指放弃传统教育忽视个体要求、替代学生思考的指导
	特点	非指导教学以学生自发学习为特征，教学目的、内容、进程和方法等由学生自己讨论决定，课程既无终结，也无考察

续表

<table>
<tr><th>要点</th><th colspan="2">主要内容</th></tr>
<tr><td rowspan="2">罗杰斯的非指导性教学理论</td><td>内容</td><td>①非指导性教学模式要求教师特别耐心，而且对学生的活动不多加干涉。
②非指导性教学的操作程序大致包括：创设情境；引导学生寻求共同关注的问题，确定个人或小组选择其学习目标</td></tr>
<tr><td>评判标准</td><td>①成功的关键：取决于师生坦率地共享某些观念和相互之间真诚交流思想的意愿。
②成功的标志：学生乐于对他们自己的学习承担责任，且能发挥其学习的主动性与创造性</td></tr>
</table>

4. 建构主义的教学理论

表 4-6 建构主义的教学理论

<table>
<tr><th>要点</th><th colspan="2">主要内容</th></tr>
<tr><td>主要观点</td><td colspan="2">①创设有助于学生探究、互动和社会化的实践环境，使学生参与社会实践、进行探究学习，并支持其成为有价值的社会成员。
②提供包含活动参与方式和现实问题的开放式课程。现实生活中的复杂问题是课程的主要内容；课程呈现方式、学生的学习活动都在真实或接近真实的问题情境中进行的。
③对学生的探究和参与实践的能力进行多元评价。强调对学生的探究能力以及参与实践活动的能力进行评价和学生参与评价</td></tr>
<tr><td rowspan="2">支架式教学</td><td>含义</td><td>是指通过支架(教师或有能力的同伴的帮助)的协助，把管理学习的任务逐渐由教师转移给儿童自己，最后撤去支架的一种教学方法</td></tr>
<tr><td>步骤</td><td>①将学生引入问题情境，并提供给学生可能获得的工具。
②搭脚手架(教师引导学生探索问题情境)：
a. 教师要帮助学生确立目标，为学生探索问题情境提供方向。
b. 教师要围绕当前的学习内容，为学生提供探索该学习内容所需要的概念框架，该概念框架应置于学习者的最近发展区。
c. 教师可以通过演示、提供问题解决的原型、为学生的问题解决过程提供反馈等引导学生探索问题情境。
③教师逐步放手让学生自己决定探索问题的方向，选择自己的方法，独立进行探索。
④学生要进行自我监控。
⑤对学习效果的评价，包括学生个人的自我评价和学习小组对个人的学习评价</td></tr>
<tr><td>斯皮罗的随机通达教学</td><td colspan="2">①同一学习内容要多次进行，且要改组情境，使其目的不同，着眼于问题的不同面。
②多次进行绝非简单重复，不同情境要使学习者获得对知识的不同理解。
③每个概念的教学都要涵盖充分的实例(变式)，分别用于说明不同方面的含义，而且各实例都可能同时涉及其他概念</td></tr>
<tr><td>情境教学</td><td colspan="2">①强调按照真实的社会情境改造学校教育，使学生获取真正有用的知识和生活本领。
②教学的过程应与现实的问题解决过程相类似。教师并不是将提前已准备好的内容教给学生，而是在课堂上展示出解决问题的探索过程和原型，并指导学生的探索。
③采用融合式测验，或者进行与学习过程一致的情境化评估。如锚式情境教学理论</td></tr>
</table>

考点三、教学过程

教学过程主要探讨教学活动的基本要素及其内在联系、教学过程的基本环节、规律等问题。

1. 教学过程分析

表 4－7 教学过程分析

要点	主要内容
教与学宏观模式中的多变量	①教学中弄清楚四个变量：教师特点、学生特点、教学内容和教学条件。 ②学与教的三种过程模式：学习过程、教学过程和评价过程。 ③教学过程的运行状态和水平，不仅取决于四变量的协调，而且受三过程运作的制约
教与学微观模式中的多环节	①教学设计，包括确定教学目标、分析学习过程的特点、选择教学方法。 ②教学实施，即执行教学设计。 ③教学评价，即反思评价教与学过程的成效，进行成败得失反省

2. 教学过程阶段理论

表 4－8 教学过程阶段理论

要点		主要内容
传统教学过程阶段模型	四阶段	①赫尔巴特提出了教育史上最早的教学过程模型，即四阶段教学过程模型。 a. 明了，给学生明确地讲授新知识。 b. 联想，把新获得的观念与旧有的观念联系起来。 c. 系统，形成组织严密的、更加完整的知识体系。 d. 方法，把所学知识运用到实际中去。 ②与四阶段相对应的心理状态是注意、期待、探究和行动。他认为上述四个阶段决定着各种课堂教学的顺序。 ③赫尔巴特的教学阶段，为他的追随者齐勒所发展，变成了五段，即：预备、提示、联结、总括、应用五个阶段，在教育史上称为“五段教学法”
	五步骤	①在我国，课堂教学的一般过程也称课堂教学结构，这是在凯洛夫的教学论思想和我国教学实践经验的基础上形成的，该教学结构模型迄今仍在中小学教学中广泛使用 ②五个基本步骤：组织教学；检查复习；讲授新课；巩固知识；布置作业
现代教学过程模型		邵瑞珍、皮连生等人提出了六步三阶段教学模型。 ①具体内容： a. 第一阶段，包括引起注意与告知目标；提示学生回忆原有知识；呈现组织信息；阐明新旧知识关系，促进理解。 b. 第二阶段，是知识的巩固或转化阶段。教师要引出学生的反应，并提供反馈和纠正。 c. 第三阶段，是知识的应用阶段。教师要提供技能应用的情境，促进迁移。 ②与传统教学模型的区别：传统教学模型着眼于教师的行为，新的教学模型着眼于师生双边活动；传统教学模型没有知识分类学习的思想，新的教学模型反映了知识分类学习的思想

3. 对教学过程的规律性认识

(1)教学是促进间接经验与直接经验相互转化和联系的桥梁

①学生的认识来源于两种经验：

a. 间接经验是指人类在长期的认识过程中积累起来的知识，多表现为书本知识。

b. 直接经验是指学生亲身实践而获得的知识。

②在教学过程中，直接经验和间接经验相互转化。学生以掌握间接经验为主，但学习间接经验必须以一定的直接经验为基础。直接经验是掌握间接经验的桥梁。

③在教学过程中，应防止两种偏向：

a. 只重视书本知识的传授，不注重积累直接经验。

b. 过于重视学生的直接经验，忽视书本知识的学习。

(2)教学以掌握知识与发展智能相统一为基本目标

教学应把掌握知识与发展智能协调统一起来，不能割裂两者的辩证关系。

①智能的发展依赖于知识的掌握情况。知识是智能发展的先决条件。没有一定的知识基础，智能就不可能获得很好的发展。

②知识的掌握依赖于智能的发展水平。智力通常看作是人的综合认识方面的能力，即认识客观事物的基本能力，是认识活动中表现出来的那些稳定的心理特征。

③知识与智能存在辩证关系。在教学过程中，学生智力的发展有赖于知识的掌握，因为知识是学生进行认识活动的工具，他们只能根据已有的知识去认识世界，接受尚未掌握的知识，解决面临的问题，并在这个过程中发展自己的智力。但是，知识不等于智力。学生知识的多少并不能标志他们智力的高低。知识转化为智力是有条件的。教学中必须有明确的发展智力的目标，并有计划地去加以实现。教学中不能只抓知识教学或只重视智能发展。

(3)有效教学以调动智力因素与非智力因素协同作用为前提

①非智力因素与智力因素的一致性，具体表现为：

a. 智力的发展会促进非智力因素积极特征的发展。

b. 非智力因素的积极特征对学习具有调节、控制、维持和补偿的功能，是提高学习质量和促进智力发展的强大动力。

c. 非智力因素是一种动力因素，是个体获取知识、发展智力的动力源泉。

②促进智力因素与非智力因素的协调发展的具体做法包括：

a. 根据学生的年龄特征，增进教学的趣味性、启发性，培养学生的求知欲、学习兴趣，促进非智力因素的发展。

b. 要提高学生自我教育的能力，使他们能够自觉地按照教学要求调节其非智力因素的活动，使智力因素与非智力因素协调活动。

(4)教学过程中主体交互作用水平是影响教学效益的关键

教师和学生是教学中的双主体。教师设计、引导学生自主学习，发挥学生学习的主动性、积极性，体现学生的认知主体作用。要注意的是：

①防止片面强调和夸大教师的主体作用，忽视学生的主体性，使教学死板、被动。

②防止片面强调学生的主体性，忽视教师的主体作用，使学习陷入盲目状态。

考点四、教学条件

1. 教学环境

表 4-9 教学环境

要点		主要内容
含义		是指在教学活动中，影响教师的教和学生的学的一切内外环境，包括物理环境和心理环境
物质环境	含义	是指涉及课堂中的自然条件、教学设施以及空间布置等
	构成要素	①教学的自然环境，包括学校的地理位置、校园环境和室内布置等。 ②教学设施，包括教学活动所需要的一些基本用具，应兼具实用性和审美性。 ③教学的时空环境，主要是指教学时间和空间因素构成的特定的教学环境
	作用	①影响学生的认知活动。智力活动的效率有赖于适当的物理环境。如光线过强会使学生出现头痛、恶心、产生幻觉等症状。 ②影响学生的情绪体验。如浅蓝色和浅绿色可使学生心情平静。 ③影响学生的学习行为。良好的物理环境有助于提高教学效率
心理环境	含义	是指由学校内部许多无形的社会、文化、心理因素构成的一个复杂的环境系统，它与物质环境共同构成了教学环境的整体
	构成要素	①人际关系。师生关系与同学关系对学业成绩呈正相关，好的师生关系可减少师生矛盾。同伴团体的气氛、价值规范通过影响学生的价值观、行为模式和心态来影响教学活动。 ②集体气氛。不同的集体依据各自规范的独特作用方式形成一定的集体心理气氛，校风和班风对教学活动有明显、直接和具体影响。 ③教学氛围。它是在课堂教学情境的作用下，在学生需要的基础上产生的情绪情感状态。它反映了师生之间的关系以及对教学的态度以及对周围条件的态度。 ④个体心理因素。主要表现为个体智力发展水平、动机、情意以及焦虑水平等。如自我意识水平低的学生不愿意参与课堂教学活动，缺乏自信心
	作用	①有利于形成和谐的师生关系、生生关系。 ②有利于克服和消除学生身心疲劳，使学生的智力与非智力活动保持在最佳状态。 ③有利于维护正常的教学秩序，完成教学任务

2. 教学资源

表 4-10 教学资源

要点	主要内容
含义	是指为教学的有效开展提供的素材等各种可被利用的条件
分类	①按教学资源的来源划分：校内资源、校外资源和社会资源。 ②AECT 的划分：设计的资源和利用的资源。 ③从教学活动中认识的指向性指标划分： a. 主观性教学资源 第一，教师：教师的知识经验、智力水平、个性、教育观、教学效能感等都是依存于教师身上的影响教学活动的主观因素，教师在教学中通过与学生的有效互动实现课堂教学过程中的资源利用。 第二，学生：学生的已有知识经验、个性，学习的兴趣、态度、方法、准备状态等都是依存于学生身上的影响教学活动的主观因素，学生学习的起始状态、学习状态都是可供利用的主观性教学资源。

续表

要点	主要内容
分类	b. 客观性教学资源 第一，教学资料，是指满足教学目标和要求并可用于教学的一切信息及其组织，蕴含了大量的教育信息，能创造出具有一定教育价值的各类信息资源。 第二，支持系统，是指支持教学活动的内外条件，包括设备、信息、人员的支持等，起着教学媒介的作用。 第三，教学环境，不只是指教学过程发生的地点，更重要的是指学习者与教学材料、支持系统之间在进行交流的过程中所形成的氛围，使教学活动各要素之间进行有意义的交流

4.2 课后习题详解

1. 观察2~3名你周围的教师，总结他们在日常教学中都运用了哪些教学理论。

答：教学理论来源于教学实践又指导教学实践，与教学实践呈辩证关系。结合我周围教师的教学实际，主要有以下教学理论影响他们的教学实践：

(1)斯金纳的程序教学理论

斯金纳在行为主义学派中第一个提出了较系统的教学理论。斯金纳的程序教学思想旨在通过使用机器装置来提高算术、阅读、拼写和其他学科的教学效率。程序教学模式将学科内容分成一系列有逻辑联系的知识项目，编制成一套渐次加深的问题框面。斯金纳创建了直线式程序，即学生做了第一步后呈现答案，然后进入下一步，依次类推直到学完程序。教师在教学中最常运用的程序教学的原则包括小步子原则、积极反应原则、及时反馈原则。在学生做出反应后，及时确认或及时强化，以提高学生的信心

(2)掌握学习理论

所谓"掌握学习"，就是在"所有学生都能学好"的思想指导下，为学生提供所需的个别化帮助以及所需的额外学习时间，从而使大多数学生达到课程目标所规定的掌握标准。这一教学模式在日常教学中表现得较明显的特点包括：

①教完一单元后，不马上进入新单元，而是进入反馈-矫正环节，如单元测试和总结。

②学完全部教材后，教师对全班进行总结性测验，评定每个学生成绩，如期末考试。

(3)布鲁纳的结构教学理论

布鲁纳认为任何一门学科都有一个基本结构，即具有其内在的规律性。它反映了事物间的联系，包含了"普遍而强有力的适应性"。不论教什么学科，都必须使学生理解学科的基本结构，而学科的基本结构即各门学科的基本概念、基本原理和规律。基于此，布鲁纳提倡"发现学习"，这种方法要求学生在教师的认真指导下，能像科学家发现真理那样，通过自己的探索和学习"发现"事物变化的因果关系及其内在联系，形成概念，获得原理。发现学习以培养探究性思维的方法为目标，以基本教材为内容，使学生通过再发现的步骤来进行学习。在日常教学中，教学要遵循动机原则、结构原则、序列原则、反馈原则。

(4)奥苏伯尔的同化教学理论

在日常教学中，教师常运用奥苏伯尔的同化教学理论中的先行组织者策略，以实现教学的逐渐分化和知识的综合贯通。①先行组织者采取三种形式：a. 一个概念的定义；

b. 新材料与已知例子的类；c. 一个概括。教科书一般是包括先行组织者的，如一开始的综述，或章节的大纲和标题。②先行组织者策略起三个作用：a. 把学生的注意引向即将来临的材料中最重要的内容；b. 它们集中了将呈现的概念中间的关系；c. 提示已有知识和即将遇到的新材料之间的关系。所以先行组织者起一个在新旧概念之间搭桥的作用。因此，教师在导入新课时，往往会提供或唤起与新知识有关的学生已有的知识经验。

2. 结合当前教学改革实际，评价四种教学理论的作用。

答：教学理论不仅具有方法指导价值，同时也是各科教师教学前需要学习的系统性基础理论。

(1)行为主义的教学理论的作用

行为主义遵循客观主义知识观，主张分析人类行为的关键是考查外部事件；鼓吹环境决定论，强调环境是决定人类行为的重要因素。在学习和教学理论上，认为学习就是通过强化建立刺激与反应之间的联结链，教学就是传递客观知识，学习者必须得到与书本或教学者同样的学习结果，无须考虑在这种传递中学生的理解和心理过程。斯金纳、布卢姆、凯勒是行为主义的教学理论的代表人物，分别提出了程序教学理论、掌握学习理论、个别化教学理论，为教学的有效开展提供了早期的教学模式。

(2)认知派的教学理论的作用

认知观的教学理论主要包括以下几种：

①加涅的教育心理学理论。这一理论代表着教育心理学研究的新起点，是重视教学心理时代的开始。在这一教学论体系中，教师可以很有把握地根据教学目标中所确定的学习结果的类型以及某类学习当时所处的学习阶段，选择最适当的教学方法。

②布鲁纳的结构教学理论。他重视传授给学生知识，更强调智慧的发展。他认为任何一门学科都有一个基本结构，即具有其内在的规律性。它反映了事物间的联系，包含了"普遍而强有力的适应性"。不论教什么学科，都必须使学生理解学科的基本结构，而学科的基本结构即各门学科的基本概念、原理和规律。基于此，布鲁纳提倡"发现学习"，这种方法要求学生在教师的认真指导下，能像科学家发现真理那样，通过自己的探索和学习"发现"事物变化的因果关系及其内在联系，形成概念，获得原理。发现学习以培养探究性思维的方法为目标，以基本教材为内容，使学生通过再发现的步骤来进行学习。

③奥苏伯尔的同化教学理论。这一理论提出的先行组织者策略对于帮助学生将新旧知识清晰地联系起来，从而实现有意义的学习具有十分重要的意义。

(3)人本主义教学理论的作用

罗杰斯等人本主义心理学家从他们的自然人性论、自我实现论及当事人中心出发，在教育实际中倡导以学生经验为中心的"有意义的自由学习"，对传统的教育理论造成了冲击，推动了教育改革运动的发展。这种冲击和促进主要表现在：突出情感在教学活动中的地位和作用，形成了一种以知情协调活动为主线、以情感作为教学活动的基本动力的新的教学模式；以学生的自我完善为核心，强调人际关系在教学过程中的重要性，认为课程内容、教学方法、教学手段等都要维系课堂人际关系的形成和发展；把教学活动的重心从教师引向学生，把学生的思想、情感、体验和行为看作教学的主体，从而促进了个别化教学运动的发展。

(4)建构主义教学理论的作用

建构主义教学理论是为情境性认知而教的生态化教学取向的典型代表，其教学的原则与措施的积极影响主要表现为以下几个方面：

①创设有助于学生探究、互动和社会化的实践环境。这样一种情境中，学生主动参与活动，形成对问题独特看法，而不只关注答案的正误，有利于学生真正掌握知识。

②提供包含活动参与方式和现实问题的开放式课程。强调课程结构的开放、课程内容与活动情境的有机融合，有利于激发学生学习兴趣，提高学生实践能力。

③对学生的探究和参与实践的能力进行多元评价。这一生态化取向的教学强调学生参与评价，有利于培养其准确的判断力和责任感，加强对团队做出贡献的自觉意识。

纵观我国当前的教学改革，会发现这些教学理论的影响深入到当代教学实践的方方面面。长期以来，我国的教学状况是教师负责教，学生负责学，我讲你听，我问你答，我写你抄。新课程强调教学是教与学的交往、互助，师生双方相互交流、相互沟通、相互补充，在这个过程中，教师与学生分享彼此的思考、经验、知识，交流彼此的情感，丰富教学内容，求得新的发现。对教学而言，这种交往意味着人人参与，意味平等对话，意味着合作性意义建构，它不仅是一个认识活动过程，更是一种人与人之间平等的精神交流；对学生而言，交往意味着主体性的凸显，个性的表现、创造性的解放；对教师而言，交往意味着上课不仅是传授知识，而是一起分享理解，促进学习。新课程的核心理念“一切为了每一个学生的发展”，教师必须尊重每一位学生做人的尊严和价值。教师地位由传统课堂教学中的以教师为中心的主体地位，转变为教育课堂教学活动中的组织者、设计者、指导者与参与者。学生地位变过去传统的被动学习状态的客体地位为主动学习的主体地位，变“要我学”为“我要学”“我爱学”“我会学”，真正让学生成为主宰学习的主人，学习活动参与者、探索者与研究者。在教学评价体系上，也打破过去单一的以“考试”分数为评价手段的一统天下，建立全方面、多角度，定性与定量相结合多元化的教学评价体系。

3. 回顾自己的学习历程，评价自己熟悉的教师在教学中是否重视教学的有效性。

答：有效教学要求师生遵循教学活动的客观规律，以最优的速度、效益和效率促进学生在知识与技能、过程与方法、情感态度与价值观上获得整合、协调、可持续的进步和发展，从而有效地实现预期的教学目标，满足社会和个人的教育价值需求而组织实施的教学活动。

根据教学有效性的相关理论，我对于熟悉的教师是否重视教学有效性的判断如下：

(1)教学有效性的相关理论

①有效教学的含义

a. 有效教学的评价标准是学生的有效学习，其核心是学生的进步和发展。

b. 整合、协调地实现教学的“三维目标”是学生进步和发展的基本内涵。

c. 学生的进步和发展是通过合规律、有效果、有效益、有效率、有魅力的教学获得的。

②有效教学的特征

a. 坚持以学生发展为本的教学目标，教学有效知识量高。

b. 通过教师的教学，学生的能力得到提高。

c. 教师有自己的教学风格和特点，教学能表达清楚；突出重、难点；激发学生主动性等。

③有效教学的模式

这里主要以斯莱文提出的 QAIT 模式为评价教师在教学中是否重视教学的有效性的标准。该模式包括以下四个方面的因素：

a. Q 即教学质量，是指教师所呈现的知识和技能的易学程度。教师提供的学习内容是否清晰、明确、系统，学生基于教学内容所获得的有效知识量。

b. A 即教学的适当性是指教师的教学内容要符合学生的程度，也就是已有的知识水平。学生差异影响教学的有效性，教师提供的教学水平要适当。

c. I 即教学诱因，是指教师对学生完成学习任务的激励程度。学习动机既可来自学习任务本身，也可来自学生的特征，还可来自教师或学校所提供的奖励。

d. T 即时间，是指教师让学生学习所教材料的时间的充裕程度。这可以从师生之间的互动效果和学生注意力获取情况来衡量。

(2) 对教师在教学中是否重视教学的有效性的分析

①根据斯莱文提出的 QAIT 模式来分析

a. QAIT 模式指出，只有当以上四个因素都合适时，有效教学才成为可能。QAIT 模式就如同一个大链条，只有环环相扣，才能显现出整个链的力量。

b. 在实际的教学过程中，我熟悉的大部分教师都能保证教学的有效性，但也有少部分教师不能保证教学的有效性。例如，当学生的不当言行影响教学时，少部分教师表现出情绪化的行为，他们缺乏足够的课堂掌控能力，其注意力转变为矫正课堂行为，而非开展教学活动，保证教学有效时间，因此，这一部分教师有时不能保证教学的有效性。

②根据有效教学的判断标准、关键和实质来分析

a. 有效教学的评价标准是学生的有效学习，其核心是学生的进步和发展。我熟悉的大部分教师都能保证这一点，他们既关心学生的学业成就，也关系学生的身心发展状况，他们善于激发和调动学生学习的主动性、积极性和自觉性，善于为学生提供和创设适宜的教学条件，能帮助学生获得成长和进步。

b. 但也有少部分教师由于其不当的言行，给部分学生造成了心理阴影，例如，有的教师为保证学生注意力不被学业以外的事物干扰，而在未经学生允许的情况下，踩死该生所养小动物的一幕，这对于那个学生而言是严重一种伤害，不仅影响了学生的学习状态，也不利于学生身心健康发展。

4.3　考研真题与典型题详解

一、单项选择题

1. 布鲁纳认知主义教学理论提出的教学原则有(　　)。[统考 2016 年研]

A. 动机原则、结构原则、程序原则、强化原则

B. 高速度原则、高难度原则、理论知识起主导作用原则

C. 直观性原则、量力性原则、巩固性原则、彻底性原则

D. 及时反馈原则、小步子原则、自定步调原则、积极反映原则

【答案】A

【解析】布鲁纳认知主义教学理论中的教学原则有：动机原则、结构原则、序列原则、强化原则。B项是赞可夫提出的。C项是我国教学中的教学基本原则。D项是斯金纳提出的。

2. 苏联著名教育家(　　)提出了“高难度、高速度”进行教学的原则。

A. 凯洛夫　　B. 维果斯基　　C. 斯宾塞　　D. 赞可夫

【答案】D

【解析】苏联著名教育家赞可夫在其《教学与发展》中提出“高难度教学”“高速度教学”“理论知识起指导作用”“理解学习过程”“使所有学生包括差生得到发展”的五大教学原则。

3. 教学过程最优化理论的提出者是(　　)。

A. 赫尔巴特　　B. 布鲁纳　　C. 凯洛夫　　D. 巴班斯基

【答案】D

【解析】教学过程最优化理论是苏联教育家巴班斯基提出的。20世纪70年代，为了克服学生普遍存在的留级、学习成绩不佳的现象，巴班斯基提出，要对学校教学进行整体优化。教学过程的最优化是指在一定的教学条件下寻求合理的教学方案，使教师和学生花最少的时间和精力获得最好的教学效果，使学生获得最好的发展。

二、概念题

1. 教学过程[深圳大学2016年研；西南大学2002年研；广州大学2003年研]

答：教学过程是指教师根据教学目的、任务和学生身心发展的特点，通过指导学生有目的、有计划地掌握系统的文化科学基本知识和基本技能，发展学生的智力和体力，形成科学世界观及培养学生道德品质、发展个性的过程。其内部发展动力是教师提出的教学任务同学生完成这些任务的需要、实际水平之间的矛盾。教学过程的本质是一种特殊的认识过程，是引导学生掌握人类长期积累起来的科学文化知识的过程，要受认识论的一般规律所制约。同时，它又是一种特殊的认识过程，即它是学生个体的认识过程。教学过程也是一个促进学生身心发展的过程，能够强有力地促进青少年学生德、智、体、美充分发展。

2. 程序教学

答：程序教学是通过教学机器呈现程序化教材而进行自学的一种方法。它把一门课程学习的总目标分为几个单元，再把每个单元分成许多小步子。学生在学完每一步骤的课程后，就会马上知道自己的学习结果，即能得到及时强化，然后按顺序进入下一步的学习，直到学完一个个单元。在学习过程中，学生可按自己的学习能力和学习习惯，自定学习步调，自主进行反应，逐步达到总目标。

3. 探究学习

答：探究学习是指学生仿照科学研究的过程来学习科学内容，体验、理解和应用科学研究方法，获得科学研究能力的一种学习方式。它是在20世纪50年代美国掀起的“教育现

代化运动”中，由美国著名科学家、芝加哥大学教授施瓦布所倡导的学习模式。它包括 5 个方面的活动：①提出问题；②收集数据；③形成解释；④评价结果；⑤表达结果。

三、简答题

1. 简述建构主义教学理论的基本主张。［扬州大学 2017 年研；江西师范大学 2016 年研；四川师范大学 2016 年研；统考 2009 年研］

答：建构主义观点是由瑞士心理学家让·皮亚杰于 1966 年提出的，他创立的学派被称为“皮亚杰派”，是认知发展领域中最有影响的学派。现代建构主义的直接先驱是皮亚杰和维果斯基的智力发展理论。皮亚杰在 1970 年发表了《发生认识论原理》，其中主要研究知识的形成和发展。他从认识的发生和发展这一角度对儿童心理进行了系统、深入的研究，提出了认识是一种以主体已有的知识和经验为基础的主动建构，这正是建构主义观点的核心所在。建构主义的教学理论的基本主张包括以下几个方面：

(1)建构主义的知识观

建构主义的知识观认为科学知识应当明确被看作是个人和社会建构的，理论是临时性的，不是绝对的。这和在其他教学方法中把科学知识绝对化为客观的、没有疑问、一成不变的观点不同。每一种理论与法则的建立都隐含着科学家们的科学探索精神和科学方法的运用(知识的建构过程)。无论科学知识发生怎样的变化，这种精神和科学方法的运用是始终如一的，它们才是科学的本质。

(2)建构主义的学习观

建构主义的学习观主要有以下几点：①科学学习不是从零开始，而是基于原有知识经验背景的建构。②科学学习不是接受现成的知识信息，而是基于原有经验的概念转变。③科学学习既是个体建构过程，也是社会建构过程。

(3)建构主义的教师观

建构主义观点中教师的作用如下：①主导作用、导向作用、组织者。教师应当发挥“导向”的重要作用，发挥教学组织者的作用，努力调动学生的积极性，帮助他们发现问题，进行“问题解决”。②发现者。要高度重视对学生错误的诊断与纠正，并抱有正确的态度。③中介者。教师是学生与教育方针及知识的桥梁，既要把最新的方法知识提供给学生，还要注意他们全面素质的提高。

(4)建构主义课程观

建构主义课程观认为课程不是由外部环境因素决定的(例如学科结构、社会价值等因素)，而应考虑到学习者带进学习情境的先前知识——他们的目的和观点。什么样的经验和概念在促进特定学习结果的产生中是有效的，变成了一个需要解决的问题。把课程看成是促进特定学习结果的一系列学习活动和相互作用的过程，是为了确定研究和探索的目标。

2. 简述布鲁纳的教学观。

答：布鲁纳强调学习的主动性和认知结构的重要性，他主张教学的最终目标是促进学生“对学科结构的一般理解”。当学生掌握和理解了一门学科的结构，他们就会把该学科看作一个相互联系的整体。因此，布鲁纳把学科的基本结构放在设计课程和编写教材的中心地位，成为教学的中心。此外，理解布鲁纳的教学观可以从以下两个方面入手：

(1)学习与教学的基本原则

①注重知识结构。知识结构是指某一学术领域的基本观念，不仅包括掌握一般原理，而且还包括学习的态度和方法。掌握有关某一知识结构，就是理解它与许多其他事物之间的有意义的联系。

②发展学习的准备性。布鲁纳认为，任何学科的基础都可以用某种适当的形式教给任何年龄的任何人。他主张要向儿童提供具有挑战性，但又合适的机会使其发展步步向前，从而可引导儿童智慧发展。

③培养直觉思维。直觉思维和预感的训练是正式的学术学科和日常生活中创造性思维的很受忽视而又重要的特征。他还指出了鼓励"猜想"在培养直觉思维中的重要性。

④激发内在动机。布鲁纳强调学习是一个主动的过程。学习的最初刺激是对于所学材料的兴趣，而不是诸如等级、奖赏、竞争之类的外来目标。

(2)强调发现学习

①发现学习，是指学习者用自己的头脑亲自获得知识的一切形式。发现不只限于发现人类尚未知晓的事物，还包括发现人类现有的知识。

②布鲁纳认为，在发现学习中，教育工作者的任务是：把结论性知识转换成形成性的过程，按照表征系统的发展顺序，即从动作表征、映像表征到符号表征，设计学习活动，让学生亲自经历对知识的发现过程。

③发现学习的教学模式分为提出问题；做出假设；验证假设；形成结论四个阶段。

四、论述题

结合当代教学改革实践，分析当代教学模式的发展基本方向和任务。[湖北大学2019年研]

答：(1)教学改革和教学模式的概念：

①教学改革广义上是指教育改革，包括一个国家教育制度等方面的改革；狭义上指学校的教学改革，包括教学方法、教学手段、教学模式等方面的改革。

②教学模式是在一定教学思想或教学理论指导下建立起来的较为稳定的教学活动结构框架和活动程序。作为结构框架，突出了教学模式从宏观上把握教学活动整体及各要素之间内部的关系和功能；作为活动程序，则突出了教学模式的有序性和可操作性。

(2)我国当代教学改革实践的具体内容：

①在具体课程目标上，改变传统过于注重知识传授的倾向，强调形成积极主动的学习态度，使获得基础知识和基本技能的同时成为学会学习和形成正确价值观的过程。

②在课程结构方面，改变传统过于注重学科本位、科目过多和缺乏整合的状况，体现课程的均衡性、综合性和选择性；小学以综合课程为主，中学分科和综合相结合，高中以分科课程为主；高中阶段在开设必修课的同时，设置丰富多彩的选修课，开设技术类课程，积极试行学分制管理；从小学到高中，设置综合实践活动课作为必修课程，其形式包括信息技术教育、研究性学习、社区服务与社会实践和劳动与技术教育；农村中学可开设适合当地需要的职业技术课程。

③在课程内容选择方面，改变传统课程内容"繁、难、偏、旧"和注重书本知识的现状，

加强课程内容与学生生活、现代社会和现代科技发展的联系，关注学生的学习兴趣和经验，精选终身学习必备的基础知识和技能。

④在课程实施方面，改变传统教学强调接受学习、死记硬背和机械训练，倡导学生主动参与、勤于动手，培养学生收集和处理信息的能力、获取新知识的能力、分析和解决问题的能力以及交流与合作的能力。

⑤在课程评价上，改变传统课程评价过于强调甄别与选拔的功能，发挥课程评价的促进学生发展，教师发展和改进教学实践的功能。课程评价要从终结性评价转变为发展性评价、形成性评价。

⑥改变传统课程管理权限过于集中的弊端，实行国家、地方和学校三级管理，增强课程对地方、学校及学生的适应性。

(3)当代教学模式的发展基本方向：

①当代教学模式朝着多样化方向发展。现代教育既强调学生的全面发展，又重视学生的个性发展，这就要求当代教学模式要做到尽可能地满足每一个学生的多样发展需要，不同学生个性化的发展需要，即当代教学模式要朝着多样化方向发展。

②当代教学模式朝着综合化方向发展。现代教育对教育系统内各要素的要求和安排不尽相同，每一要素内容也呈现出多层次、多样化的特点。同时，现代社会学生的发展受社会各因素的影响，学生发展的特点和要求庞杂。这就要求当代教学模式必须综合考量各种不同的、多样化的教学模式，从中进行挑选和重新组合，综合各种教学模式的优点，取长补短，形成新的教学模式，即当代教学模式要朝着综合化方向发展。

(4)当代教学模式的任务：

①当代教学模式须多样化。不同阶段的教育教学，不同地区的教育教学，甚至不同班级、不同个体的教育教学都呈现出各自不同的特点和需求，我们应因地制宜、因人而异地进行教育教学工作，这就要求当代教学模式应多样化，这样才能满足人们多样化的教育教学需求。

②当代教学模式须综合化。当代教学模式在多样化的基础上，还需对多样化的教学模式进行一定的辨别、判断、分析和重组工作，根据教育教学工作的性质、任务和具体特点，综合化地选择和制订适应该教育教学工作的教学模式。

第5章　学习动机

5.1　复习笔记

【知识框架（庖丁解牛）】

- 学习动机
  - 概述
    - 动机和学习动机的含义
    - 学习动机的分类
    - 学习动机的作用
    - 影响学习动机形成的因素
  - 学习动机理论
    - 强化论
    - 自我效能论
    - 需要层次论
    - 成就动机理论
    - 归因论
    - 自我价值论
    - 目标定向论
  - 学习动机的培养和激发
    - 学习动机的培养
    - 学习动机的激发

【考点剖析与拓展（游刃有余）】

考点一、概述

1. 动机和学习动机的含义

表5－1　动机和学习动机的含义

要点		主要内容
动机的含义		是指引起和维持个体产生某种行为的原因，具有唤醒与维持功能和指向功能。个体的一切有意识的活动都是由动机引起的
构成	内驱力	是引起动机的内部因素，是个体需要缺失时，机体内部产生的一种内部推动力，是作用于行为的内部刺激
	诱因	是能够激起有机体的定向行为，并能满足某种需要的外部条件或刺激物
	两者的关系	内驱力和诱因是相互联系的，内驱力是产生行为目标或诱因的必要条件，反之亦然
学习动机的含义		是指引发与维持学生的学习行为，并使之指向一定学业目标的一种动力倾向；是直接推动学习行为的原因和内部动力。学习兴趣，即求知欲是学习动机中最现实、最活跃的带有强烈情绪色彩的因素

2. 学习动机的分类

表 5－2 学习动机的分类

要点	主要内容
心理学的分类	①生理性动机和心理性动机。 ②内部动机和外部动机。 ③间接的远景性动机和直接的近景性动机。 ④高尚动机和低级动机。 ⑤主导动机和辅助动机。 ⑥意识动机和潜意识动机
奥苏伯尔	①认知内驱力（内部动机）。 ②自我提高内驱力（外部动机）。 ③附属内驱力（又称交往内驱力，是一种外部动机）
布罗菲	①普遍型学习动机。 ②偏重型学习动机

3. 学习动机的作用

表 5－3 学习动机的作用

要点	主要内容
决定学习的方向	使个体的学习行为朝向具体的目标，个体为达到某一目标而努力，影响个体做出某种选择
增强学习的努力程度	动机决定了个体在某一活动中所投入的努力、热情和时间的多少。动机越强，努力越大，热情越高，在该活动上分配的时间越多
影响学习的效果	①学习动机能够促进学生取得学业上的成就。 ②动机与学习效果的关系并不总是一致的，因为动机只是影响学习效果的众多因素之一。 ③动机能够间接地影响学习效果，如通过促使个体注意力集中等方式。 ④耶克斯－多德森定律：学习动机强度与学习成效之间的关系呈倒 U 型曲线，学习动机强度的最佳水平随任务难度的不同而不同，其中，动机最佳水平状况受学习课题的难易、平时练习的影响。当学习任务比较简单时，学习动机强度较高可使学习成效达到最佳水平；当学习任务比较困难时，学习动机强度较低可使学习成效达到最佳水平

4. 影响学习动机形成的因素

表 5－4 影响学习动机形成的因素

要点	主要内容
主观因素	①需要与目标结构。学生认知需要强度的不同，反映为学习动机强度的差异。掌握目标定向和成绩目标定向者在成败归因上不同，其学习动机强度也不同。 ②成熟与年龄特点。随着年龄的增长，儿童的社会性动机及其作用日益增长。不同的年龄阶段，学习的主导性动机会发生变化和转移。

续表

要点	主要内容
主观因素	③性格特征与个别差异。兴趣可视为动机的定向，好奇心是原始的内在冲动，具有动机的意义，意志能促进行为，比动机更具选择性与坚持性，是人类独有的高层次动机。 ④志向水平与价值观。志向水平和学习动机呈正相关，一般而言，学习动机的强度与持久性随志向水平增长而增长。 ⑤焦虑程度。适度的焦虑有利于学习活动的进行，过高或过低的焦虑都会给学习活动带来负面影响
客观因素	①家庭环境与社会环境。个体学习动机的形成和结构受社会生活条件的制约和影响，民主的家庭教养方式和尊师重教的社会风气有利于学生形成积极的学习动机。 ②学校教育。学校教育对学生学习动机的形成和发展起主导作用，它可强化其他影响下初步形成的正确的学习动机，也可纠正其他影响下形成的错误的学习动机，主要是通过教师实现

考点二、学习动机理论

1. 强化论

表 5－5　强化论

要点	主要内容
概述	由联结主义学习理论家提出，他们不仅用强化来解释学习的发生，而且用它来解释动机的发生
基本观点	①强化能够增加学习活动中某种反应发生的概率，使刺激－反应之间的联结得到加强和巩固。 ②强化能够激发和增强学习动机，而惩罚则会降低学习动机的强度
评价	用奖惩手段维持学生的学习动机，能收到立竿见影的效果，得到了广泛应用，但强化论只重外在学习动机，忽视甚至否认了人的学习行为的主动性，具有较大的局限性，具体体现为： ①为分数、名次而学，不利于培养主动积极的求知热情。 ②多数学生没有成就感，用奖惩方式控制学习，学生会形成为趋奖避罚而读书的心态。 ③阻碍学生人格全面发展，造成学生以追求高分为目的，素质全面发展的理想成了空想。 ④在应付考试的功利主义心态下，学生很难形成良好的知识结构和能力结构

2. 自我效能论

表 5－6　自我效能论

要点	主要内容
概述	由班杜拉提出，是指对产生一定的结果所需要的组织和执行行为过程的能力的信念
主要观点	①一个人面对一项挑战性工作是否主动地全力以赴，主要取决于他根据经验对自己实力的评估，即自我效能评估，以及他对工作性质的了解掌握情况。 ②强化的作用是激发维持行为动机以达到调控个体行为的目的。 ③行为出现源于对行为与强化依存关系的认知，以及在此基础上的对后续强化的期望。期望可分为：结果期望、效能期望
功能	①决定个体对活动的选择和坚持。 ②影响个体面对困难的态度。 ③影响个体新行为的获得和已获得行为的表现。 ④影响个体在活动中的情绪状态

续表

要点	主要内容
影响因素	直接经验、间接经验、书本知识和别人的意见、情绪唤醒水平和身心状况
培养措施	①具体且有明确的评估标准。 ②有一定的挑战性。 ③通过努力可实现。 ④应分割为若干较易实现的子目标。 ⑤教师应强调学生为实现目标的努力和坚持性

3. 需要层次论

表5－7 需要层次论

要点	主要内容
概述	由马斯洛提出，他对人的需要做了一个全面分析，提出人有7种基本需要，按其满足的先后，可由低级到高级排成一个需要层次
主要观点	①人的需要按其性质由低到高可分为七个层次：生理需要→安全需要→归属与爱的需要→尊重需要→认识与理解的需要→审美需要→自我实现需要。各需要间有高低之分、顺序之别。 ②基本需要：是前四个层次较低的需要，是缺失性需要，是生存所必需的。一旦得到满足，由此产生的动机就会消失或减弱。 ③成长需要：是后三个层次较高的需要，非生存所必需，也非人人都具有。成长需要的强度不会因需要得到满足而减弱或消失，反而会增加。 ④两种需要的关系： a. 基本需要是成长需要的基础，基础需要若未能满足，成长需要就不会产生。 b. 成长需要引导基本需要，尤其是自我实现需要对以下各层次需要都具有潜在的影响力
评价	①将外部动机与内部动机结合起来考虑，具有一定的科学意义。 ②忽略了个体本身的兴趣、好奇心等在学习中的始动作用

4. 成就动机理论

表5－8 成就动机理论

要点	主要内容
成就动机的含义	是个体追求成就的内在心理倾向
发展历史	①默里：最早提出成就需要的概念，并把它定义为：克服障碍、施展才能，力求尽快尽好地解决某一难题的需要。 ②麦克莱兰：对成就需要进行了一系列实验研究，并将其发展成为成就动机理论。 ③阿特金森：对成就动机理论做了进一步提炼，区分了这种动机中的两种不同倾向：其一是力求成功的需要；其二是力求避免失败的需要
基本观点	成就动机的总强度等于追求成功的意向与回避失败的意向之差。 ①成就动机高的人追求成功的倾向大于回避失败的倾向；成就动机高的人倾向于选择难度适中的任务，通过完成具有挑战性的任务提高其自尊心和获得心理上的满足。 ②成就动机低的人追求成功的倾向小于回避失败的倾向，他们更倾向于选择非常容易或非常难的任务，避免遭遇失败或减少失败感

续表

要点	主要内容
评价	揭示出了影响成就动机的一些变量和规律，并用大量的实证研究证实和检验了其理论假设的合理性和客观性，在动机理论研究上取得了突破性进展。但该理论还不够完善，如过分重视内部因素的作用，而忽视了外部因素的作用

5. 归因论

表 5－9　归因论

要点	主要内容
概述	由美国心理学家韦纳提出，研究个体在行为之后对自己行为结果成败的认知解释
主要观点	①基本观点：能力、努力、任务难度和运气是人们在解释成功或失败时知觉到的四种主要原因，并将这四种主要原因分成控制点、稳定性、可控性三个维度，每一维度对动机都有重要的影响。根据控制点维度，可将原因分成内部的和外部的；根据稳定性维度，可将原因分成稳定的和不稳定的；根据可控性维度，又可将原因分成可控的和不可控的。 ②不同归因的结果： a. 个体成功时：归因于能力和努力会产生自豪感，增强动机水平，归因于任务容易、运气好、别人帮助则满意感较少。 b. 个体失败时：归因于能力弱、不努力会产生愧疚感，归因于任务太难等则较少产生愧疚感。 ③正确引导归因的办法：在付出努力相同时，能力低的更应得到更多奖励。能力低且努力的人应受最高奖赏，能力高却不努力的人应受最低奖赏
评价	①进步性：韦纳的归因理论是对成就动机理论研究的重要发展，明确地阐述了认知对成就动机的重要作用，能从学生的观点显示出学习成败的原因，不仅为教育实践提供了可行的方法和途径，还可以教会学生形成学习的内在动机和正确地认识成败，从而构建正确的自我意识系统。 ②局限性：人对成就行为的归因是非常复杂和多样的，况且人对不同性质的成就行为的归因也不会是完全一致的，关于可控因素的真实性也存在争议。因此，如何进行归因训练尚需做深入的研究

6. 自我价值论

表 5－10　自我价值论

要点	主要内容
概述	由科温顿提出，从学习动机的负面着眼，探讨有的学生"为什么不肯努力学习"的问题
主要观点	①自我价值感是个人追求成功的内在动力。学生体验成功则感到满足、产生自我价值感，但成功需要克服困难。 ②在学校，学生的价值通常来自他们在竞争中取得成功的能力。学生视成功为能力的展现，而非努力的结果。 ③学生长期不得成功，则会为维护自我价值或逃避痛苦，形成应付成败压力的对策，既不承认自己能力差，也不认同努力即可成功
教学启示	①学校教育的问题：能力强的学生未必有强烈的学习动机；学生的学习动机随年级升高而降低。 ②学校教育应着眼于教育目的，帮助学生获得成功而免于失败。自我价值论把指导学生认识学习目的、培养学生学习动机视为学校教育最重要的目的

续表

要点	主要内容
评价	①自我价值理论澄清了阿特金森关于成就动机可分为追求成功和避免失败是独立的两个维度的描述，不再以简单的趋避两极模型来解释，而采用四象限模型划分动机类型，关注人们如何评估自身价值，理论本身具有科学价值和实用价值。 ②缺乏系统完整性，仅是对成就动机理论和归因理论的补充

7. 目标定向论

表 5－11　目标定向论

要点	主要内容	
发展概况	尼科尔斯和德韦克	将成就目标的概念引入动机领域，形成了相对完善的理论基础
	德韦克	最早将成就目标划分为掌握目标与成绩目标两类。 ①掌握目标个体持能力增长观，积极主动地对待学习，并敢于选择具有一定挑战性的任务，做深层次的加工策略。 ②成绩目标个体认为能力是固定的、不可控，为了获得好成绩而极力回避那些有可能失败的有挑战性的任务
	埃利奥特	提出了三分法，把成绩目标进一步区分为成绩－趋近目标和成绩－回避目标
	平特里克	提出了四分法，做出对称结构式的划分，将掌握－趋近目标和掌握－回避目标纳入理论
平特里克四分法	掌握目标	①掌握－趋近目标者关注知识的掌握和能力的提高，评判成功的标准是自身的进步以及对知识的理解深度。 ②掌握－回避目标者关注如何避免不能完成任务，判断成功的标准是在任务中不出错
	成绩目标	①成绩－趋近目标者力求在考试中取得好成绩、好名次来显示自己的聪明才智，不太关注对知识的深入理解，只要超过团体中的其他人，就感到满意。 ②成绩－回避目标者力图避免因在考试中分数低或排名靠后而让自己显得愚笨，只要在团体中不是最差的，就感到满意
实践启示	①掌握－趋近目标相比掌握－回避型目标、成绩－回避型目标可以令个体在成就活动中体验到更多的积极情绪，有助于使个体对成就任务形成更积极的态度和更高的兴趣。 ②个体的目标定向可能不止一种，并且其水平会随时间、情境等因素变化而变化。 ③在实际的教学情境中，教师要注重对学生掌握趋近目标的培养。 ④班级内应该营造一种竞争合作并存的心理环境，以掌握－目标为主，辅之以适当的成绩－趋近目标	

考点三、学习动机的培养和激发

1. 学习动机的培养

表 5－12　学习动机的培养

要点	主要内容
含义	是指学生建立学习动机的过程，是学生从没有学习需要或很少有学习需要，到产生学习需要的过程。不同的学习动机有不同的培养方式

续表

要点	主要内容
成就动机的培养	①成就动机的训练一般采用直接训练和间接训练两种形式。直接训练是由研究者直接训练学生；间接训练是研究者先训练教师，再由教师训练学生。 ②依照时间顺序，训练过程包括以下六个阶段：意识化、体验化、概念化、练习、迁移、内化
成败归因训练	①基本假设是，只要学生相信努力会成功，就会坚持不懈地努力学习。归因训练的关键在于使学生反复体验学习的成败，并引导他们学会正确归因。 ②四个阶段：了解学生的归因倾向；创设情境，让学生体验努力就能成功；让学生对成败进行归因；引导学生进行积极归因。 ③后三个阶段要反复练习，还应在训练后进行适当的强化训练。 ④不能把学习的成败完全归因于努力，避免习得性无助
自我效能感的培养	①直接经验培训。直接经验对自我效能感的影响最大。要求：不断成功的经验会使人建立起稳固的自我效能感，多次失败则会降低自我效能感；非能力因素影响自我效能感的建立；个体的成败归因方式影响自我效能感的形成。 ②间接经验培训。间接经验通过获取与自己水平相当的示范者的成败经验从而实现对自我效能感的影响。 ③说服教育。积极的说服性反馈在某些时候也可以增强学生的自我效能感，该方法使用简便，被广泛应用。应注意：要选有地位、受尊重的人；说服要有可信度；要用学生的经验来说理

2. 学习动机的激发

表 5－13　学习动机的激发

要点	主要内容
含义	是指在教学过程中，利用一定的诱因，使学习者已有的学习需要由潜伏状态转变为活动状态，使学习活动产生内部动力的活动
外部学习动机的激发	①设置明确、具体、适当的学习目标。 ②及时反馈学习结果。学习结果的及时反馈能有效激发学生的学习动机和学习积极性。 ③进行积极的评价。教师在评价时，要客观公正，也要掌握分寸，巧妙运用奖惩策略
内部学习动机的激发	①创设问题情境：将学生引入一种与问题有关的情境中，引发学生认知矛盾，以引起求知欲望和学习兴趣。策略包括：提出矛盾现象；教授基本法则，并在学生理解后，举反例；提出有几种可选答案的问题。 ②竞赛与合作：在竞赛中，学生的成就动机更强烈，表现出更高的学习积极性。组织竞赛要注意次数适当；增加获胜机会；倡导适当的团体竞赛，创设既有竞争又有合作的环境。 ③学习动机的迁移，是指动机由其他活动转移至学习活动，或学习动机在学科之间的转移
两种动机的相互交替、转化	①在学生没有学习动机时，应创设外部条件，以激发学生的学习动机。 ②有目的、有计划地使外部动机作用转化成为内部动机作用。 ③利用外部动机作用，使学生已经形成的内部动机作用处于持续的激发状态

5.2 课后习题详解

1. 观察你身边2~3名同学，比较他们的学习动机有何异同。

答：学习动机影响学习效果、学习行为，通过观察身边几位同学的行为表现，他们的学习动机差异可从以下两个方面来展开分析：

(1)掌握目标定向和成绩目标定向

①掌握目标定向。个体通常表现出一种积极的、适应的动机模式，他们寻求挑战，专注于当前的学习任务，能有效地运用深层加工策略，如努力发掘新旧知识之间的关系等，面对失败仍然能够保持积极的情绪，努力不懈。因此，他们往往选择中等难度且具有一定挑战性的任务。他们倾向于把学习的成败归因于学习方法。

②成绩目标定向。个体倾向于将成败归因于运气、能力和任务难度，这样成功固然可以提高个体的自信，一旦失败就容易导致低能评价，产生焦虑、羞愧、沮丧等消极情绪，干扰有效的、综合策略的运用，反映了一种不适应的动机模式。因此他们往往尽量避免出错和挑战，知难而退。

(2)认知内驱力、自我提高内驱力和附属内驱力

①一部分同学以认知内驱力为主要学习动机。这种动机指向学习任务本身，满足这种动机的奖励(知识的实际获得)是由学习本身提供的，因而是一种内部动机。因此，这类同学的学习行为主要是出于了解、理解和掌握知识，以及系统地阐述问题并解决问题的目的。

②一部分同学以自我提高内驱力为主要学习动机。自我提高内驱力并不直接指向学习任务本身，而是将成就看作赢得地位与自尊心的根源，是一种外部动机。因此，这类同学为证明自己的胜任能力或工作能力，以及赢得相应地位而学习。

③一部分同学以附属内驱力为主要学习动机。这类同学为了保持长者们(家长和教师等)的赞许或认可而学习，他们想努力表现出把工作做好的一种结果。

2. 回顾自己的学习历程，分析自己在学习动机的激发中应用了哪些方法，还有哪些方法可帮助自己激发学习动机。

答：学习动机的激发，是指在教学过程中，利用一定的诱因，使学习者已有的学习需要由潜伏状态转变为活动状态，成为推动学习活动的内部动力的活动。

在我的学习历程中，主要采用了外部学习动机激发法，此外，还有较少采用的内部动机激发法和外部学习动机和内部学习动机的相互交替、转化的方法，具体阐释如下：

(1)外部学习动机的激发

激发外部学习动机的常用措施包括以下三个环节：

①设置明确、具体、适当的学习目标。在新学期开始时，就制定一个明确的、具体到每月、每周的学习目标，这有利于我始终明确自己的努力方向，因此可提高学习积极性。

②及时反馈学习结果。学习结果的反馈能让我知道自己的学习效果，从而激发学习动机。在学完新课后，做相应习题是一种有效的及时反馈。

③进行积极的自我评价。在自我评价时，要客观公正，掌握分寸，巧妙运用奖惩策略。不夸大自己的努力效果，从实际学习效果出发，对自己的学习效果和努力程度做合理的评

价。当月考成绩明显进步，或者解决难题之后，要给予自己适当的奖励。

(2)内部学习动机的激发

班杜拉认为提高内部动机的关键在于外部强化是否增强了自我效能感。教育教学活动中，学生内部学习动机的激发可采取以下举措：

①创设问题情境：在讲授内容和学生求知心理之间制造一种“认知不协调”，将学生引入一种与问题有关的情境中。策略包括：提出矛盾现象；教授基本法则，并在学生理解后，举反例；提出有几种可选答案的问题。

②竞赛与合作：在竞赛中，学生的成就动机更强烈，表现出更高的学习积极性。但不当运用竞赛，也会产生副作用，如造成紧张气氛，常胜者骄气，常败者泄气等问题。研究表明，无论个人竞赛或团体竞赛都能加强学习动机，激发人们的积极性。竞赛者的成绩优于无竞赛者；个人竞赛的成绩优于团体竞赛。

③学习动机的迁移：是指动机由其他活动转移至学习活动或学习动机在学科之间的转移。包含以下四个方面：分析现有动机，看它是否正确、合理；找出“相同因素”，即找出现有动机与将要形成的学习动机有哪些相同的地方；强化“相同因素”，学习动机的转移不可能一蹴而就，必须加以强化才能达到目的；导向新的学习，即把强化后的有利因素与新的学习活动联系在一起。

(3)外部学习动机和内部学习动机的相互交替、转化

在学习活动中，有时外部动机和内部动机同时起作用，贯穿于学习活动的全过程，直至达到学习目的。利用两种学习动机相互交替、共同作用时，应注意：

①在没有学习动机时，应创设外部条件，以激发学习动机。

②有目的、有计划地使外部动机作用转化成为内部动机作用。

③利用外部动机作用，使学生已经形成的内部动机作用处于持续的激发状态。

3. 调查了解3~5名学生不同的成败归因对后继学习的影响。

答：归因理论显示出学习成败的原因，学生的自我归因可预测其今后的学习动机。长期消极归因有碍学生健康成长，积极归因则有利于维持和激发学生的学习动机。

通过调查、了解我身边的几位同学对自身学习成败的不同归因，以及他们后来的学习成效，我得出以下结论：

(1)不同的成败归因

通常将自己行为结果的成败归为以下六种原因：能力强弱、努力程度、任务难易、运气好坏、身心状况和其他(如别人的帮助等)。这六种因素又分别纳入原因来源、稳定性和可控性三个维度之中。

(2)不同的成败归因对后继学习的影响

①当个体成功时，归因于能力和努力等内部因素，会产生骄傲、自豪感，增强自信心和动机水平，对后继学习的影响是积极的；归因于任务容易、运气好、别人帮助等外部原因，则满意感较少，对于提高学习动机，帮助后继学习的积极影响较小。

②当个体失败时，归因于能力弱、不努力等内部原因，会产生愧疚感，从而促使个体在后继学习中，付出更多的努力，对后继学习有积极影响；归因于任务太难、运气不好或教师评分不公正等外部原因，则较少产生愧疚感，对后继学习的积极影响较小。

③无论如何，相比归因于能力，归因于努力会产生更强烈的情绪体验，更有利于促使个体在后继学习中表现出努力行为。若学生认为失败是由于不努力造成的，即如果自己努力学习，确实有能力取得成功，则他们在以后有可能更加努力，遇到困难也能坚持。

④失败归因于内部、稳定、不可控时是最大的问题，会导致学生产生习得性无助，即认为无论自己怎样努力，也不可能取得成功，因此便采取逃避努力、放弃学习的无助行为，因而使学习一蹶不振。

4. 为什么随年级升高，学生发言的积极性越来越低？能否改变这种状况？

答：随年级升高，学生发言的积极性越来越低的原因一是学生附属内驱力的下降，二是学生需要保护自我价值，具体分析如下：

(1)附属内驱力的下降

①原因

奥苏伯尔认为，学校情境中的成就动机包括三类：认知内驱力、自我提高内驱力、附属内驱力。其中，附属内驱力是个体为了保持长者的赞许或认可而表现出来的把工作做好的一种需要，是一种主要的学习动机，在儿童早期尤为突出，到了少年期和青年期，其强度有所减弱，并且开始从家长和教师等长者转向同龄伙伴。

②改变方法

a. 重视营造鼓励求知、强调辩证观的班集体氛围。良好的班集体氛围有利于培养个体的求知欲。b. 重视培养和提高学生的认知内驱力。随着学生平均年龄的增长、其认知世界的求知欲日益发展，教师要看到并利用这一点。

(2)维护自我价值或逃避失败的痛苦的需要

①原因

科温顿认为，自我价值感是个人追求成功的内在动力，学生自幼就体验到成功使人产生自我价值感，而成功需要克服困难。自我价值理论认为人类将自我接受作为最优先的追求。当学生的自我价值受到威胁时，他们将竭力维护。这种保护和防御以建立一个正面自我形象的倾向就是自我价值动机。在学校，学生的价值通常来自他们在竞争中取得成功的能力。换句话说，学校中的成功应被理解为：保持积极的、有关能力的自我形象，尤其是在遭遇竞争失败时。

②改变方法

教师要合理设置任务，采取相应的措施。比如采取基于学生自我卷入而非他人比较的评价，促进学生内在动机的产生，达到成功的定向。要把指导学生认识学习目的、培养学生的学习动机视为学校教育最重要的目的。

5.3　考研真题与典型题详解

一、单项选择题

1. 根据动机的自我决定理论，下列反映学生需求的是(　　)。[统考 2022 年研]

A. 小张希望得到同学们的认可和尊重　　B. 小王希望自己规划假期活动

C. 小赵希望自己的英语发音越来越好　　D. 小李希望得到最新款手机

【答案】B

【解析】自我决定理论是由美国心理学家德西和瑞安在20世纪80年代提出的动机过程理论。这种理论强调自我在动机过程中的能动作用。自我决定理论的核心是自主需要。自主需要是指个体希望具有控制事情发生、发展及其结果的能力，即希望能够更多地依赖自己而不是他人做出决定。如果受到他人或外部事件控制时，大多数的人会感到不愉快。自我决定理论认为，人是积极的有机体，具有先天的心理成长和发展的潜能。自我决定的潜能可以引导人们从事感兴趣的、有益于能力发展的行为，这种对自我决定的追求就构成了人类行为的内部动机。B项，“小王希望自己规划假期活动”，体现了按照自己的意愿而不是外界的奖励或压力决定了自己的行为，当选。

2. 一个学生在考试时要求获得好成绩的愿望过分强烈，以致十分紧张而产生了“怯场”现象，竟答不出自己本来十分熟悉的问题，这种现象是由于(　　)。

A. 线索不足导致了遗忘　　B. 动机强度过低造成的

C. 动机强度过高造成的　　D. 狭隘的动机造成的

【答案】C

【解析】耶克斯－哈德森定律认为学习效率随学习动机强度的增加而提高直到达到最佳水平，之后则随学习动机强度的进一步增加而下降。可见获得好成绩的愿望过于强烈时反而不利于最佳学习效果的呈现。

3. “为中华之崛起而读书”，这样的学习动机属于(　　)。

A. 近景性内部动机　　B. 近景性外部动机

C. 远景性内部动机　　D. 远景性外部动机

【答案】D

【解析】学习动机按照动机持续作用的时间可以分为近景动机和远景动机，近景动机是与学习活动直接相连的动机，来源于对学习内容和学习结果的兴趣，其作用效果比较明显，但稳定性差。远景动机是与学习的社会意义和个人前途相连的动机，其作用较为稳定而持久。内部动机指对学习本身的兴趣所引起的动机，外部动机指由外部诱因引起的动机。因此，“为中华之崛起而读书”属于远景外部动机。

4. 罗杰斯提出的学习动机理论是(　　)。

A. 需要层次论　　B. 强化理论

C. 自我效能感理论　　D. 自由学习理论

【答案】D

【解析】罗杰斯主张自由学习，反对不考虑学生兴趣而进行逼迫式教学。在逼迫式教学中必然以教师、社会的价值观念为准绳对学生横加指责，使学生的自我受到威胁，不能根据自己的知觉发现所学知识对自身的意义，也不能信任自己的机体感受，导致自我的歪曲。有效的、合理的、正当的学习是学习者自动自发的学习，学习者在学习活动中自由选择其方向，探索发现结果，并独立进行检查、求助、调整，自己对学习过程负责。研究结果表明，涉及学习者整个人(包括情感与理智)的自我发起的学习，是最持久、最深刻的；而学生负责任地参与学习过程，就会促进学习；当学生以自我批判和自我评价为主要依据、把他人评价放在次要地位时，独立性、创造性和自主性就会得到促进。

5. 最早提出“归因理论”的心理学家是(　　)。

A. 韦特海默　　B. 罗特　　C. 韦纳　　D. 海德

【答案】D

【解析】归因指人们对自己或他人的行为进行分析，推论出这些行为的原因的过程。归因理论最早由社会心理学家海德于1958年提出，韦纳以此为基础对学生的学业成败归因进行了系统的探讨。

二、概念题

1. 自我效能感［华东师范大学2023年研］

答：自我效能感是指人对自己是否能够成功地进行某一成就行为的主观判断，是班杜拉在社会学习理论中提出的一个概念。班杜拉指出，人的行为受行为的结果因素和先行因素的影响。他把预期分为两种：①结果预期，是指个体关于某种行为可引起某种具体结果的信念；②效能预期，是指自己是否具有引发某一结果的能力的信念。自我效能感本质上就是效能预期，表现为个体对自己能力的自信程度。影响自我效能感形成的因素主要包括：个人自身行为的成败经验、替代经验、言语劝说和情绪唤醒等。

2. 学习动机［苏州大学2018年研］

答：学习动机是在需要的基础上产生，能直接激起、调节、维持或停止学习活动的内部动力。它常以愿望、兴趣、理想等形式表现。按照不同的标准，学习动机可以分为不同的类型：依据学习动机的来源，可划分为内部动机和外部动机两类；奥苏伯尔则将动机分为认知的动机、自我提高的动机、附属的动机这三类；根据学习动机内容的社会意义，可以分为高级的与低级的动机或者是正确的与错误的动机；根据学习动机起作用的范围不同，可将学习动机分为一般动机与具体动机或性格动机与情境动机。学习动机不仅具有激发个体产生某种行为、使个体的行为指向某一目标以及使个体的行为维持一段时间的一般作用，而且具有影响学习的方向、进程和效果的独特作用。良好的学习动机不仅使个体的学习行为朝向具体的目标，激发和维持某种学习活动，而且还控制着学习的进程，并决定了何种结果可以得到强化，提高信息加工的水平，改善学习行为。

三、简答题

1. 如何激发学习动机？［西南大学2023年研］

答：学习动机是指激发学习行为，使之导向一定学业目标，并维持这一行为的动力倾向。激发学生的学习动机要从以下几方面入手：

(1)教学吸引

①利用灵活的教学方式唤起学生的学习热情。教师在教学中要注意：

a. 采用灵活多样的教学方式，实施启发式教学，创设问题情境，以激起学生的好奇心和学习热情。

b. 要运用问题教学法，以解决某一问题为学习的起点，让学生为解决问题而读书、搜集材料或实验。

②加强教学内容的新颖性，吸引学生的注意力。教师在教学中要注意：

a. 教学内容的新颖性。教学内容的新颖性既要体现在新课讲授上，也要体现在复习课上。

b. 教学形式的新颖性。教学内容要善于推陈出新，尽量避免内容和形式上的格式化。

③充分调动学生在课堂练习中的积极性。教师在教学中要注意：主动学习使学生感受到快乐，被动学习，则感到烦躁。教师不能搞“一言堂”，应鼓励学生大胆提问和设想，要活跃课堂气氛，使学生积极思考。

(2)兴趣激发

①利用教师期望效应培养学生的学习兴趣。教师要把学生看作积极的，有强烈的成长动机的学习者，他们喜欢学习，而且努力带着理解的态度学习。

②利用已有的动机和兴趣形成新的学习兴趣。在学生缺乏学习动力时，可利用学生已有的爱好和兴趣，通过使之与学习发生联系，将学生对兴趣爱好的动机转移到学习上，从而使学生产生对学习的需要。

③加强课外活动指导，发展学习兴趣。此外，教师要给予学生适当的指导。

(3)建立合理的动机信念

①建立正确的归因模式。教师引导学生对学习结果进行客观归因，要做到以下几点：

a. 将学业成功归因于能力和努力，以提升学生的自信心，这有利于下一任务和最终目标的实现。

b. 将失败归因于内部的不稳定因素，即努力，才能使学生形成对下次学习成功的期望。避免将失败归因于能力，避免学生形成实体能力观，避免失败的能力归因，避免习得性无助的产生等。

c. 帮助学生建立积极的自我概念。自我概念水平较高的学生常把成功归因于内部因素，把失败归因于努力不够，这有利于个体维护自我价值。教师在日常工作中要坚持长期地、耐心地引导学生树立积极的自我概念。

②树立较高的成就动机水平。中等难度的任务，可以调动学生的注意力、兴趣和活力，使学生期待成功。教师要布置这样的任务，使学生更有可能成功，进而体验到自豪感和满足感。

③设置合理的目标定向。要帮助学生设置合理的目标定向，教师要注意：

a. 引导学生用标准参照、自我参照来评价自己，鼓励合作学习，从而激发学生的内在学习动机。

b. 避免学生间的相互比较，尤其是公开分数、排名次等做法。

c. 通过分析学生的失误，确定其学习起点，为学生设置明确、具体、近期可达的学习目标。

d. 为学生提供学习策略的指导。

(4)反馈和评定

①反馈。利用学习结果反馈应把握的原则包括：反馈要及时、反馈要具体、反馈要经常给予。还要注意表扬要简单明了和直截了当、要用直接的肯定句、要用多样的词语表扬

学生、对个别学生进行私下的表扬等。

②评定。评定的关键在于如何运用，此外，应使学生学会自我评价。

(5)奖励和惩罚

正确运用奖励与惩罚要注意：

①外在奖励会降低其内部动机。

②奖励的质量比奖励形式本身更为重要。

③奖励时间和方式要恰当。

④奖励要充分考虑个别差异。

⑤多用奖励而少用惩罚。

(6)合作与竞争

学生学习大多在课堂中进行，课堂中的合作与竞争对学习动机有重要影响。合作情境常出现帮助行为，教师要鼓励学生积极合作。

2. 简述奥苏伯尔的学习动机论与马斯洛的需要层次论的联系和区别。［统考 2020 年研］

答：(1)奥苏伯尔的学习动机论的基本内涵

奥苏伯尔认为，学习情境中的成就动机包括认知内驱力、自我提高的内驱力和附属内驱力。

①认知内驱力，个体要求了解和理解的需要，要求掌握知识的需要，以及系统地阐述问题并解决问题的需要。

②自我提高的内驱力，即个体因自己的胜任能力或工作能力而赢得相应地位的需要。

③附属内驱力，即个体为了保持长者们(家长、教师等)的赞许或认可而表现出来的把工作做好的需要。

(2)马斯洛的需要层次论的基本内涵

美国心理学家马斯洛的需要层次理论指出：人的基本需要有七种，由低到高依次排列成一定的层次，即生理的需要、安全的需要、归属和爱的需要、尊重的需要、求知与理解的需要、美的需要、自我实现的需要。他认为各种需要不仅有层次高低之分，而且有前后顺序之别，只有低层次的需要得到基本满足后，才能产生高层次的需要。各种低层次需要的满足是通往自我实现的途径。他又把这七种需要分为基本需要和成长的需要，其中前四种属于基本需要，它们的产生是因为身心的缺失，因此也称缺失性需要，后三种需要属于成长的需要。

(3)两者的区别与联系

①区别：奥苏伯尔作为认知理论的代表人物，从认知的角度去阐述了其动机理论，认为动机是建立在认知过程基础之上的；马斯洛的需要层次理论属于人本主义动机理论，更加侧重个体内在潜能的实现，实现的需要即动机。

②联系：从马斯洛的理论角度来看，奥苏伯尔的认知内驱力属于成长性需要，自我提高和附属内驱力是缺失性需要。无论是认知还是人本的动机理论都强调内部动机的作用。

3. 简述学习动机的作用。

答：学习动机的作用伴随学习活动的开始、进行和完成的全过程，对学习动机有关的各因素及其相互关系，以及学习效果起作用。学习动机的作用包括以下几个方面：

(1)引发作用

当学生对于某些知识或技能产生迫切的学习需要时，就会引发学习内驱力，唤起内部的激动状态，产生焦急、渴求等心理体验，并最终激起一定的学习行为。

(2)定向作用

学习动机以学习需要和学习期待为出发点，使学生的学习行为在初始状态时就指向一定的学习目标，并推动学生为达到这一目标而努力学习。

(3)维持作用

学习动机的维持作用表现为学生在某项学习上的坚持时间、出现频次以及投入状态。学生的学习态度很大程度上取决于学习动机的水平，并且阿特金森指出，完成某任务所需的时间与对该项任务的动机水平呈正相关。

(4)调节作用

学习动机为个体活动提供动力，并调节学习行为的强度、时间和方向。如果行为活动未达到既定目标，动机还将驱使学生转换行为活动方向以达到既定目标。

四、论述题

学习动机的强化理论是什么？对学校教育有哪些指导意义？

答：(1)学习动机的强化理论

①学习动机的强化理论，由联结主义学习理论家提出来的，他们不仅用强化来解释学习的发生，而且用它来解释动机的产生。联结主义心理学家用S－R的公式来解释人的行为，认为动机是由外部刺激引起的一种对行为的冲动力量，并特别重视用强化来说明动机的引起与作用。

②人的某种学习行为倾向完全取决于先前的这种学习行为与刺激因强化而建立起来的稳固联系，强化可以使人在学习过程中增加某种反应重复可能性的力量。与此相应，联结学习理论的中心是刺激与反应之间的联结，不断的强化可以使这种联结得到加强和巩固。按照这种观点，任何学习行为都是为了某种报偿。

③强化理论要遵循一定的原则：

a. 教新任务时，进行即时强化，不要进行延缓强化。后果紧跟行为比后果延缓要有效得多。即时反馈可使行为和后果之间的联系更为明确，并且还可以增加反馈的信息价值。

b. 在任务的早期阶段，强化每一个正确的反应。随着学习的发生，由优先强化逐渐转为间隔式强化。

c. 强化要做到保证朝着正确的方向促进或引导，不要坚持一开始就做到完美，不要强化不希望的行为。

④学习动机强化理论的局限：这种理论过分强调引起学生行为的外部力量(外部强化)，忽视甚至否定了人的学习行为的自觉性与主动性(自我强化)。

(2)学习动机强化理论对学校教育的指导意义

学习动机强化理论对学校教育有一定的指导意义。为学校教育提供了心理学理论上的依据。

①正强化和负强化都起着增强学习动机的作用，如适当的表扬与奖励、获得优秀成绩、取消讨厌的频繁考试等便是正强化或负强化的手段；惩罚则一般起着削弱学习动机的作用，但有时也可使一个人在失败中重新振作起来，如频繁的惩罚、考试不及格等便是惩罚的手段。在学习中如能合理地增强正强化，利用负强化，减少惩罚，将有助于提高学生的学习动机水平，改善他们的学习行为及其结果。

②在教育上广为流行的程序教学与计算机辅助教学，其教学的心理基础，就是通过强化原则维持学生的学习动机。根据该理论，教师可广泛采用奖励与惩罚的措施，来维持学生的学习动机，也确实能收到一时之效果，奖励与惩罚使用不当会造成不良的后果，甚至有碍学生的人格发展，使学校演变成分数主义和升学至上。

第6章　学习策略

6.1　复习笔记

【知识框架(庖丁解牛)】

- 学习策略
  - 概述
    - 什么是学习策略
    - 学习策略的分类
    - 学习策略的发展差异研究
    - 掌握学习策略的意义
  - 学习的认知策略
    - 认知策略与学习策略
    - 学习中的主要认知策略
  - 学习的监控策略
    - 监控策略及其特点
    - 学习过程中的主要监控策略
  - 学习策略的教学训练

【考点剖析与拓展(游刃有余)】

考点一、概述

1. 什么是学习策略

表6－1　什么是学习策略

要点	主要内容
学习策略的概念	①学术界从不同的研究角度对学习策略进行的界定，大致可分为以下三类： a. 把学习策略看成是学习方法，即信息加工的方法。 b. 把学习策略看成是对学习过程中的信息加工进行调控的技能。 c. 把学习策略看成是上述两者的结合。 ②含义：学习策略，又称策略或策略性知识，是指学习者为成功完成学习任务而制定的认知计划，它们可使学习者对信息加工有更好的控制。学习策略可分为： a. 学习认知策略，即学习过程中用来进行信息加工的策略。 b. 学习监控策略，即用来调节与控制学习过程、保障信息加工过程有效进行的策略
特点	①操作性和监控性的有机统一。 ②外显性和内隐性的有机统一。 ③主动性和迁移性的有机统一。 ④生成性和指向性的有机统一

2. 学习策略的分类

表 6-2　学习策略的分类

要点	主要内容
麦基奇的分类	麦基奇等人认为，学习策略包括以下三部分： ①认知策略是信息加工的策略。 ②元认知策略是对信息加工过程进行调控的策略。 ③资源管理策略是辅助学生管理可用的环境和资源的策略
丹塞雷的分类	丹塞雷等人提出了 MURDER 学习策略，认为学习策略由两个策略系统构成： ①基础策略，是指对材料进行的直接操作，包括信息获得、储存、检索和应用的策略，如识记、组织、回忆等策略。 ②支持策略，主要是指帮助学习者维持适当认知氛围，以保证基础策略有效操作的策略，包括计划和时间筹划、注意力分配与自我监控和诊断策略
奥克斯福德的分类	奥克斯福德认为，学习策略包含以下五个层面： ①元认知策略，是用来帮助学生计划、管理以及评估学习过程的策略。 ②情感策略，是用来提高学习兴趣和端正学习态度的策略。 ③社会策略，是用来促进学生之间的合作的策略。 ④记忆与认知策略，是用来增强记忆与思考能力的策略。 ⑤补偿性策略，是用来与学习者沟通，帮助学生克服知识上的不足的策略
我国学者皮连生的分类	皮连生认为，可依据学习的信息加工模型将学习策略分为： ①促进选择性注意的策略，如自我提问。 ②促进短时记忆的策略，如复述。 ③促进新信息内在联系的策略，如多问为什么。 ④促进新旧知识联系的策略，如列表比较异同。 ⑤促进新知识长期保存的策略，如运用记忆术
我国学者张大均的分类	根据学校学习的不同环节，张大均将学习策略分为： ①学习准备的策略，包括制订学习计划的策略、课前预习的策略。 ②课堂学习的策略，包括陈述性知识学习的策略、程序性知识学习的策略和听课的策略。 ③课后巩固的策略，包括课后复习的策略和应用与反思的策略

3. 学习策略的发展差异研究

表 6-3　学习策略的发展差异研究

要点	主要内容
学习策略发展的年龄差异	①策略生成和策略运用会随着年龄的增长而发展，策略运用逐渐从单一转向综合，从简单转向复杂，从外部转向内部，从非技能转向技能。 ②认知策略、元认知策略、资源管理策略等都随着年龄的增长而不断发展。 ③教育这一外部因素对学习策略的发展有显著影响，如儿童的认知策略具有随年龄增长而发展的趋势，其中从小学升入初中是认知策略发展较为迅速的时期。 ④年龄增长的过程就是儿童的学习策略从缺陷到成熟的过程

续表

要点	主要内容
学习策略发展的水平差异	①学习困难的儿童缺乏策略，他们不能有效地选择、使用和评价策略。 ②低水平的学习者由于缺少丰富的相关经验，难以获得和使用高级的、复杂的策略，中等水平或高水平的学习者则容易获得高水平的策略并从中受益。 ③高水平的学习者比低水平的学习者拥有更多、更高级的元认知策略，且能够更加合理地使用、调配元认知策略

4. 掌握学习策略的意义

(1)掌握学习策略是学会学习的必然要求。学习策略有助于调控学习方法，提高学习效率，是学会学习的必然要求。

(2)掌握学习策略是主体性教学的要求。学生是学习的主体，其主体性体现在积极主动地运用策略进行知识的学习。教师的主体性应体现在其积极引导学生主动掌握有效的学习策略之中。

(3)掌握学习策略有效提高学习质量。学习策略能够使学习效率得到提高，从而提高学习效果，使学生的学习事半功倍。

考点二、学习的认知策略

1. 认知策略与学习策略

表6-4 认知策略与学习策略

要点	主要内容
认知策略的含义	①加涅认为，认知策略是指学习者用来选择和调整其注意、学习、记忆与思维的内部控制过程，包括专门领域的认知策略和一般领域的认知策略两种。 a. 专门领域的认知策略，是指适合特殊领域的认知策略，如语文的写作策略、英语的发音策略。 b. 一般的认知策略，是指跨学科领域的认知策略，如目的-手段分析法、爬山法等。 ②根据信息加工过程理论，认知策略对整个信息加工过程起调控作用，使用策略的目的就是提高信息加工的效率。从信息加工流程可将认知策略分为复述策略、精加工策略和组织策略三类
认知策略与学习策略的区别	①由于学习这一概念的外延大于认知这一概念的外延，因而学习策略的外延大于认知策略的外延。学习策略包括的内容更多，认知策略、元认知策略都被包括在内；一些维持注意、控制焦虑、有效安排学习时间的情感或动机策略不属于认知策略范畴，但属于学习策略范畴。 ②加涅认为，认知策略的改进是学习策略改进的原因，两者具有因果关系

2. 学习中的主要认知策略

表6-5 学习中的主要认知策略

要点		主要内容
精加工策略	含义	是指把新旧信息寻求多方面的意义使两者联系起来，从而长期保持记忆的一种策略
	类型	①记忆术，是指一种通过给识记材料安排一定的联系以帮助记忆，并提高记忆效果的方法。包括位置记忆法、首字连词法、谐音联想法、琴栓-单词法、关键词法、视觉想象法、摘抄法、提问法等。

续表

要点		主要内容
精加工策略	类型	②内在联系策略，又称内在生成策略，是指对意义性较强的信息进行精加工的策略。这一方法反对孤立地记东西，强调找出事物之间的联系，即使在所学信息部分被遗忘时，也能利用信息之间的关系将其推导出来。 ③生成策略，生成策略强调学习者对学习材料进行提炼和组织，具体方式包括：画线、摘要与做注释；给出标题、写提要两种方式。 ④记笔记策略，主要作用是保持学习者的注意和兴趣，并有效地组织材料
组织策略	含义	是指整合所学新知识之间、新旧知识之间的内在联系，形成新的知识结构的策略，也可看作是一种生成策略
	类型	①归类策略，其方法是将学习材料分成一些小的单元，并将这些小的单元置于适当的类别中，从而使得每项信息和其他信息联系在一起。 ②纲要策略，是指的是将学习材料的主要部分以纲要的形式展现的策略，例如做系统结构图、概念关系图等
复述策略	含义	是指在工作记忆中为保持信息，运用内部语言在大脑中重现学习材料或刺激，以便将注意力维持在学习材料之上的策略
	技巧	①复述的时间安排技巧：及时复习、集中复习和分散复习、部分学习和整体学习等。 ②复述的次数安排：过度学习。过度学习是指学习到了一定水平之后，并没有停止学习，而是继续学习一段时间，从而增强学习效果的保持。过度学习的次数一般保持在正常记忆次数的 1.5 倍

考点三、学习的监控策略

1. 监控策略及其特点

表 6－6 监控策略及其特点

要点	主要内容
元认知的含义	是对认知的认知，也就是关于个人认知过程的知识以及调节这一过程的能力，对思维和学习活动的知识认知和控制
元认知与认知的关系	①元认知不是一般的认知。 a. 认知的对象是客观外界，个体认知能力的发展在婴幼儿时期就已经开始。 b. 元认知的对象是主体的认知活动本身，元认知能力发展比较晚。 ②元认知指导和调节认知。 ③认知是元认知的基础，元认知的发展有赖于认知水平的提高。 ④认知策略和元认知策略有时相通。如提问策略是认知过程和元认知过程都常用的方法
元认知监控	又称理解监控，是指在认知活动的实际过程中对自身行为进行的有意识关注。元认知监控可分为四个阶段：制订计划；执行控制；检查结果；采取补救措施
学习过程中的自我监控研究	学习过程中的自我监控研究，即从学习者的学习过程出发对其进行研究。监控学习者根据认知目标，及时评价、反馈自己认知活动的结果与不足，正确估计自己达到认知目标的程度与水平，根据有效性标准评价各种认知行动、认知策略的效果

2. 学习过程中的主要监控策略

表 6-7　学习过程中的主要监控策略

要点		主要内容
计划策略	含义	是指根据认知活动的特定目标，在一项认知活动之前计划各种活动，预计结果、选择策略，想出各种解决问题的办法、预估其有效性的一种方法
	学习目标的制订	①学习目标应具有可行性。要求目标适度和对目标分层次。 ②学习计划应有具体性。好的学习计划应明确目标、明确任务和明确时间。 ③学习计划应有一定的弹性。不应把时间安排得太满，留有一定的机动时间
	学习时间的分配与管理	①求实策略：要相对准确地确定自己每天的活动内容及所需的时间。 ②差异策略：要按任务的轻重缓急分配时间，体现重点优先、紧急优先、见效快优先。 ③充分策略：在一定时间内，把充足的时间分配在某个具体任务上，突出主攻方向
监视策略	含义	是指根据认知目标，及时评价、反馈自己认知活动的结果与不足，正确估计自己达到认知目标的程度与水平，根据有效性标准评价各种认知行动、认知策略的效果的策略
	内容	①领会监控，是指学习者对自己在阅读过程中的领会程度进行监控、调节的方法。具体策略包括：变化阅读的速度；容忍模糊；猜测；重读较难的段落。 ②集中注意，在信息加工过程中，只有得到注意的信息才能够进入工作记忆，得到进一步的加工。要提高学习效果，就必须集中注意力。具体策略包括：自我提醒、自我奖励。 ③调节监控，是指对认知活动结果、认知策略效果进行检查，在发现问题后采取相应的补救措施，或及时修正、调节认知策略的一种方法，例如及时评价

考点四、学习策略的教学训练

表 6-8　学习策略的教学训练

要点		主要内容
学习策略教学训练的原则		①主体性原则，是指学习策略训练中应发挥和促进学生的主体作用。 ②内化性原则，是指将习得的学习策略与自身已有的策略相结合，内化后为己所用。 ③特定性原则，是指学习策略一定要与学习目标及学生的特点相适应。 ④生成性原则，是指运用学习策略不断生成新的知识。 ⑤有效监控原则，是指学生监控所用学习策略产生的学习结果，以便确定是否有效。 ⑥个人效能感原则，是指学习策略的教学训练要使得个体对自身做出有能力完成某一行为的推测与判断
影响学习策略教学训练的因素	学生因素	年龄特征；原有的知识背景；学习动机；学习归因方式；自我效能感等
	教师因素	①运用学习策略的水平。 ②学习策略教学训练的已有经验。 ③学习策略教学训练的方法

续表

要点		主要内容
学习策略的教学训练模式	课程式教学训练模式	①优点：能够从具体的学习内容和情境中脱离出来，形成独立于具体认知任务和学习任务的策略，能够让学习者形成较为科学和系统的学习策略，有助于提高学习效率。 ②缺点： a. 还没有形成能够实际采用的教材，目前很多所谓的课程式教学往往是一种专题式或者讲座式的策略知识普及，与课程的要求相差较远。 b. 训练时不与专门知识相结合，容易与学生的实际学习或教学进度脱钩，学生也难以将其主动应用在相关的学习活动中
	学科渗透式教学训练模式	①优点： a. 将学习策略的训练与特定学科的学习内容相结合，在具体学科知识的学习过程中传授学科学习的方法与技巧。 b. 学科渗透式教学训练模式可贯穿整个教学活动，要求以教学策略为指导，进行备课、讲课、评课等。 c. 尤其适合对学习困难学生的学习策略干预。 d. 全体任课教师共同参与，利用设置情境、设问、直接讲授或小组讨论等形式，有助于建构学生的学习策略。 ②缺点：策略来源于具体学科内容，易淡忘，难以形成系统的策略观，也不便于迁移
	交叉学习式教学训练模式	①优点：能够根据具体的学科内容、学习情境，对教学策略进行灵活的选取和运用。 ②缺点：可能会使教学进度减慢等

6.2 课后习题详解

1. 观察你周围2~3名同学，总结他们在学习中都运用了哪些学习策略。

答：通过观察我周围的若干同学，我发现他们在学习中运用的学习策略可分为以下几类：

(1)认知策略

①精加工策略，是指对记忆的材料补充细节、举出例子、做出推论，或使之与其他观念形成联想，以达到长期保持目的的一种策略。大多数同学通过画线、摘要、给出标题、写提要等方法完成预习、做笔记等环节，还有的同学利用记忆术赋予外语单词、化学符号等材料意义，或者通过内在联系策略，找到新旧知识之间的联系，使新信息合理化来达到识记目的。

②组织策略，从某种角度来说，也是一种生成策略。一方面，组织是把信息组合成具有一定意义的整体；另一方面，组织是把学习材料分解成一些较小的单元，再把这些单元归在适当的类别之中。这样，每项信息就都能够同其他信息联系在一起进行记忆，这有助于信息的提取。周围的同学把材料分成小单元，再把这些单元归到适当的类别里，或者通

过主题纲要法、符号纲要法快速找到材料间的联系，从而达到高效地理解材料、记忆材料的目的。

③复述策略，是指在工作记忆中为保持信息，运用内部语言在大脑中重现学习材料或刺激，以便将注意力维持在学习材料之上的策略。大部分同学使用的复述技巧是过度学习、边读边看、边听边看和及时复习的复述技巧，还有一部分同学也使用分散复习、限时记忆的技巧。

(2)监控策略

所观察的同学，使用较多的监控策略是领会监控策略，具体如下：

①变化阅读的速度。对容易的章节，读快点儿，对于较难的章节，则要放慢速度。

②容忍模糊。某些内容不太明白，也不要中止。

③猜测。根据上下文内容、常识等，对不清楚的部分进行含义的猜测，最后验证猜测的准确性。

④重读较难的段落。重新阅读较难的段落，尤其是当信息仿佛自相矛盾或模棱两可时。

2. 儿童刚上小学时，用数手指的办法学习一位数的加减。请你从学习策略的角度解释儿童为什么用这种学习方式。

答：这是因为儿童的学习策略发展存在年龄差异，具体原因分析如下：

(1)年幼儿童身上存在明显的策略生成和策略运用缺陷。策略运用缺陷现象是普遍存在的。随着年龄的增长，策略运用逐渐从单一转向综合，从简单转向复杂，从外部转向内部，从非技能转向技能。如儿童初学加法时，均采用数手指的策略；完全熟悉后，则直接从长时记忆中提取答案；过渡阶段，则可能采用数手指、记忆恢复等多种策略。

(2)认知策略、元认知策略、资源管理策略等都随着年龄的增长而不断发展。

(3)教育这一外部因素对学习策略的发展有显著影响，如儿童的认知策略具有随年龄增长而发展的趋势，其中从小学升入初中是认知策略发展较为迅速的时期。

(4)年龄增长的过程就是儿童的学习策略从缺陷到成熟的过程。

3. 吴清今年上高二，她学习刻苦但不得法，因而成绩不理想。假如你是她的老师，你应如何帮助她？

答：学习策略，是指学习者为成功完成学习任务而制定的认知计划，它们可使学习者对信息加工有更好的控制，掌握合适的学习策略对于学习效率的提高具有重要意义。假如我是吴清的老师，我会一步步教给她适合她的学习策略，帮助她明白何时何地完成何种任务，使用何种策略最合适。具体策略如下：

(1)监控策略

①计划策略，是指根据认知活动的特定目标，在一项认知活动之前计划各种活动，预计结果、选择策略，想出各种解决问题的办法、预估其有效性的一种方法。合理的学习计划是顺利完成学习活动和提高学习效率的重要前提。学习计划的内容包括学习目标、任务、时间、措施等，因此，我会根据吴清同学的能力、目标和原有经验，引导、帮助她制定合理的记忆的目标、理解的目标、简单应用的目标和综合应用的目标，以及长期目标、中期目标和短期目标。

②学习时间的分配与管理，这方面有三种策略：求实策略、差异策略、充分策略。因此，我会帮助吴清同学把时间分配到具体任务上，从而确保各个学习目标的实现。此外，还可教给她学习教材内容的阅读领会策略，教给她集中注意力、调节监控认知活动的策略。

(2)认知策略

认知策略就是学习过程中对信息进行加工的方式方法。从信息加工流程的角度可将认知策略分为复述策略、精加工策略和组织策略三类。

①精加工策略，是指对记忆的材料补充细节、举出例子、做出推论，或使之与其他观念形成联想，以达到长期保持目的的一种策略。常用的精细加工策略包括记忆术、内在联系策略、生成策略、记笔记策略等。

②组织策略，也可看作是一种生成策略，是指整合所学新知识之间、新旧知识之间的内在联系，形成新的知识结构的策略。组织是学习和记忆新知识的重要手段。组织策略主要包括归类策略、纲要策略两种。

③复述策略，是指在工作记忆中为保持信息，运用内部语言在大脑中重现学习材料或刺激，以便将注意力维持在学习材料之上的策略。主要的复述技巧包括时间安排技巧和次数安排技巧。时间安排技巧包括及时复习、集中复习与分散复习、部分学习与整体学习，次数安排技巧例如过度学习。

4. 回顾自己的学习历程，总结自己在学习中自觉或不自觉地运用过哪些学习策略。

答：回顾我的学习历程，在学习中，自觉运用的学习策略居多，不自觉运用的学习策略稍少一些，具体来说，一般包括以下几种：

(1)自觉运用的学习策略

①人为联想策略：对于那些必须记住的学科基础知识，如外语单词、化学符号，我有时会自觉采用位置记忆法、首字连词法、谐音联想法、琴栓-单词法、关键词法、视觉想象法、摘抄法、提问法来帮助记忆。

②内在联系策略：通过新旧知识之间的联系，使新信息合理化，强调新的学习材料与已有的知识之间的衔接。我有时会自觉在预习时，将已有经验调动起来。

③记笔记策略：记笔记的步骤可分为听课前的准备工作、听课中做笔记、听课后整理三个步骤，都需要调动主观能动性克服自身惰性在自觉的情况下完成。记笔记策略是使用最为普遍的精加工策略之一。

此外，我还自觉运用了摘要、注释、写提要等生成策略，归类策略、主题纲要法、符号纲要法等组织策略，分散复习、限时记忆、克服记忆效应等复述策略。

(2)不自觉运用的学习策略

在学习过程中，我不自觉运用的学习策略包括及时复习、过度学习、多种形式复述、多感官参与等复述策略。

①及时复习策略：在有教师授课的情况下，我会不自觉在头脑中复述教师前一秒说过的话，来加深印象。

②过度学习策略：在早读、晚读或考试之前，由于时间充足，内容有限，或者因考试感到紧张，我会不自觉地过度学习。

③多种形式复述、多感官参与的策略：早晚读时，对于完成识记古诗词、英语单词等

任务，我会由于习惯，不自觉采用朗读的方式，动用眼睛、嘴巴多个器官，边读边看，以此帮助记忆。

6.3 考研真题与典型题详解

一、单项选择题

1. 在学习英语单词的某同学特别注重单词运用情景这种学习策略属于(　　)。[统考2022年研]

A. 复述策略　　B. 组织策略　　C. 精细加工策略　　D. 资源管理策略

【答案】C

【解析】精细加工策略是指通过把所学的新信息和已有的知识联系起来，寻求字面背后的深层次意义，或者以此增加新信息的意义，从而帮助学习者将信息储存到长时记忆中去的学习策略，也就是说，我们应用已有的图式和已有的知识使信息合理化，以达到长期保持的目的。题干中通过背景情境来学习单词正是精细加工策略的一种。因此答案选C。

2. 调整阅读速度、复查、使用应试技巧等应归类于(　　)。

A. 认知策略　　B. 元认知策略　　C. 资源管理策略　　D. 精加工策略

【答案】B

【解析】元认知策略是指对信息加工流程进行控制的学习策略，可分为计划策略、监察策略和调节策略。调节阅读速度、复查、使用应试技巧属于调节策略。

3. 学习策略教学的首要环节，也是最困难的一步是(　　)。

A. 教师是否真正掌握了学习策略

B. 通过分析具体的学习任务，确定所必需的学习策略及其执行方式

C. 如何将学习策略以外显的、程序性的方式传授给学生

D. 是否能找到有效的、现成的学习策略

【答案】B

【解析】教学目标是指预期学生通过教学活动获得的学习结果。在教学中，教师首先要决定学生在学习结束时将会发生什么变化。设计教学目标可以分为两个步骤：首先列举学习内容和行为，确定课程的一般目标并按这两个维度加以分析，其次对每个教学目标进行任务分析，即将目标划分为各级任务，再将各级任务逐级划分成各种技能和子技能。任务分析有助于教师在给学生布置作业之前确保学生具有的必须技能。因此，在学习策略教学的过程中，教师首先要分析具体的学习任务，确定所必需的学习策略及其执行方式。

二、概念题

1. 学习策略[曲阜师范大学2023年研]

答：学习策略是指学习者在一定的情境下，对一定学习任务，按学习的一般规则，有目的、有意识地操作和控制学习的程序、工具和方法，以提高学习质量和效率的复杂方案。学习策略的特征包括：①主动性。学习策略的制定和使用一般是有意识的心理过程，只有

熟练使用的策略才能自动化。②有效性。对特定任务，采用不同的策略，达成任务的效率不同，即不同策略对特定任务的有效性不同。③过程性。学习策略规定了学习过程的方式和每一步的程度。④程序性。对同一种类型的学习可采用同一程序或其变式。

2. PQ4R 方法

答：PQ4R 方法是由托马斯和罗宾逊提出来的、可使学生有意义地组织信息、使用其他有效的策略，包括六个步骤：①预习(Preview)：快速浏览材料，对材料的基本组织主题和副主题有一个了解。②设问(Question)：阅读时自己问自己一些问题。③阅读(Read)：阅读要求不要做无用的笔记，而要积极地自我提问和回答。④反思(Reflect)：试图理解信息并使信息有意义，反思的途径包括：把信息和已知联系起来；试图消除对呈现的信息的分心；试图用材料解决类似问题等。⑤背诵(Recite)：通过大声陈述和一问一答，反复练习记住信息。⑥回顾(Review)：积极复习材料，自我提问和回答的过程。

三、简答题

1. 认知策略和元认知策略的区别和联系。［统考 2021 年研］

答：(1)认知策略和元认知策略的定义

①认知策略是加工信息的一些方法和技术，这些方法和技术能使信息较为有效地从记忆中提取。其基本功能有两个：一是对信息进行有效的加工和整理；二是对信息进行分门别类的系统储存。具体包括：注意策略、精细加工策略、复述策略以及编码与组织策略四个部分。

②元认知策略是指学生对自己学习过程的有效控制。它使学生警觉自己在注意和理解方面可能出现的问题，以便找出并加以修改。具体包括：自我计划策略、自我监控策略和自我调节策略。

(2)元认知策略和认知策略的联系

认知策略和元认知策略都属于学习策略，认知策略是学习必不可少的工具，元认知策略则是监控指导认知策略的运用。两者能够一起发挥作用，共同促进学习的效果和效率的提高。

(3)元认知策略和认知策略的区别

①认识和思考对象不同：认知策略直接作用于学习材料，是对信息的加工策略；元认知策略是对认知的认知，是关于个人自己认知过程的知识和调节这些过程的能力包括元认知知识和元认知控制，直接作用于人的认知过程。

②活动是内容不同：认知活动的内容是对认知对象进行某种智力操作，元认知活动的内容是对认知活动进行调节和监控。

③作用方式不同：认知活动可以直接使认知主体取得认知活动的进展，元认知只能通过对认知活动的调控，间接地影响主体的认知活动。

④发展速度不同：从个体认知发展看，元认知落后于认知的发展。以认知发展为基础，主体逐渐发展元认知能力。

2. 学习策略各种类型及其意义。[东北师范大学2018年研]

答:(1)学习策略的种类

学习策略是指学习者为了提高学习的效果和效率，有目的、有意识地制订的有关学习过程的复杂方案。一般将学习策略分为认知策略、元认知策略和资源管理策略三种。

①认知策略

认知策略是加工信息的一些方法和技术，有助于有效地从记忆中提取信息。一般而言，认知策略因所学知识的类型而有所不同，复述、精加工和组织策略主要是针对陈述性知识，模式再认策略和动作系列学习策略则主要针对程序性知识。

a. 复述策略，是在工作记忆中为了保持信息，运用内部语言在大脑中重现学习材料或刺激，以便将注意力维持在学习材料上的方法。

b. 精细加工策略，是一种将新学材料与头脑中已有知识联系起来从而增加新信息的意义的深层加工策略。

c. 组织策略，是整合所学新知识之间、新旧知识之间的内在联系，形成新的知识结构。组织是学习和记忆新信息的重要手段，其方法是将学习材料分成一些小的单元。并把这些小的单元置于适当的类别之中，从而使每项信息和其他信息联系在一起。

d. 模式再认策略，模式再认知识涉及对刺激的模式进行再认和分类的能力。模式再认知识的第一个重要例子是识别某个概念的一个新事例。比如：再认鲸鱼属于哺乳动物。模式再认知识的第二个重要的例子是识别符合某个行为的条件或符合应用某个规则的条件，比如，什么时候“倒置分数后相乘”。和概念一样，模式再认过程是通过概括和分化的过程学习来的。

e. 动作系列学习策略，动作系列首先是当作构成某个过程的一系列步子来学习的。学习者必须有意识地执行每一步，一次执行一步，直到过程完成。在学习某一个过程时，存在两个主要的障碍。第一个就是工作记忆存储量的限制。第二个潜在的问题就是学生缺少必备的知识，在学习某一过程时，要确保学生已经具备所必需的知识和技能，这一点非常重要。

②元认知策略

元认知策略是一种学习策略，是指学生对自己的学习过程进行有效监视和控制的策略。它大致可分为计划策略、监控策略和调节策略三种。

a. 计划策略，根据认知活动的特定目标，在一项认知活动之前计划各种活动，预计结果、选择策略，想出各种解决问题的方法，并预估其有效性。包括设置学习目标、浏览阅读材料、产生待回答的问题以及分析如何完成学习任务。

b. 监控策略，在认知活动的实际过程中，根据认知目标及时评价、反馈自己认知活动的结果与不足，正确估计自己达到认知目标的程度、水平；根据有效性标准评价各种认知行动、策略的效果。包括阅读时对注意加以跟踪、对材料进行自我提问、考试时监视自己的速度和时间。

c. 调节策略，根据对认知活动结果的检查，如发现问题，则采取相应的补救措施，根据对认知策略的效果的检查，及时更正、调整认知策略。

③资源管理策略

资源管理策略是辅助学生管理可用的环境和资源的策略，对学生的动机有重要的作用。成功地使用这些策略可以帮助学生适应环境以及调节环境以适应自己的需要。资源管理策略包括：

a. 时间管理策略，人的时间非常宝贵，要学会统筹安排学习时间，高效利用最佳时间，灵活利用零碎时间。

b. 努力和心境管理策略，系统性的学习大都是需要意志努力的。为了使学生维持自己的意志努力，需要不断地鼓励学生进行自我激励。

c. 环境设置策略，学习环境是可以人为地选择、改善与创设的。设置学习环境是为了使周围的环境更有利于学习活动的展开。为了学生更好地学习，既要注意调节自然环境，也要营造一个良好的学习环境。

d. 工具的利用策略，学习工具是学习中所必不可少的学习资源，学会有效利用学习工具对学生来说都是非常重要的。主要有：参考资料、工具书、图书馆、广播电视等的利用，还可以寻求老师、同伴的帮助，使用小组学习和个别指导等。

(2)学习策略的意义

①可以改进学生的学习，提高学生的学习质量。

②能够更有效地促进教师的教。

③有利于学生更好地适应和发展。

四、论述题

1. 阅读下列材料，按要求回答问题。

学习过程中许多方式可以应用，其中一种被称为精细加工策略，即人在学习某一新的知识时，会想起一些与其有关的旧知识，或想起属于这一观念范畴的某个例证，或再现与其有关的表象，甚至由此会引起对这些知识做出某种新的推断。学习过程中也可以对新知识做出逻辑上的组织，即按照学习材料的特征或类别进行整理归类等。心理学家加涅称："组织是将信息分为若干子集，并标明各子集关系的过程。"心理学家约翰·安德森则进一步补充道："这种有层级的组织能够使人在搜寻自己记忆时表现出结构化，使人能更有效地提取信息。"

请回答：

(1)"精细加工策略"何以会有助于个体日后对所学知识的回忆？

(2)"精细加工策略"与"组织策略"有何区别？

(3)根据你对以上两种认知策略的理解，对当下流行的碎片化学习现象做出评析。[统考2019年研]

答：(1)精细加工策略是指通过把所学的新信息和已有的知识联系起来，寻求字面背后的深层次意义，或者以此增加新信息的意义，从而帮助学习者将信息储存到长时记忆中去的学习策略。相较于复述策略，精细加工策略可以将新信息与已有信息产生联系，从而使信息合理化，达到长期保持的目的。

(2)组织策略是指整合所学新知识之间、新旧知识之间的内在联系，形成新的知识结构的策略。"精细加工策略"与"组织策略"的区别如下：

①侧重点不同

精细加工策略通过把所学的新信息和已有的知识联系起来，寻求字面背后的深层次意义，或者以此增加新信息的意义，从而帮助学习者将信息储存到长时记忆中去。组织策略通过发现部分之间的层次关系或其他关系，使之形成某种结构以达到有效保持之目的。

②方法不同

精细加工策略的方法有位置记忆法、谐音联想法、关键词法等。组织策略的方法有列提纲、做图表、运用理论模型等。

(3)碎片化学习是指通过对学习内容进行分割，使学生对学习内容进行碎片化的学习，这样的学习方式称为碎片化学习。对碎片化学习的评析如下：

①碎片化学习的优点

a. 碎片化学习简单便捷，灵活性、针对性及吸收率均高于传统的系统化学习，能够快速大量掌握信息。

b. 碎片化学习是时代的需求和趋势，能够迅速捕捉时事热点。

②碎片化学习局限

a. 碎片化学习获得的知识都是零散、没有内在联系的知识，不利于学生形成系统的知识体系。

b. 碎片化学习使得学生一字一句地听、一点一滴地记，孤立、离散地接受知识，导致学生的思维变得狭隘、机械，难以进行复杂而独立的思考，难以高效地学习。

③如何面对碎片化学习

对于专业知识的学习，要采取科学、系统、连贯的学习策略，提升学习效率和质量。对于一些零散信息的习得，可以采用碎片化学习。

2. 试述学习策略与信息加工过程的关系。

答：学习策略与信息加工过程既相互区别，又相互联系。这两者的关系表现如下：

(1)学习策略与信息加工过程的内涵不同

①学习策略的内涵。学习策略可以视作学习活动或步骤，或学习的规则、能力或技能，或学习计划。但总的来说，学习策略就是学习者为了提高学习的效果和效率，有目的、有意识地制定的有关学习过程的复杂方案。

②信息加工过程的内涵。丹博以大脑的信息加工过程为基础，提出了具体的有关学习的信息加工过程的模式。他的观点包括：

a. 学习时，外在刺激信息进入感觉登记器，并以感觉特性的形式被存储，在受注意前，只能存储不到1秒的时间。一旦信息受注意，就会变成以名字编码的言语形式，进入短时记忆，短时记忆中的信息被重复，就有可能进入长时记忆。

b. 长时记忆存储所有加工过但又不立即使用的信息。当某一信息要想通过重复或复述而停留在工作记忆中时，这一信息就必须输入到长时记忆中去进行“精细加工”，也就是必须和长时记忆中已有的信息一起分类、组织、联系和存储。

c. 信息一旦进入长时记忆，信息的流程并未终止，它朝两个方向继续。一方面，工作记忆几乎总是需要存储在长时记忆中的信息；另一方面，某些被熟练掌握的行为已达到自动化水平，不需要有意识地思考就能进行，这意味着这些行为的有关信息能直接从长时记忆中发出。

(2)学习策略与信息加工的联系

从信息加工的角度来看，学习就是获取信息，学习策略与信息加工之间的相互联系体现在以下两个方面：

①采用学习策略的目的是帮助学习者控制学习的信息加工系统，以便更好地存储和提取信息。

②学习策略贯穿于信息加工的整个流程之中。学习策略是一种过程性知识，它存储在长时记忆中，包括信息流程中所有环节所使用的方法和技术，如注意、复述、精细加工、组织编码等过程以及对它们的控制过程。其中，复述、精细加工和组织是直接对信息进行的加工，有关的方法和技术属于认知策略，它包括复述策略、精细加工策略和组织策略；而信息加工的控制过程则控制着信息的流程，监视和指导认知过程的进行，属于元认知策略，它包括计划策略、监视策略和调节策略。

第 7 章　知识学习

7.1　复习笔记

【知识框架(庖丁解牛)】

- 知识学习
  - 知识的分类及获得机制
    - 知识的含义及分类
    - 知识获得的机制
  - 陈述性知识的学习
    - 陈述性知识的种类
    - 陈述性知识的表征
    - 陈述性知识的学习与保持
  - 程序性知识的学习
    - 程序性知识的种类
    - 程序性知识的学习过程
  - 知识的转化和迁移
    - 知识的转化
    - 知识的迁移

【考点剖析与拓展(游刃有余)】

考点一、知识的分类及获得机制

1. 知识的含义及分类

(1)知识的含义

表 7－1　知识的含义

要点	具体内容	
传统心理学的观点	知识是人们在社会实践中所获得的认识和经验的总和	
行为主义心理学的观点	知识不属于心理学范畴，而是哲学范畴的东西	
现代心理学的观点	加涅	知识是用言语符号来标志的某种事物或表述的某些事实
	我国教育类辞书	知识是对事物属性与联系的认识。表现为对事物的知觉、表象、概念、法则等心理形式
教材观点	知识是人类所拥有的信息，知识能通过书籍、计算机或其他媒介储存	

(2)知识的分类

根据不同的分类标准，可把知识分成不同的类型。

表 7－2　知识的分类

分类标准	知识类型	特征
知识的来源	直接经验知识	个体通过亲身实践活动获得
	间接经验知识	个体通过书本和大众传媒等途径获得
知识反映事物的层次	感性知识	个体通过感觉器官直接获得，是对事物的外部特征与外部联系的反映，分为感知和表象两种水平
	理性知识	通过思维活动间接获得，是对事物的本质特征与内部联系的反映，可分为概念和命题两种形式
知识反映事物的范围	一般知识	个体具有的对一类事物的普遍知识，如日常生活知识
	特殊知识	个体对具体事物或专门事物的知识，如心理学专业知识
知识传递的难易	显性知识	易于用语言传递、可以外显的知识，如文字、数据的陈述和处理
	隐性知识	只能意会的内隐经验类知识，如观念、表象
知识解决问题的功能	描述性知识	主要反映事物的形态、内容及发展变化的原因，又称陈述性知识
	程序性知识	用于具体情境的算法或一套操作步骤，又称操作性知识或过程性知识

2. 知识获得的机制

表 7－3　知识获得的机制

要点	具体内容	
陈述性知识获得的机制——同化	同化的含义	是指学习者通过接纳、吸收与整合知识并将它们转化为自身认知结构的过程
	同化的三种模式	①下位学习，又称为类属学习，是指将概括程度或包容范围较低的新概念或命题，归属到认知结构中原有的概括程度或包容范围较高的适当概念或命题之下，从而获得新概念或新命题的意义。 ②上位学习，是指新概念、新命题具有较广的包容面或较高的概括水平，这时新知识通过把一系列已有的观念包含于其下而获得意义，新学习的内容便与学生认知结构中已有观念产生了一种上位关系。 ③并列结合学习，又称组合学习，是指只能凭借组合关系来理解意义的学习。当学生新概念或新命题与认知结构中已有的观念既不产生下位关系，也不产生上位关系时，它们之间可能存在着某种组合关系
程序性知识获得的机制——产生式理论	产生式的概念	①产生式由条件和行动两部分组成。其基本原则是“如果某种条件满足，那么就执行某种动作”，它表明了所要进行的活动以及发生这种活动的条件。 ②产生式系统：一个产生式的结果可以作为另一个产生式的条件，从而引发其他的行动，这样，众多的产生式联系在一起，就构成了复杂的产生式系统
	本质	程序性知识的学习本质上是掌握一个程序，即在长时记忆中形成一个解决问题的产生式系统，以后遇到同类问题，即可按照这一产生式系统的程序，一步步进行下去，直至解决问题

考点二、陈述性知识的学习

1. 陈述性知识的种类

表 7－4 陈述性知识的种类

要点	具体内容
加涅的分类	把陈述性知识视为言语信息，把它由简到繁分为：符号、事实、有组织的知识三类
奥苏伯尔的分类	根据头脑内知识的不同形式或学习任务的复杂程度将它分为三类： ①表征学习：是指学习者把所接收到的符号转译成它所指称的具体的对象的学习。 ②概念学习：是指学习者能够把握同一类事物的共同的关键性特征或是本质性特征，从而明白凡是具有这些特征的对象，都可以属于同一个概念。 ③命题学习：是指掌握句子含义的学习。命题是以句子的形式表达的，可以分为概括性命题和非概括性命题。命题学习必须以概念学习为前提

2. 陈述性知识的表征

表 7－5 陈述性知识的表征

<table>
<tr><th>要点</th><th colspan="2">具体内容</th></tr>
<tr><td>命题的含义</td><td colspan="2">是意义或观念的最小单元，用于表述一个事实或描述一个状态，通常由一个关系和一个以上的论题组成，关系限制论题</td></tr>
<tr><td>命题网络</td><td colspan="2">两个或多个命题常常因为有某个共同的成分而相互联系在一起，从而构成了命题网络，又称为语义网络。命题和命题网络是陈述性知识的主要表征方式</td></tr>
<tr><td rowspan="3">图式</td><td>含义</td><td>是关于某个主题的一个知识单元，它包括与某主题相关的一套相互联系的基本概念，构成了感知、理解外界信息的框架结构，图式对于陈述性知识和程序性知识都适用</td></tr>
<tr><td>分类</td><td>①客体分类的图式，如有关动物、植物、种族、性别、职业等的分类。
②时空知识的图式，如有关季节、学期、年龄等时间历程和空间位移的知识。
③事件或做事的图式，如看电影、参加舞会等</td></tr>
<tr><td>特征</td><td>①图式含有变量。
②图式可按层级组织，嵌入到另一个图式中。
③图式能促进推论</td></tr>
</table>

3. 陈述性知识的学习与保持

(1)完整的陈述性知识的学习过程

①第一阶段，新信息进入短时记忆，与长时记忆中被激活的相关知识建立联系，从而形成新的意义建构。

②第二阶段，新建构的意义储存于长时记忆中，如果没有复习或新的学习，会随着时间的延长而遗忘。

③第三阶段，意义的提取和运用阶段。

(2)认知同化论

①认知同化论的观点：学生能否习得新信息，主要取决于他们认知结构中已有的有关观念。有意义学习是通过新信息与学生认知结构中已有的有关观念的相互作用才得以发生的，由于这种相互作用，导致了新旧知识的有意义的同化。

②认知同化论的假设：在新意义刚刚获得以后及保持的早期，新观念既与同化它的原

有观念相关联，又可以从原有观念中分离出来，即新旧观念之间存在着可分离性。

(3)陈述性知识的保持

①促进陈述性知识保持的措施包括：精细复述、精加工策略、对知识进行多重编码、知识组织策略、过度学习等。

②从动态的角度看，陈述性知识的获得和保持是几乎同时发生的过程。在意义学习的过程中，新意义储存和保持的机制蕴含于新学习的知识和与原有知识建立联结。这是意义学习比机械学习完成得快、保持得好的根本原因。

考点三、程序性知识的学习

1. 程序性知识的种类

表7-6 程序性知识的种类

要点		具体内容
智慧技能	含义	又称心智技能，是指个体运用语言、数字之类表示客观事物及其关系的符号与外界相互作用，与他人进行有效交流的能力
	五个层次	①辨别。其作用是能区分刺激物的特征；如区分大和小、蛇和井绳等。 ②具体概念。其作用是能列举事物的名称；如识别各类水果的共同属性并赋予其类别术语等。 ③定义概念。其作用是能理解抽象概念的本质属性；如理解哺乳动物的本质特征等。 ④规则。其作用是能按规则进行操作，做出正确反应；如造句、解方程等。 ⑤高级规则。其作用是能用简单规则解决较复杂的问题；如运用公式解决实际问题等
	内在一致性	①智慧技能不是由单一因素构成的，而是由复杂因素构成的。 ②智慧技能是一种操作方法，其发展存在着从低级到高级、从简单到复杂的过程
动作技能	含义	又称运动技能，是指在练习的基础上形成的按某种规则或程序顺利完成身体协调任务的能力
	构成	①动作或动作组。动作不是动作技能，动作技能是指人们通过一组动作来完成一项具体任务，如使用一组肢体动作(舞蹈语言)去表达情感。走路不是动作技能。 ②体能。包括耐力、力量、韧性、敏捷性等。 ③认知能力。包括视觉、听觉、触觉、动觉等多种知觉能力。动作技能建立在练习的基础上，是由一连串由合理完善程序构成的实际动作整合而成的操作活动
	类型	从不同角度划分，动作技能有不同的类型。主要的分类依据为：动作是否连贯、动作技能执行过程中环境的稳定性、动作技能的反馈条件。其中，动作技能的分类既有交叉，也有重叠
	分类	①按照动作是否连贯，可分为连续的动作技能(是刺激反应的一长串联结系统，如开车)、不连续的动作技能(刺激反应的序列段，反应比较精确，如射箭)。 ②按照动作过程外部情境是否变化，可分为开放性的动技能(要视外部情境的变化而调整动作，随机应变，如打球)、封闭性的动作技能(在预先确定的较静态的环境中进行，如写字)。 ③按照根据动作反馈的条件，可分为内循环的动作技能(是一种完全依赖内部肌肉反馈的程序性知识，如徒手画圈)、外循环的动作技能(受客观外界环境的控制，不可能仅依靠肌肉记忆校正，如骑车)

续表

要点	具体内容	
认知策略	含义	是指学习者用以支配自己的注意、学习、记忆和思维的有内在组织的才能，这种才能使得学习过程的执行控制成为可能
	本质	是一种运用概念和规则对内调控的程序性知识
	类型	①怀特和维特罗克通过研究提出了问题解决过程中的四种认知策略：寻找深层意义的策略；承认局部目标的策略；灵活探索的策略；将部分综合成整体的策略。 ②加涅认为，认知策略主要可分为注意、检索、编码和思维等几种。 ③李伯黍认为，认知策略能够分为知觉、机械记忆、目标递归和模式四种策略
	与智慧技能的关系	①相同点：同属于程序性知识的范畴。 ②不同点： a. 加涅认为智慧技能定向于学习者的外部环境，而认知策略则支配着学习者在对付环境时其自身的行为，即“内在的”东西。 b. 迈耶认为智慧技能和认知策略的区别在于特殊规则和一般方法

2. 程序性知识的学习过程

表7-7 程序性知识的学习过程

要点	具体内容	
智慧技能的学习过程	加里培林的观点	①认为“智力活动是外部的、物质活动的反映”，学生心智技能形成“是外部物质活动转化到反映水平——转化到知觉、表象和概念水平的结果。” ②这种转化的实现要经过五个阶段： a. 活动的定向阶段，是智慧活动的准备阶段，对活动本身和活动结果在头脑中进行定向。 b. 物质活动或物质化活动阶段，学生借助实物或模象为支柱进行的心智活动。 c. 出声的外部言语活动阶段，出声的言语活动开始向内部言语活动转化，是不出声的外部言语活动。 d. 无声的外部言语阶段，学生以词的声音表象、动觉表象为支柱而进行心智活动。 e. 内部言语活动阶段，是智力活动完成的最后阶段，学生凭借简化了的内部言语，能“自动化”地进行智力活动
	认知心理学的观点	根据智慧技能形成过程中认知加工活动的不同，将其分为两个阶段： ①模式识别学习阶段，是指将输入的刺激(模式)的信息与长时记忆中的有关的信息进行匹配，从而辨认出该刺激属于什么范畴的过程。其方法分为： a. 概括，是指学习者对同类刺激模式中的不同个体做出相同的反应。概括实质上是在同类刺激模式中抽取出共同的特征。 b. 分化，是指对不同类的刺激具有不同的反应。分化的主要作用是使产生式的条件项增加，从而提高模式识别中辨别和区分的准确度 ②动作步骤学习阶段，是指顺利执行、完成一项活动的一系列操作序列，对动作进行排序的过程。其方法分为： a. 程序化，是指动作序列的表征从陈述性知识转变为程序性知识，这一过程并不取决于陈述性知识而是独立完成动作顺序。 b. 程序合成，是指把若干个产生式整合成为一个产生式，从而把简单的产生式变为复杂的产生式。它减少了产生式的数量、减轻了记忆的负担，使激活知识的时间更短，动作步骤更流畅

续表

要点	具体内容
动作技能的学习过程	①动作技能的形成过程体现为通过领悟和练习，循序渐进地掌握某种动作操作程序。 ②复杂运动技能的形成，一般要经历四个主要阶段： a. 认知阶段：该阶段是动作技能形成的开始阶段，教师负责讲解与示范，学生要理解学习任务，形成目标表象和目标期望。 b. 分解阶段：该阶段教师将整套动作分为若干个局部动作，学生则初步尝试、逐一学习，即把动作构成的整体逐一分解，并试图发现它们是如何构成的，最后尝试性地完成所学新技能中的各个动作。 c. 联系定位阶段：该阶段重点是将适当的刺激和相对应的反应之间形成联结，从而固定下来，整套动作合为整体，成为固定程序式的反应系统；在该阶段，要防止负迁移产生。 d. 自动化阶段：该阶段是动作技能的熟练阶段，各个动作自动流出，娴熟协调
认知策略的学习过程	①认知策略是可学习的。 ②学习认知策略的根本目的，一方面是使学习者在学习情境中能够应用，另一方面是能把习得的策略在未训练的情境之中进行迁移，并应用于解决问题。 ③认知策略的学习过程，大致有两种情况： a. 自上而下的学习，即学习者有目的、有意识地通过对相关认知策略的含义、作用的感知、理解，并在特定的情境中进行具体的练习，进而掌握该策略并能迁移到其他情境之中。 b. 自下而上的学习，即学习者在大量解决具体问题的过程中，通过 断的经验积累，归纳、概括出具有一定抽象程度的认知策略，作为今后解决问题的一般方法

考点四、知识的转化和迁移

1. 知识的转化

(1)知识的定义

知识的转化是指把陈述性知识转化为程序性知识。

(2)促进转化的方法和策略

表7－8 促进转化的方法和策略

要点	具体内容	
学习材料具有逻辑意义，调动学生学习的心向	奥苏伯尔认为，课堂中的知识学习主要是言语信息的学习，其实质是一种意义学习，即符号所代表的新观念(“是什么”的知识)与学习者认知结构中已有的适当观念建立起实质性的和非人为的联系。从这个意义上说，知识学习就是意义学习	
采用恰当的教学方法，帮助学生形成概念或规则	概念和规则的含义	①概念是指具有一类相同关键属性的人、事、物或观念符号。 ②规则是指计算公式和处理事情的法则、科学原理、定律等
	概念学习方法	①概念形成，通过直接观察并找出这类事物共同的关键特征，得出概念。 ②概念同化，通过教师讲授概念的关键特征，获得概念
	规则学习方法	①例规法，即教师向学生大量举例，要求学生从例子中概括出相应的规则。 ②规例法，即教师先向学生讲授规则，然后举例证明其规则

续表

要点	具体内容	
采用恰当的教学方法，帮助学生形成概念或规则	教学方法	①变式，是指概念的正例在无关特征方面的变化。这种方法的效率比较高，比较适合高年级或者有了一定的基础概念的学生。 ②正例与反例的运用，将正例和反例相结合，正例能够传递最有利于概括概念或规则的信息，而反例能够传递最有利于概念辨析的信息。 ③比较，即帮助学生认识新旧知识异同的主要方法。对相关知识的比较，宜采用同时对比法，对事物的历史形态或发展变化的比较，宜采用前后对比法
指导学生科学练习，促使学生运用程序性知识	①练习是促使陈述性知识向程序性知识转化的必要条件，没有练习，陈述性知识则无法完成程序化，只能以命题及命题网络表征的形式储存在记忆中，因而更无法达到熟练运用。 ②我国教育的现状是教师讲得过多，而学生的自主思考和练习过少，学生只学到了知识，却没有学到技能，只能死记硬背某些概念，却不会具体运用。 ③教师要注意精讲多练，“精讲”即教师上课要强调重难点，讲关键内容，讲解决方法；“多练”不代表使用“题海”战术，而是使用适当的变式来增加学生对知识的灵活应用	

2．知识的迁移

学生在学习中能否做到举一反三，实质上是知识的迁移问题，也是学习的迁移问题。学习迁移是一种学习对另一种学习的影响。教育的首要任务就是让学生学会知识的迁移。

表7－9　知识的迁移

要点	具体内容	
陈述性知识的迁移	迁移的理论	①形式训练说，是一种早期的学习迁移理论，主张迁移要经过一个“形式训练”的过程才能产生，知识的迁移就是心理官能得到训练的结果。这个假设缺乏足够的实验依据和现实依据，具有唯心主义色彩。 ②共同要素说，是桑代克提出的，他认为只有在新旧学习情境有相同要素时，才能发生迁移，迁移的程度取决于其相同要素的多寡。 ③概括化理论，是由贾德提出来的，他以实验研究了原则和概括性的迁移，认为在经验中学到的原理原则是迁移发生的主要原因。 ④认知结构迁移理论，是由奥苏伯尔提出来的，他认为学习者的认知结构是影响学习迁移的重要因素，并提出了影响迁移的三个认知结构变量：可利用性；可辨别性；稳定性
	促进迁移的措施	要促进学生陈述性知识的迁移，教师应注意以下问题： ①科学编排和呈现教材，促进学生形成良好的认知结构。教材的呈现应体现有序性、概括性和实用性。 ②重视基础知识的教学，提高学生的概括水平。教师要采取多种教学措施，帮助学生理解基本知识，学会概括的方法，并在此基础上进行复习和练习。 ③注意学习材料的共同性，促进学生知识的综合贯通。教师应给学生提供认识事物间同一性机会，使学生形成概括或归纳思维，还应该鼓励学生将课堂中学习的知识迁移到其他学习情境之中，从而提升学生综合运用知识的能力，学以致用

续表

要点	具体内容	
程序性知识的迁移	智慧技能的迁移	学习智慧技能的目标是获得一系列的产生式，在新情境中运用已经习得的产生式来解决问题。因此，在智慧技能的迁移中，教师应注意以下问题： ①帮助学生形成条件化知识，掌握产生式规则。把所学知识与应用该知识的触发条件相结合，从而形成条件化知识是培养智慧技能的关键。 ②促进产生式知识的自动化，熟练解决问题。 ③加强学生的言语表达训练，促使智慧活动内化。教师应当给学生创造一个自由、包容的课堂心理环境，使学生愿意主动进行言语表达
	动作技能的迁移	①动作技能的迁移主要包括： a. 两侧性迁移，如左手和右手的迁移。 b. 同侧部位的迁移，如左手向左脚的迁移。 c. 言语－动作迁移，如言语提示指导动作。 d. 动作－动作迁移等，如骑自行车有助于掌握骑摩托车的技能。 ②教师在促进学生动作技能的迁移时应注意以下问题： a. 帮助学生理解任务性质和学习情境。 b. 示范与讲解要准确清晰。 c. 加强学生的练习与反馈
	认知策略的迁移	认知策略的学习过程首先是获得陈述性知识，然后把它应用在其他情境中，将陈述性知识转化为程序性知识。因此，教师要注意以下问题： ①培养学生树立正确的学习动机。 ②丰富学生的知识背景。 ③根据学生的元认知水平进行策略训练。 ④制订一套外显的可操作的训练技术。 ⑤指导学生学会变式与练习

7.2 课后习题详解

1. 就某门具体学科，如语文写作，观察并分析成绩优秀的学生和成绩较差的学生，分析他们的知识结构有何差异。

答：学生头脑里的知识结构就是认知结构。广义来看，认知结构是指学习者全部观念的内容和组织；狭义来看，认知结构是学习者在某种特殊领域中的观念的内容和组织。成绩优秀的学生和成绩较差的学生，其知识结构的差异表现为以下两个方面：

(1)知识结构上的直接差异

以语文的写作为例，成绩优秀的学生其知识结构更完善、储备的知识容量更大。同化是获得陈述性知识的心理机制，也是学习者接受、吸纳和整合知识并将其纳入自身认知结构的过程。成绩优秀的学生更多的是同化知识，而不是仅仅记住知识的概念。

(2)知识转化上的间接的差异

知识可以表现为某种活动的一种定向映像，丰富、准确的定向映像直接影响着技能的形成过程。技能的形成来源于陈述性知识向程序性知识的转化，成绩优秀的学生能将头脑中的陈述性知识转化为可操作的程序性知识，而成绩较差的学生完成这一过程则要吃力些。

2. 请依据智慧技能形成的阶段和特点，分析如何促进智慧技能的学习。

答：智慧技能，又称心智技能，是指个体运用这些语言、数字之类的符号与外界相互作用，与他人进行有效交流的能力。加里培林提出了著名的智慧活动按阶段形成的理论。他认为，智慧活动是客观的、物质的反映，是客观物质活动向头脑中知觉、表象和概念等方面进行转化的成果。这种转化要经过以下下列五个阶段：

(1)活动的定向阶段

①特点：在该阶段学生需要理解活动主要任务，知道具体任务和执行方式，在头脑中形成活动自身和结果的表象，从而将活动进行定向。这是智慧活动的准备阶段。

②有助于智慧技能学习的途径：教师应给学生提供活动的示例，指出活动的操作步骤以及重难点。以进位加法教学为例，其定向是在演示时，使学生明确演算的目的、运算的客体，运算的关键点等。

(2)物质活动或物质化活动阶段

①特点：完备的智慧活动来源于物质或物质化的活动。物质化的形式是最易理解和最方便的教学手段，尤其是学习的对象超出学生理解范围时。

②促进智慧技能学习的措施：

a. 要借助于实物或实物的模型、图表、标本等进行学习，如学生练习加法时，利用小棍、手指来完成计算活动。

b. 关键是展开和概括。展开是指将智慧活动分解成大小的操作单元，并展示给学生，使学生观察理解。概括是指在学生形成关于智慧活动的较为概括的表象基础上，要求学生把操作与言语结合起来(即边做边说)。

(3)出声的外部言语活动阶段

①特点：智慧活动已经脱离了实物以及实物的替代品，取而代之的支持物是外部言语。这一阶段是外部物质活动转化为智慧活动的起点，也是智慧活动的形式发生质变的关键阶段。

②促进智慧技能学习的措施：锻炼学生的语言表达能力，促进学生语言逻辑能力的发展。鼓励学生进行出声言语活动，培养学生在眼、口、耳、脑同时协调活动的基础上思考的能力。

(4)无声的外部言语阶段

①特点：完成智慧活动的过程是通过无声的外部言语来进行的，即只能看到嘴部活动，但是没有声音，如学生进行心算。

②促进智慧技能学习的措施：帮助学生超脱眼、口、耳、脑同时协调思维活动的模式，以眼、脑同时活动的言语形式，让学生进行专门的练习。

(5)内部言语活动阶段

①特点：这是智慧活动形成的最后阶段。其主要特点是智慧活动的压缩和自动化，智慧活动似乎不需要意识的参与，脱离了自我观察的范式。在结构上，内部言语常被压缩得不合语法，是碎片化的和简约的；在机能上，内部言语为自己所用，为调节智慧过程服务。

②促进智慧技能学习的措施：帮学生熟练掌握运算技能，使程序性知识达到内部言语活动阶段，帮助学生简化和自动化运算过程。

3. 教师在教学中常常采用题海战术，这种战术对知识的转化和迁移有何利弊？为什么？

答：知识的转化主要是指陈述性知识向程序性知识的转化，以期提高学生的能力和素质。知识的迁移是指所学习的一种知识对学习另一种知识的影响。

(1)题海战术对知识转化的影响

①程序性知识的形成以掌握陈述性知识为必要条件，这涉及陈述性知识的概念和规则的运用。完整的陈述性知识的学习过程包括三个阶段：

a. 第一阶段，新信息进入短时记忆，与长时记忆中被激活的相关知识建立联系，从而形成新的意义建构。

b. 第二阶段，新建构的意义储存于长时记忆中，如果没有复习或新的学习，这些意义会随着时间的延长而遗忘。

c. 第三阶段，意义的提取和运用阶段。

②程序性知识中的智慧技能的学习过程有几种观点，加里培林提出智慧活动按阶段形成理论，认为智慧活动的内化需要五个阶段：活动的定向阶段、物质活动或物质化活动阶段、出声的外部言语活动阶段、无声的外部言语阶段和内部言语活动阶段。认知心理学则根据智慧技能形成过程中认知加工活动的不同，把智慧技能的形成分为模式识别学习以及动作步骤学习。

③题海战术对知识转化的积极影响：

a. 在陈述性知识的保持阶段，新建构的意义需要一定的复习或者相关的新的学习才能避免遗忘，因此题海战术一定程度上属于过度学习，可以提高新旧知识的区分度和可分离性，促进新知识的保持。

b. 在程序性知识的学习中，按照加里培林的观点，儿童需要进行大量的练习使得智慧技能从外部的物质活动向知觉、表象和概念等方面进行转化，最终达到内部言语活动阶段，实现智慧活动的自动化；按照认知心理学的观点，智慧技能在进行动作步骤的学习时，题海战术是根据规则进行大量练习直到熟练，达到自动化程度，从而帮助儿童有效解决问题。

c. 练习是促使陈述性知识向程序性知识转化的必要条件，没有练习，陈述性知识只能以命题及命题网络表征储存在记忆中，无法实现程序化，更无法达到熟练运用。

④题海战术对知识转化的消极影响：

a. 知识的转化需要学习材料具有逻辑意义，调动学生学习的心向。题海战术使用大量规则重复的习题，只有形式上的相似而没有逻辑上的联系，不是有意义的学习，同时枯燥乏味，无法调动学生学习积极性，甚至产生厌学心理。

b. 知识的转化需要教师采用恰当的教学方法，帮助学生形成概念或规则。题海战术使用单一样式的习题，无法通过变式练习使学生灵活运用知识，反而受到思维定式的消极影响。

(2)题海战术对知识迁移的影响

①题海战术对知识迁移的积极影响

a．形式训练说认为，人类的心理由许多不同的官能如观察、注意、记忆等组成，这些心理官能只有经过训练才能发挥作用，知识的迁移就是心理官能得到训练的结果。题海战术一定程度上可以对学生的注意、记忆、思维等心理官能进行训练，促进知识的迁移。

b．陈述性知识的迁移需要重视基础知识的教学，题海战术能帮助学生掌握较为扎实的基础知识，形成概括或归纳思维，提高学生的概括水平，促进知识的综合贯通。

c．对于程序性知识来说，要促进产生式知识的自动化，就需要经过大量练习，才能变成一种心智技能，使学生熟练解决问题。

②题海战术对知识迁移的消极影响

a．题海战术的这种重复又僵化的知识只能在有限的背景中才能提取，应用时不能举一反三。

b．促使认知策略由陈述性形式向程序性形式转化的最重要的教学条件是在相似情景和不同情境中的练习，题海战术采用同类或相似课题间的不断练习，会干扰对灵活性课题的学习。

c．题海战术重视量而不重视质，不能给学生学习的满足感和挑战感，会损伤学生的学习动机。

7.3　考研真题与典型题详解

一、单项选择题

1．把记数学笔记的方法迁移到记英语笔记中去，体现了(　　)。［统考2023年研］

A．特殊迁移　　B．非特殊迁移　　C．纵向迁移　　D．近迁移

【答案】B

【解析】学习迁移认为，不同内容的迁移分为特殊迁移和非特殊迁移，其中非特殊迁移也成为一般迁移，迁移产生原因还不明确；既可能是原理原则的迁移也可能是态度的迁移。这样产生的迁移可能是由动机、注意等因素引起的，也可能是由学习的其他准备活动或学习方法、策略引起的。因此答案选B。

2．某学生数学基础好，学习教育统计课程时感觉学习很顺利。这种学习现象属于(　　)。［统考2020年研］

A．横向迁移　　B．纵向迁移　　C．逆向迁移　　D．重组迁移

【答案】B

【解析】A项，横向迁移是指同一抽象或概括水平之间的知识的迁移。B项，纵向迁移，又称垂直迁移，是指不同抽象和概括水平的经验之间的迁移。教育统计课程是数学学科在教育领域(包括实践领域与理论研究领域)中的应用，其抽象概括水平低于数学，学生数学基础好，学习教育统计课程很顺利是纵向迁移。C项，逆向迁移是指后学习的内容对前面学习的内容的影响。D项，重组迁移是指重新组合原有知识中的要素，调整其关系以适应新的情境。

3．在知识的建构过程中，旧知识由于新知识的加入发生一定的调整和改组，这叫

作(　　)。

A. 知识的顺应　B. 知识的改组　C. 知识的同化　D. 知识的变革

【答案】A

【解析】学习者通过将新知识与原有知识经验联系起来，从而获得新知识的意义，把它纳入已有的认知结构的过程称为新知识的同化。随着新知识的同化，原有知识经验会因为新知识的纳入而发生一定的调整和改组，称为知识的顺应。

4. 不属于学习迁移的现象是(　　)。

A. 由于经常打篮球，小陈的跳高能力很不错

B. 学会骑自行车后，学骑摩托车的速度特别快

C. 由于画画得很好，小张在美术社表现很出色

D. 由于从小喜欢剪草，小王长大成了一名出色的理发师

【答案】C

【解析】学习迁移是指在一种情境中的技能、知识和理解的获得或态度的形成对另一种情境中的技能。知识和理解的获得或态度新的形成的影响。简言之，学习迁移是一种学习对另一种学习的影响。C项，画画得很好和在美术社的表现属于同一领域内的活动，不是一种学习对另一种学习造成的影响。

5. 根据图式理论，提出知识学习的"三阶段论"的著名认知心理学家是(　　)。

A. 伯克威茨　B. 图尔文

C. 诺曼和鲁墨哈特　D. 科斯格儒

【答案】C

【解析】对于知识的学习的机制，人们从知识类型、学习方式、学习深度等不同角度做出了实质性的解释，并提出相应的学习过程模式。鲁姆哈特和诺曼根据图式理论提出，知识的获得有图式的积累、调整和重构3种方式。

二、概念题

1. 广义知识

答：广义知识是指人类认识客观世界及其自然实践经验的总结，它可以通过语言文字、各种媒体长期贮存，供后人学习和借鉴。广义的知识可以分为两类，即陈述性知识和程序性知识。陈述性知识是描述客观事物的特点及关系的知识，又称为描述性知识。这类知识主要用来回答事物"是什么""为什么"和"怎么样"的问题，可用来区分和辨别事物。这类知识具有静态的性质，狭义的知识就是指这类知识。陈述性知识主要包括三种不同水平：符号表征、概念、命题。程序性知识是一套关于办事的操作步骤和过程的知识，又称操作性知识。这类知识主要用来解决"做什么"和"如何做"的问题，可用来进行操作和实践。程序性知识具有动态的性质，往往表现为一系列"条件－活动"的规则，认知心理学将这种规则称为产生式。

2. 并列结合学习

答：并列结合学习是一种特殊的学习方式。在这种学习中，新知识与认知结构中原有

的观念既不是类属关系，又不是总括关系。在并列结合学习中，新学习的关系不能归属于原有关系，也不能概括原有关系，但是它们之间具有某些共同的特征。在这些共同特征的基础上，新学习的关系与已知的关系并列结合，使新关系获得了实际意义。一般而言，并列结合学习比较困难，必须在直观的基础上认真比较新旧知识的联系与区别才能掌握。因此，直观在并列结合学习中具有重要的作用。

三、简答题

1. 介绍三种学习迁移的理论。[东北师范大学2019年研]

答：学习迁移的三种理论介绍：

形式训练说、相同要素说、关系转换说是学习迁移的三种重要理论。

(1)形式训练说

①形式训练说是最早的有关学习迁移现象的系统假说。它在重视学习迁移、重视能力训练和培养，以及开辟学习迁移理论研究先河等方面，都具有重大的历史价值。

②形式训练说的心理学基础是官能心理学。官能心理学认为，人的“心”由“意志”“记忆”“思维”“推理”等官能组成。“心”的各种官能是各自分开的实体，分别从事不同的活动，各种官能可以像肌肉一样，通过练习来增强能力。同时，一种官能的能力改造，也无形中加强了其他所有的官能。

③形式训练说把迁移看作是通过对组成“心”的各种官能进行分别的训练来实现的，迁移的发生是自动的。它把训练和改进“心”的各种官能作为教学的重要目标，认为学习的内容并不重要，重要的是所学对象的难度及其训练价值。

(2)相同要素说

①19世纪末和20世纪初，心理学开始借助于实验来检验形式训练说的可靠性。1890年，詹姆士首先通过记忆实验来探讨迁移问题。其实验结果表明：记忆能力不受训练的影响，记忆的改善不在于记忆能力的改善，而在于方法的改进。

②此后，桑代克以刺激-反应的联结理论为基础，提出了学习迁移的相同要素说，认为只有当两个机能的因素中有相同的要素时，一个机能的变化才会改变另一个机能。当然，桑代克所谓的共同的心理机能，只是共同的刺激和反应的联结而已。

③相同要素说后来被伍德沃斯修改为共同成分说，意指只有当学习情境和迁移测验情境存在共同成分时，一种学习才能影响到另一种学习，即产生迁移。

(3)关系转换说

关系转换说是格式塔心理学家提出的迁移观点。他们认为顿悟关系是学习迁移的一个决定因素。也就是说，迁移不是由两个学习情境具有共同成分、原理而自动产生的某种东西，而是学习者突然发现两个学习经验之间存在的关系的结果。学习者所迁移的是顿悟，即两个情境突然被联系起来的意识。可见，关系转换说更强调个体的作用。

2. 简述迁移的类型。

答：根据不同的维度，可以把迁移分为以下几种类型：

(1)根据迁移的性质不同，即迁移的影响效果不同，可分为正迁移、负迁移与零迁移。

①正迁移，是指一种学习对另一种学习的积极影响，包括一种学习使另一种学习具有

了良好的心理准备状态，一种学习使另一种学习活动所需的时间或练习的次数减少，或使另一种学习的深度增加或单位时间内的学习量增加，或者已经具有的知识经验使学习者顺利地解决了面临的问题等情况。

②负迁移，是指一种学习对另一种学习的消极影响，多数情况下表现为一种学习所形成的心理状态，如反应定势等，对另一种学习的效率或准确性产生了消极的影响或一种学习使另一种学习所需的学习时间或所需的练习次数增加或阻碍另一种学习的顺利进行、知识的正确掌握等。

③零迁移，又称中性迁移，是指两种学习间不存在直接的相互影响。

(2)根据迁移内容的抽象与概括水平的不同，加涅把正迁移又分为横向迁移和竖向迁移。

①横向迁移，是指个体把已学到的经验推广应用到其他在内容和难度上类似的情境中。

②竖向迁移，是指不同难度的两种学习之间的相互影响，分为两种情况：

a. 已有的较容易的学习对难度较高的学习的影响，往往是对已有的学习进行概括和总结并形成更一般性的方法或原理的结果。

b. 较高层次的学习原则对较低层次的学习的影响，原则的迁移就是由较高层次的学习产生的原则对该原则适合的具体学习情境的迁移。

(3)根据迁移的方向不同划分为顺向迁移与逆向迁移。

①顺向迁移，是指先前的学习对后来的学习的影响。

②逆向迁移，是指后来的学习对先前学习的影响。

(4)根据迁移的范围不同划分为自迁移、近迁移与远迁移。

①自迁移，是指个体所学的经验影响着相同情景中的任务操作。

②近迁移，是指把所学的经验迁移到与原来的学习情景比较相似的情境中，如不同学科间的迁移。

③远迁移，是指个体能将所学的经验用到与原来情境极不相似的情境中，如课堂知识用到社会实践中。

3. 简述概念转变的过程。

答：(1)概念转变的定义

概念转变是指个体原有的某种知识经验由于受到与此不一致的新经验的影响而发生的重大改变。这里的“概念”是指某种观念，即个体关于某一对象的观点、看法。概念的变化有两种可能：

①“丰富”，即新知识的纳入充实了现有知识，通过积累的方式使这些知识发生变化。

②“修订”，即新获得的信息与原有信念、假定或理解之间存在冲突，因而要对彼此对立的理解做出调整。

(2)概念转变的过程

①概念转变是学习过程中新旧经验相互作用的集中体现，是新经验对已有经验的改造。概念转变过程是认知冲突的引发及其解决的过程，学习者首先要意识到新经验与原有观念之间的不一致，从而产生一种“冲突感”。

②学习者要对新旧经验及其有关的事实、观念进行分析和判断，思考各自的合理性、

正确性，直至对新旧知识经验做出某种调整，以解决它们之间的冲突。

③引发认知冲突。认知冲突是指人的原有图式与新感受到的事件或客体之间的对立性矛盾。分为以下几种：

a. 直接经验中的认知冲突与间接经验中的认知冲突。

b. 现实概念的冲突与潜在概念的冲突。

c. 针锋相对的认知冲突与可兼容的认知冲突。

(3)认知冲突的解决与概念转变

认知冲突的解决包括以下几类：

①径直地或经过认真分析之后拒绝新概念。

②通过三种可能的方式纳入新概念：

a. 机械记忆。

b. 概念更换。

c. 概念获取。

四、论述题

学生有这样的错误概念：自然的四季变化是上帝的作用，而不是地球自身斜着身子绕太阳公转造成的。设计教学来转变学生的这种错误概念，谈谈你的基本思路。

答：(1)对错误概念和概念转变的理解

①在日常生活和以往的学习中，学生形成了大量的知识经验，其中有些观念是与科学知识相一致的，可以作为新知识的起点(生长点)，但也有很多理解与当前的科学理论相违背，这就是错误概念。学生认为"自然的四季变化是上帝的作用"这就是一种错误概念。

②在教学中，应及时转变学生的这种错误概念，让学生认为"自然的四季变化是地球自身斜着身子绕太阳公转造成的"即转变概念，概念转变是指认知冲突的引发和解决的过程，是个体原有的某种知识经验由于受到与此不一致的新经验的影响而发生的重大改变。这里的"概念"是指某种观念，即个体关于某一对象的观点、看法。

(2)影响概念转变的因素

①学习者的形式推理能力。为克服错误概念，学习者需要理解新的科学概念，能意识到证明新概念有效性的证据，看到事实材料是如何支持科学概念而违背原有的错误概念的。所有这些都依赖于学生的形式推理能力。

②学习者的"概念生态圈"。"概念生态圈"表示影响概念转变的原有观念系统，它说明了学习者原有观念是一个复杂的系统，它不仅包括具体水平上的概念、实例，也包括更一般的信念和观念，这都是儿童经验世界的重要内容。

③动机因素。概念转变有四种主要的动机性因素，其中的目标取向，既是外在的、表现型的学业目标，也是内在的、掌握型的学业目标。内在的、掌握型的学习目标更有利于学习者对信息的深层加工，所以更有利于概念转变的发生。

(3)促进错误概念的转变的教学基本思路

①创设开放的、相互接纳的课堂气氛。为了了解学生对自然变化的真正想法，促进其错误概念的转变，教学中应该创设一种开放的、相互接纳的课堂气氛，不管是对是错，学

生都可以表达自己对产生自然变化原因的想法，让他们大胆地面对不同观点、事实之间的冲突。

②倾听、洞察学生的经验世界。在教学的开始，教师应该首先保留自己的或者书本中的见解，先去了解学生对自然变化的想法。在教学过程中以及在教学之后，教师需要不断地看学生的想法有什么变化。为了解、揭示学生真正的想法，教学中需要采用一些开放的、具有揭示力的探测性问题，让学生在推论、预测中表现自己的想法，而不是让学生去复述课本中的说法。例如，在关于产生自然变化原因的教学中，如果教师在教学之后直接问学生："产生自然变化原因是什么?"那学生可能都会说是地球自身斜着身子绕太阳公转造成的。为了反映学生真正的想法，教师可以问题学生：在探测学生真正想法的问题时可采用"如果……将会……"的形式，即给学生描述一个自然变化的事件或一种情景，让学生运用相关知识推测结果会怎样。

③引发认知冲突。引发认知冲突，即让学习者意识到与原有概念相对立的事实或观点，这是转变学生的错误概念的基本途径。呈现对立性事实的基本方法是实验和观察，可以通过视频介绍科学家的发现来引发学生的认知冲突。引导学生投入到积极的思维活动中，对产生自然变化的原因进行分析、推理。

④鼓励学生交流讨论。在认知冲突情境中，教师要进一步引导学生去思考其中的问题：为什么是地球自身斜着身子绕太阳公转造成的？它说明了什么？怎样解释？在分析思考的过程中，教师应该组织学生进行讨论，交流各自的看法，不同观点的交锋能更好地引发学生积极的思维活动，促进学生对问题的深层理解。教师不要在头脑中存有固定的讨论路线，不要牵强地把学生"诱导"到正确结论上，而是要按照学生讨论中实际表现出来的真正思路去自然而然地相互讨论，逐渐地澄清问题。

第8章 规范学习

8.1 复习笔记

【知识框架(庖丁解牛)】

- 规范学习
  - 规范学习概述
    - 规范、规范学习的含义
    - 规范学习的特点和作用
    - 规范学习的心理学理论
    - 规范学习的心理过程及影响因素
  - 纪律的形成与教育
    - 纪律的含义、类型和功能
    - 自觉纪律的心理结构、形成过程和特点
    - 纪律形成的内在矛盾
    - 良好纪律的形成与培养
  - 态度的形成与改变
    - 态度的含义和特点
    - 态度的功能和心理结构
    - 态度形成与改变的心理学理论
    - 态度形成与改变的条件
    - 态度形成与改变的方法
  - 品德的发展与培育
    - 品德发展的全程性
    - 影响品德形成的因素
    - 品德的培育

【考点剖析与拓展(游刃有余)】

考点一、概述

1. 规范、规范学习的含义

表8-1 规范、规范学习的含义

要点	具体内容	
规范	含义	是指约定成俗或明文规定的，用以约束或规定个体社会行为的标准
	分类	多种类的社会组织以及多情境的社会行为，共同决定了规范具有广泛性，这体现在社会生活的方方面面，可分为以下几类： ①依据对人的行为的制约方，可分为：道德规范、法律规范。 ②依据适用范围，可分为：大型群体规范、小型群体规范。 ③依据社会生活的不同领域，可分为：政治规范、经济规范、社会生活规范。 ④依据存在方式，可分为：成文的规范、不成文的规范

续表

要点		具体内容
规范学习	含义	是指个体接受社会规范，内化社会价值，将规范所确定的主体外在行为要求转化为主体内在行为需要，进而构建起个体内部的社会行为调节机制，即社会规范的内化过程
	两个过程	①将现实规范据为己有的内化过程。 ②将已有的规范表现出来的外显过程
	发生条件	并非先于个体的经验而存在，其发生有两个条件，外部条件为主体对社会情境的适应，内部条件为主体对行为价值取向的选择
	内容	规范学习是知、情、行的整合，即认知学习、情感学习和行为方式的这三个方面的综合

2. 规范学习的特点和作用

表 8－2　规范学习的特点和作用

要点	具体内容
规范学习的特点	①情感性。规范行为的驱动心理因素即规范行为的内在动机系统，包括对规范的各种必要性的认识与情感体验，构成对社会规范的价值意识，形成规范行为的需要及动力机制。 ②约束性。规范不仅约束学生的认知与评价，还约束学生的行为方式。 ③延迟性。规范学习的目的在于使学生形成良好的行为习惯，促进身心发展。规范行为是在人际交往经验的获得过程中形成和发展的
规范学习的作用	①规范学习有助于青少年良好品德和性格的构建。品德和性格是青少年行为的重要调节机制和个性的重要组成部分。其良好的培养需具有先天基础，并通过规范学习来逐渐建构。 ②规范学习有助于青少年社会化的实现。社会化是个体获得个性，学会做事做人，掌握社会关系系统的过程。规范学习是社会化的主要手段。 ③规范学习有助于促进青少年心理健康。青少年对社会规范学习与接受能够促进其社会化发展，这是衡量良好心理健康的一个重要指标

3. 规范学习的心理学理论

表 8－3　规范学习的心理学理论

要点	具体内容
行为强化论	①经典性条件作用理论认为，给予中性刺激的强化是内化规范的重点，通过重复使中性刺激变成条件刺激。 ②操作性条件作用理论认为，对环境的操作是内化规范的核心。 ③社会学习理论认为，个体通过观察榜样所表现的行为及其结果，获得替代强化来进行学习
心理动力论	精神分析理论强调道德的情感成分，认为个体的社会行为是由本我、自我、超我三种人格成分相互制约、相互作用的结果。同时弗洛伊德强调儿童早期经验和父母对儿童的教养态度在社会规范学习中的作用
活动论	苏联社会历史文化学派认为，心理与活动相辅相成，互为表里。在学习各种规范时，必须把它作为外部活动教给学生

4. 规范学习的心理过程及影响因素

表 8－4　规范学习的心理过程及影响因素

要点	具体内容
规范学习的心理过程	①依从阶段。这是规范内化的低层次水平。依从是迫于外在压力或为了满足某种安全的需要。仅关注与他人相同的外显行为，而认识与体验不一致，表明有意义障碍或情感障碍存在。 ②认同阶段。不再迫于外界压力，主动接纳规范，认识与体验相一致，表明个体学习过程中不存在意义障碍或情感障碍，认同分为偶像认同和价值认同。 ③内化阶段。认识与体验紧密结合，并得到巩固和发展，这为信念的形成创造了条件。以信念为基础的行动通常给人满足感。这一阶段，规范意识已相当牢固，且成为人个性的一部分
影响因素	①规范本身的特点。规范的类型与特点不同，学习的侧重点及难易程度也就有所不同。最基本的有禁止性规范和倡导性规范两类，例如学习禁止性规范时要重点训练个体的道德意志与抗诱惑力，而学习倡导性规范时要重点进行移情与道德情感体验训练。 ②学生的交往需要。交往需要是构成学生规范学习的直接动因，其原因包括： a. 个体社会性发展的基础是个体的交往。 b. 交往的成功，必须以各种规范为行动指南。 c. 每个人都有归属于群体的需要和对偏离群体的恐惧。 ③学生的认知发展水平。规范学习是认知、情感和行为学习的整合，要达到认知和体验的一致性，需经由认知学习先认识社会规范，个体认知水平的发展至关重要。 ④外部反馈。个体通过在社会学习了解社会对行为的反馈，并核定是否实施所学得的行为模式，因此对外部反馈的控制、操作影响学生的规范学习

考点二、纪律的形成与教育

1. 纪律的含义、类型和功能

表 8－5　纪律的含义、类型和功能

要点	具体内容
纪律的含义	是指一种集体的规范和规章，要求集体成员必须遵守和执行，目的是维护集体利益，推进工作进展。其内涵包括： ①纪律为维护集体利益而制订，主要指向集体生活和活动的领域。 ②纪律以规范和规则的形式存在，是对学生的外在约束，而不是对人的压制。 ③规范和规则的获得并不是强制和奴化的结果。 ④纪律条文可随情况变化，做相应修改
类型	①从纪律形成的角度，可分为：教师促成的纪律、集体促成的纪律、自我促成的纪律、任务促成的纪律。 ②从纪律实施的角度，可分为：专制型纪律、放纵型纪律、健康型纪律
功能	奥苏伯尔认为，合理的纪律管理对于青少年发展的作用包括： ①是儿童社会化的需要，儿童需要学习某种社会文化所认可的行为标准。 ②是个性正常发展的需要，有利于儿童获得自立等心理特质，并训练儿童的挫折容忍力。 ③是道德标准内化的需要，可促使正确道德观的形成。 ④是儿童获得安全感的需要，缺乏清楚、可交流的外部控制的引导，儿童会感到迷惘

2. 自觉纪律的心理结构、形成过程和特点

表8-6 自觉纪律的心理结构、形成过程和特点

要点	具体内容
自觉纪律的心理结构	①纪律认识，是指个体的纪律意识水平，其最高层次是纪律信念。 ②纪律态度，正确的纪律态度是自愿遵守、主动执行、积极维护。 ③纪律意志，是学生执行纪律的意志表现，也是一种约束和控制自己的能力。 ④纪律习惯，良好的纪律行为习惯是从强制性的被动遵守转变为自觉纪律的关键；纪律习惯是自觉纪律行为的一种动力
形成过程	①外部纪律要求强制性遵守阶段：主要依靠外部教育要求及措施。 ②内心需要的过渡阶段：学生未形成自觉纪律，但已对纪律要求有自己的理解。 ③纪律习惯阶段：学生把纪律原则变成自觉行动，对纪律形成了责任感
特点	①出于内心需要而自然遵守纪律。 ②不需要外在监督。 ③已习惯性遵守纪律。 ④努力克服遵守纪律的困难。 ⑤积极维护纪律执行，与违纪表现做斗争

3. 纪律形成的内在矛盾

表8-7 纪律形成的内在矛盾

要点	具体内容
外在纪律规范与学生认识之间的矛盾	纪律要求成为学生的内在行为准则。不同学生对纪律的理解不同。学生理解纪律等行为规范要经历四种水平：具体性理解；知识性理解；认同性理解；内化性理解
纪律认识与纪律态度之间的矛盾	在纪律形成过程中会出现纪律要求与情感体验相冲突的情况，必须消除情感障碍，消除对纪律的消极态度，才能让学生形成正确的行为态度
遵守纪律与个人动机之间的矛盾	面对纪律同个人强烈动机的矛盾冲突出现，学生可能就会违反纪律。这种冲突的解决依赖于学生的动机斗争与意志力。学生意志力的强弱是依据纪律要求，抑制冲动、欲望的关键
遵守纪律与辨识能力低之间的矛盾	由于纪律教学为抽象的纪律知识，学生接触不到真实纪律情景，可能会出现遵守纪律与辨识能力低的矛盾。解决矛盾的措施是：重视纪律情境、重视自我纪律评价能力的发展
遵守纪律与不良行为习惯之间的矛盾	行为习惯是无意识的、自动的行为方式。学生处于成长阶段，某些不良行为习惯无可避免，因此要注意觉察其不良行为习惯的萌芽

4. 良好纪律的形成与培养

表8-8 良好纪律的形成与培养

要点		具体内容
情境化策略	含义	是指为了“知、情、行”统一和“运用基本事实说明基本概念和原理”，需使用自主创设的情境的策略

续表

要点	具体内容	
情境化策略	注意	①突出形象，寓理其中。 ②深化情感与认知，产生感悟。 ③与学生现有的经验、知识、情感及思维能力相衔接。 ④采用多种表现形式，增强情境感染力
自我建构策略	含义	是指学生的自觉纪律得以形成与培养的策略
	注意	①通过角色扮演、合作讨论、共同约定等方法，引导学生在自我建构中养成良好习惯。 ②对于难以自行探索的纪律规范，引导学生在新旧概念中联系认知，促进理解和内化

考点三、态度的形成与改变

1. 态度的含义和特点

表 8－9　态度的含义和特点

要点	具体内容
态度的含义	是指由认知、情感、意向三因素构成的、比较持久的个人内在结构，它是外界刺激与个体反应选择之间的中介因素。其内涵包括： ①态度是一种内部状态。态度仅仅使某些类型的行为的出现成为可能。 ②态度是一种行为选择状态。态度往往表现为对行为的趋向与回避、喜爱与厌恶等。 ③态度是学习的结果。态度是在社会交往活动中，通过经验组织或学习产生的
特点	①态度的对象性。个体所持有的任一态度都是指向某个具体对象的。 ②态度的内在性。态度是个体内在的心理状态，只能间接地推测得知。 ③态度的持久性。态度在个体后天的社会生活中形成，一形成就具有相对持久性。但在态度形成过程的不同阶段，其稳定程度不同。其中，内化阶段的态度最为持久。 ④态度的概括性。态度并不决定特定的行为，而是决定个体一定类型的行为。这种概括性使态度会产生较大的迁移

2. 态度的功能和心理结构

表 8－10　态度的功能和心理结构

要点	具体内容
态度的功能	①过滤功能。态度不但影响个体行为的方向性，也影响个体对信息的选择。学生的已有态度担负着选择、过滤的作用。 ②调节功能。人的某些态度具有直接满足情感需要的作用。个体为了消除内心的不安全感，必须采取与需要相符的态度。 ③价值表现功能。价值观是人们对某一事物的善恶、是非及重要性的评价。人们常通过表态的方式来表现自己的价值观。态度也是学生价值观的一种反映。 ④适应功能。个体在社会化中产生态度，同时用态度适应社会环境

续表

要点	具体内容
心理结构	目前比较流行的观点为态度的 ABC 模式，这种模式认为态度包括以下三种成分： ①情感成分，是指个体对态度对象的情感取向，表现为人对态度对象的喜恶等。它伴随着态度的认知因素产生，是态度的核心成分。 ②行为意向成分，是指个体对态度对象可能产生某种行为反应的倾向。它构成态度的准备状态，表现为接近或回避等倾向。但行为意向不等于行为本身，有意向也不一定会发生行为。 ③认知成分，是指个体对态度对象所持的认识和评价，是态度得以形成的基础。对于同一对象，不同个体的态度中的认知成分是不同的

3. 态度形成与改变的心理学理论

表 8－11 态度形成与改变的心理学理论

要点	具体内容
认知相符论	当个体的认知与其他态度或行为矛盾失调，会出现动力促使个体调整至平衡状态。这一理论包括以下两种观点： ①认知平衡观。海德认为，认知者对某一对象的态度取决于第三者的态度。认知主体对两个对象的态度趋于一致，则其认知属于平衡状态，态度不易改变，否则就会处于认知不平衡状态。 ②认知不协调理论。费斯廷格认为，认知失调是态度改变的先决条件。认知失调产生后，为恢复认知调和状态，就需要态度的改变
信息传播理论	态度是后天习得的产物，是由学习而来的反应。强化、模仿是态度形成的机制。态度的形成和转变可通过增加对态度的肯定，提供典型的模仿榜样来强化。个体在信息传递过程中对信息的关注、理解和接受，也是影响态度改变的重要因素
心理抗拒理论	心理抗拒是指当一个人面对观念劝说或行为要求而感到自主权利、面子等受到威胁或可能受到威胁时产生的违拗、抗拒等心理或行为反应。如果存在心理抗拒，预先说服及教育不会使态度向有利方向转化
威尔逊等提出的新态度模型理论	双重态度理论认为人可以同时拥有两种态度，而非单一效价维度的态度：一是外显的态度，二是自动化的内隐的态度

4. 态度形成与改变的条件

表 8－12 态度形成与改变的条件

要点	具体内容
主观条件	①对态度对象的认识。学生首先要对新的态度对象具有认识或理解，其次还要有一套关于行为与其相应情境的关系的观念。 ②认知失调。认知失调是进行态度教学的必要条件。当个体处于认知失调状态时，就会努力改变自己的观点或信念来获得认知平衡。 ③有形成或改变态度的意向。意向是一种重要的习惯倾向，对学生的态度有着持久的影响。 ④对教育者的信任度。家庭、学校、社会教育是人形成或改变态度的主要影响源

续表

要点	具体内容
客观条件	①所传递信息的可信度。这种信任度的影响因素具体包括：信息来源、内容、组织结构等。 ②榜样人物的选择。有较大影响的榜样所具有的特征包括： a. 榜样的行为达到要求且得到了奖励。 b. 榜样有权力、有能力奖励学习者。 c. 榜样与学习者有类似之处
外部强化	外部强化增强了学生对客体趋向的内部准备倾向，包括： ①直接强化，即奖励或惩罚。 ②间接强化，特定环境和舆论也会对个体态度产生影响

5. 态度形成与改变的方法

表 8－13　态度形成与改变的方法

要点		具体内容
提供榜样法		①教材的内容，其提供从古到今人们的生活方式，学生能了解古人认可的态度价值及作者持有的态度。 ②教师本身，其作为被学生崇拜和效仿的对象，通常表现为道德崇高、授课有道、博学多才、关心他人等
说服性沟通法	含义	是指教师在教育学生的现实情境中，尝试以言语说服改变其态度的一种方法
	有效说服技巧	①选择证据 证据包括单面证据和双面证据，证据的提供的有效性把握有两种情境：一是说服任务紧急，只提正面证据；二是培养长期的稳定态度，要提供双面证据。 ②情理服人 a. 说服内容中，情感因素对态度的改变容易立即见效，但其影响不能保持长久；理智因素对态度的改变容易产生长期的效果。 b. 教师还要注意学生的成熟水平和情感需要，将情绪反应与明确的指示结合起来。 ③逐渐缩小态度差距 影响态度转变的重要因素之一，是学生初始态度与教师要求之间的态度差距。必须先了解学生本来的态度，然后采取逐步提高要求的方法缩小两种态度间的差距
角色扮演法		个体在角色扮演中行事，既扮演自身角色，也模仿他人角色。当个体在角色扮演过程中有情感涉入，在改变个体原有态度方面有奇效

考点四、品德的发展与培育

1. 品德发展的全程性

表 8－14　品德发展的全程性

要点	具体内容
品德发展全程性的内涵	①个体品德发展与完善贯穿于人从出生到生命的整个生命全程，从不间断。 ②品德发展既指完整品德心理结构、也指品德结构的功能的发展。 ③个体品德发展成熟之前存在极大的可塑性、可变性

续表

要点	具体内容
个体品德的萌芽与成熟	①个体品德萌芽的年龄是 2 ~3 岁。 ②衡量个体品德是否成熟，应综合考虑以下几个方面： a. 品德心理结构相对定型，可塑性变小。 b. 品德结构的自我组织、自我调节能力的成熟。 c. 自觉实现社会人的道德价值，这是人的品德功能的最高体现，也是衡量品德成熟的根本标准
品德发展的阶段及关键期	①皮亚杰的道德认知阶段论 a. 基本观点：一个人道德上的成熟，主要表现为尊重准则和社会公正感两方面。 b. 皮亚杰提出道德认知发展的三个阶段： 第一，前道德阶段(5 岁之前)：又称无律阶段。此时儿童以“自我中心”来考虑问题，行为具有结果导向性，目的是避免惩罚或者得到奖励。其道德认知不守恒。 第二，道德实在论阶段(5 ~10 岁)：又称他律道德阶段。此时儿童认为道德规则由权威确定且不可改变，有遵守和服从成人规则的义务感；行为具有结果导向性；其道德认知不成熟。 第三，道德相对论阶段(10 岁以后)：又称自律道德阶段。此时儿童认识到规则并非绝对，可怀疑和改变；判断行为不仅考虑后果，还考虑动机和意图；能把自己置于别人的地位，判断不再绝对；开始使用一种互惠性的公平标准。 ②科尔伯格的三水平六阶段论 a. 基本观点：道德发展是认识发展的一部分，人的道德发展在很大程度上受逻辑推理能力和社会环境的影响。 b. 三水平六阶段模式：科尔伯格采用道德两难法同青少年进行“开放式”交谈，然后从其道德陈述中分析道德发展的规律。在科尔伯格看来，儿童道德的发展是分阶段的，道德控制的发展是从个体水平，经由社会水平向道德理念水平发展的，其发展序列与年龄有密切关系。 ③国内学者对品德发展的研究 陈旭发现，从出生到青年期至少存在着六个关键时期，只有了解和把握这些关键期，进行有针对性的培育和训练，品德教育才会更加科学有效

2. 影响品德形成的因素

表 8－15 影响品德形成的因素

要点	具体内容
影响品德形成的外部因素	①家庭环境 a. 客观因素，包括父母间感情状况、家长职业类型与文化程度等。 b. 主观因素，包括家长的品德、家长对子女的教养态度及期望、家长作风和家庭气氛等。 ②学校集体 a. 班集体的影响，包括班集体信念的影响、班集体情感的影响、班集体行为习惯水平的影响。 b. 学校德育的影响，包括学校的德育课程实施、德育文化建设、德育实践的影响等。 c. 学校集体中其他因素的影响，包括教师的领导方式、集体舆论、校风和班风等。 d. 校园文化的影响，包括各种硬件和软件建设的影响等。 ③社会化 品德的形成和发展无疑是在社会化的过程中进行的。人类创造社会文化，积累的文化遗产又成为塑造新的人格和品德的依据和范式；同时，新一代是在吸收文化遗产和自己的创造活动中成长的

续表

要点	具体内容
影响品德形成的内部因素	①道德认识 包括儿童和青少年必须掌握的一系列道德概念和道德观念，对一个人的道德观起着内部指导作用。因此，道德认识是道德发展的引导机制。 ②个性品质 其对道德的影响体现在以下两方面： a. 个性倾向性。其不同成分对品德发展的作用有不同的表现形式，如人生观、自我意识、动机和信念等，制约着品德发展的方向和水平、监控品德结构、促使道德行为习惯化等。 b. 个性心理特征。其与个体的品德特征形成密不可分。能力与品德发展密切联系，其中认知能力是品德发展的基础；气质影响着某些品德形成的快慢和难易程度；良好的性格给中小学生良好的品德以经常的、稳固的特征。 ③适应能力 个体在社会化中，以多种社会角色来体验适应社会行为规范。个体的品德就是在这种角色的变化与不断适应中被社会所塑造

3. 品德的培育

表 8-16　品德的培育

要点	具体内容
基本目标	要求学生学习社会规范，将其内化，并建构起自己的行为判断准则
基本方法	①条件反应法，是指根据条件作用，建议教育者要对学生的特定行为给予强化。 ②自我强化法，是指个体以自我评价提供的信息为依据所做出的反应。教育者的主要作用是指导自我强化的内容，并适当的反馈。 ③价值辨析法，又称价值澄清法。有些内化的信念难以被意识以及指导行动，要让这些潜在的价值观念发挥作用，就要对它们进行辨析或澄清。 ④群体讨论法，教师使用群体讨论法时要注意：讨论能引起矛盾的道德问题；进行异质分组；明确而清楚地说明讨论要求。 ⑤移情训练法，儿童在道德情境中的移情能力是他履行道德行为的必要条件，产生移情必须具备的条件包括：对他人情绪表达的知觉；对他人所处的情境的理解；自己具有相应的情绪体验。 ⑥习惯养成法，道德行为习惯是个体根据过去的经验或已形成的习惯确定他所要采取的道德行为方向。要想养成良好的道德习惯就要发掘自觉行为，塑造特定的理想道德情景和良好榜样，在活动中及时给予强化与反馈并矫正不良习惯

8.2　课后习题详解

1. 规范学习的主要类型有哪些？

答：规范学习，是指个体接受社会规范，内化社会价值，将规范所确定的主体外在行为要求转化为主体内在行为需要，进而构建起个体内部的社会行为调节机制，即社会规范的内化过程。规范学习的主要类型包括：

(1)规范的认知学习，是指对规范意义与内容的学习，获得规范的相关知识，形成规范观念和规范认知能力。

(2)规范的情感学习，是指形成与规范相一致的情感体验与需要状态。

(3)规范的行为方式学习，是指通过规范操作性经验的积累，获得与规范相一致的行为方式与行为习惯。

2. 如何使学生选择更有责任感的纪律行为？

答：使学生选择更有责任感的纪律行为，即使学生能够自觉遵守纪律，能够将纪律意识变为纪律行动。而纪律是一类互惠性的社会交往知识，它来源于社会的建构。良好的、自觉的、有责任感的纪律的形成与培养的策略包括以下两个方面：

(1)情境化策略

情境化的“情境”，实质上是人为优化了的环境。纪律规范教育的目的和内涵，即选取真实的社会或生活中的典型事件，营造具有情感氛围及现实意义的教育场景。在纪律教育中运用情境要注意以下几点：

①突出形象，寓理其中。在纪律教育情境中，各种人物形象应是真实的，能说明道理的。

②结合情感与认知活动，以情感为依据，相对应地推进情境教育进度。

③创设与学生现阶段的认知、情感相匹配的情境。

④采用多种表现形式，增强情境的吸引力、感染力和说服力。

(2)自我建构策略

自我建构重视的就是个体内部教育力量的运用。纪律的自我建构可助推学生的自觉纪律培养。在具体教学中，要注意以下两点：

①通过角色扮演、合作讨论、共同约定等方法，引导学生在自我建构中养成良好习惯。

②对于难以自行探索的纪律规范，引导学生在新旧概念中联系认知，促进理解和内化。

3. 运用有关态度改变的心理学原理，尝试分析改变他人对待某事的态度的方法。

答：态度是由认知、情感、意向三因素构成的、比较持久的个人内在结构，它是外界刺激与个体反应选择之间的中介因素。有关态度改变的心理学理论包括以下几种：

(1)认知相符论

当个体的认知与其态度或行为矛盾失调，会出现动力促使个体调整至平衡状态。因此，态度系统中诸成分的不一致性是促进态度改变的主要因素。这一理论又包括以下两种观点：

①认知平衡观

海德认为，认知者对某一对象的态度取决于第三者的态度。认知主体对两个对象的态度趋于一致，则其认知达到平衡状态，态度不容易发生改变；当三者趋于不一致时，认知变为不平衡状态。因此，可通过创设认知矛盾，促使他人改变对待某事的态度。

②认知不协调理论

费斯廷格认为，认知失调是态度改变的先决条件。只要认知失调产生，为了恢复认知调和状态，就需要态度的改变。认知失调虽为态度改变提供了条件，却并不必然导致态度改变。所以及时把握住认知失调的发生时机，采取相应的措施促使态度转变，达到平衡状态，主要措施包括降低失调认知的数目、提高相应认知的重要性等。

(2)信息传播理论

这一理论认为，态度是后天习得的产物，是由学习而来的反应。强化、模仿是态度形成的机制。态度的形成和转变可通过增加对态度的肯定，提供典型的模仿榜样来强化。个体在信息传递过程中对信息的关注、理解和接受，也是影响态度改变的重要因素。

(3)心理抗拒理论

该理论强调，心理抗拒是指当一个人面对观念劝说或行为要求而感到自主权利、面子等受到威胁或可能受到威胁时产生的违拗、抗拒等心理或行为反应。在心理抗拒这种态度下，预先说服及教育不会使态度向有利方向转化。后来提出的心理免疫理论强调要促使他人改变对待某事的态度，可通过被试的事先参与来实现。

(4)威尔逊等人提出的态度模型理论

双重态度理论认为人可以同时拥有两种态度，而非单一效价维度的态度：一是外显的态度，二是自动化的内隐的态度。自我报告会表现其外显态度，而在认知压力或间接测量条件中才会发现其内隐态度。因此，要促使他人改变对待某事的态度，要分析其外显态度和内隐态度，找到其真正认同的行为和观念，从本质上着手来促使他人改变对待某事的态度。

4. 如何利用品德发展的关键期来培育学生的良好品德？

答：培育学生良好品德，需科学利用品德发展关键期，需要科学地、针对性地进行教育和训练。

(1)有关品德发展的理论

①皮亚杰的道德认知阶段论。皮亚杰强调，个体道德成熟，有两个重要方面，一是尊重准则，二是社会公正感。他还提出道德认知发展的三个阶段：

a. 前道德阶段(5岁之前)，又称他律阶段，年幼儿童没有产生真正的社会交往和社会合作的关系，以“自我中心”来考虑问题，行为直接受行为结果支配，目的是避免惩罚或者得到奖励。其道德认知不守恒。

b. 道德实在论阶段(5~10岁)，又称他律道德阶段。这一阶段，限制儿童道德判断的两个因素：一是成人的权力；二是儿童认知的不成熟，尤其是自我中心主义。

c. 道德相对论阶段(10岁以后)，又称自律道德阶段。与道德实在论阶段相反，这一阶段，儿童道德判断能认识到规则不是绝对的，违反规则并非总是错误的、判断行为时不仅考虑后果，还要考虑动机和意图等。儿童开始使用一种互惠性的公平标准。

②科尔伯格的三水平六阶段论。科尔伯格提出了道德发展三水平六阶段理论。他认为道德发展是认识发展的一部分。道德判断能力与逻辑判断能力的发展有关。人的道德发展在很大程度上也受社会环境的支配。其使用道德两难情境，以开放式问答使其对道德两难问题充分发表看法，然后从其道德陈述中分析出道德发展的规律。最典型的道德两难问题是海因茨偷药的故事。

③国内学者对品德发展的研究。国内学者对品德发展的阶段也进行了比较系统的研究，研究发现从出生到青年期至少存在以下几个关键时期：

a. 2~3岁，品德心理成分萌芽。

b. 5~6岁，情境性品德的发生时期，自律性品德开始萌芽。

c. 10～11岁，品德心理由经验水平向原则水平过渡。由依赖性开始向独立性过渡，由外部他人监控开始向内部自我监控过渡，由服从向习惯过渡。

d. 13～14岁，品德心理的矛盾冲突激烈，如独立性与依赖性等。

e. 17～18岁，开始关注自己的内心世界，随着理论型抽象逻辑思维的初步成熟，品德的心理成分迅速发展，初步成熟，但品德心理结构未定型，功能发挥程度有限。

f. 25岁左右，道德成熟水平较为稳定，自我约束能力迅速发展，获得道德价值。

(2)品德发展的理论对培育学生的良好品德的启示

①了解关于品德发展的理论，找到儿童品德发展的特点。在培育学生的良好品德的过程中，要始终保持对儿童的积极期望，不可因为儿童本身处于无道德阶段，不能理解道德观念就对儿童失望。正确的做法是始终以理论为参考，积极引导儿童品德发展。

②利用道德两难问题，为儿童创设道德困境，并鼓励儿童之间相互交流。教师通过从旁指导，引导儿童的道德水平的健康发展，并分析儿童所处的道德发展阶段，予以适当的引导。

③把握儿童发展的关键期，要明确儿童在不同品德发展关键期的不同品德发展任务。例如，在儿童5～6岁要特别关注儿童自律性品德的发展。

④把握儿童发展的关键期，要明确儿童在不同品德发展关键期的发展矛盾，并给予学生适当的引导。例如在13～14岁，品德心理的矛盾冲突激烈，如独立性与依赖性等。教师在这时要尤其注意学生的身心健康，通过帮助学生解决各种心理矛盾和冲突来帮学生扫除品德发展的障碍。

8.3 考研真题与典型题详解

一、单项选择题

1. 根据科尔伯格道德理论，学生最有可能出现创造性行为减少的阶段是(　　)。[统考2021年研]

A. 惩罚与服从定向阶段　　B. 相对功利定向阶段

C. 遵守法规和秩序定向阶段　　D. 社会契约定向阶段

【答案】C

【解析】科尔伯格提出道德发展阶段理论，将道德发展分为三个水平，每一水平包括两个阶段：①前习俗水平，包括惩罚和服从定向阶段、相对功利定向阶段；②习俗水平，包括“好孩子”定向阶段、遵守法规和秩序定向阶段；③后习俗水平，包括社会契约定向阶段、普遍的伦理原则定向阶段。其中，遵守法规和秩序定向阶段的儿童以服从权威为导向，服从社会规范，遵守公共秩序，尊重法律的权威，以法治观念判断是非，知法守法，此阶段是学生最有可能出现创造性行为减少的阶段。

2. 下面能反映个人品德的行为是(　　)。

A. 他每天坚持把卧室打扫得干干净净

B. 他总是烟酒不离

C. 营业员不小心找错了钱，他主动退还

D. 他有病也不去看医生

【答案】C

【解析】品德，又称德性，即个人的道德面貌，是与道德有关的概念。品德是社会道德在个人身上的反映，是个人依据一定的社会道德行为规范行动时表现出来的较稳定的特征。C 项主人公主动退还营业员多找的钱，体现了他的价值取向和行为方式，是个人品德的行为的反映。A、B、D 选项都不能反映个人品德的行为。

3. 个体品德的核心部分是(　　)。

A. 道德认识　　B. 道德情感　　C. 道德意志　　D. 道德行为

【答案】A

【解析】道德认识是个体品德的核心部分。道德认识，亦称道德观念，是指对道德行为准则及其执行意义的认识，其中包括道德的概念、命题、规则等。道德认识的产物是个人的道德价值观念的发展，道德价值观念作为认知结构中的一种成分，又会影响进一步的道德认识。不同认知发展阶段的人在结构上显示出不同质的道德决策模式。

4. 皮亚杰的道德发展阶段论是从(　　)开始的，因为他认为这之前儿童没有道德。

A. 1 岁　　B. 2 岁　　C. 3 岁　　D. 5 岁

【答案】D

【解析】皮亚杰认为儿童的道德认知随着认知能力的发展经历了从他律到自律的过程，在此之前，儿童还要经历一个具有自我中心的规则概念的阶段即前道德阶段。5 岁的幼儿以自我为中心考虑问题，只做规定的事情以避免惩罚或得到奖励，既不是道德的也不是非道德的，随着年龄的增长，才能对行为做出判断。

5. (　　)提出的理论能够解释道德行为的发展。

A. 班杜拉　　B. 皮亚杰　　C. 科尔伯格　　D. 弗洛伊德

【答案】A

【解析】班杜拉的道德行为的社会学习理论认为只要利用一定的条件与方法，奖励学生的适当行为，就有助于学生良好行为的形成与发展。提出了抗拒诱惑、赏罚控制和模仿学习 3 种有关道德行为获得的基本概念。

二、概念题

1. 品德[东北师范大学 2004 研]

答：品德，又称德性，即个人的道德面貌，是与道德有关的概念。品德是社会道德在个人身上的反映，是个人依据一定的社会道德行为规范行动时表现出来的较稳定的特征。其形成和改变是教育心理学的研究对象。品德不是天生就有的，而是在一定的社会与教育环境中习得的，经历着外在准则规范不断内化和内在观念外显的复杂过程，这一过程也是个体性格形成的社会定向过程。品德是性格的一个方面，是性格中具有道德评价意义的核心。

2. 道德认知发展模式

答：道德认知发展模式是一种西方德育工作模式。代表人物是美国心理学家科尔伯格。该学派认为，人的道德发展的核心是道德思维的发展；它是一个具有阶段特点和顺序的连续过程。德育目的是促进发展，即促使受教育者从事积极的道德思维活动，反对“谆谆教诲”式的传统方法。具体实施要求包括：①鼓励学生充分考虑他人观点；②让学生通过辩论和在多种选择中开展逻辑思维活动，并勇于做出道德决定；③促进学生的道德思维冲突，并提供一种解决这种冲突的新的道德结构，促使向高一级水平发展；④为学生安排一个公正的活动环境。

3. 社会规范学习

答：社会规范学习是指个体接受社会规范，内化社会价值，将外在的行为要求内化为自己的行为需要，从而建构主体内部的社会行为调节机制的过程，即社会规范的内化过程。社会规范是社会组织为了控制社会秩序，维护社会稳定，根据自身需要制定的，用来调节其成员社会行为的标准、准则或规则。社会规范学习的目的在于使个体适应社会生活。

三、简答题

1. 简述自觉纪律的形成过程。［湖南大学 2023 年研］

答：学生自觉纪律的形成过程，是从外部纪律要求强制性遵守转化为内心需要，再转化为纪律习惯的过程。这一过程大致分为三个阶段：

（1）第一阶段

该阶段学生主要依靠外部教育要求及措施来遵守纪律，包括教师的具体规定、提醒、监督和及时的检查。

（2）第二阶段

该阶段学生还未形成自觉纪律，但已经体会到纪律要求既有权威的强制成分，又有自己的一定理解，一般能够遵守纪律。

（3）第三阶段

该阶段学生开始把纪律原则变成自觉行动，对纪律形成了责任感，并以自我要求、自我监督、自我检查为主要方式。

2. 简述品德发展的一般规律。［陕西师范大学 2013 年研］

答：品德作为个体社会行为的内在调节机制，是合乎社会规范要求的稳定的心理特性。品德是在人际交往的基础上，在对社会规范的学习和接受中形成和发展的。通过接受社会规范，执行规范行为，并从行为结果的反馈中强化个体对规范的必要性认识，获得执行规范行为的体验，确立自觉执行规范的动机，从而使品德得以形成和发展。个体品德发展在成熟之前存在极大的可塑性和可变性，其发展与完善贯穿于人的生命全程。社会规范的学习目的就是对社会规范的接受，包括社会规范的遵从、认同和信奉（内化）三种水平：

（1）社会规范的遵从

社会规范的遵从，一般指行为主体对别人或团体提出的某种行为要求的依据或必要性缺乏认识，甚至有抵触的认识和情绪时，既不违背，也不反抗，仍然遵照执行的一种现象。

遵从是规范内化的初级阶段，也是进一步内化的基础，具有一定的盲目性、被动性和情境性。遵从包括从众与服从两种表现或类型。从众现象，指主体对于某种行为要求的依据或必要性缺乏认识与体验，跟随他人行动的现象。服从现象，指主体对于某种行为本身的必要性缺乏认识甚至有抵触时，由于某种权威的命令或现实的压力，仍然遵从这种行为要求的现象。

(2)社会规范的认同

①认同作为社会规范的一种接受水平，是个体在思想、情感和态度上主动地接受了规范，从而产生了自愿模仿和遵从自己所仰慕的榜样行为，具有自觉性、主动性和稳定性的特征。社会规范的认同分为偶像认同与价值认同两种基本类型。偶像认同，指出于对某人或某团体的崇拜、仰慕等趋同心理而产生的遵从现象，这种认同也叫自居作用或同一化，它是通过对榜样的模仿而实现的。价值认同，指个体出于对规范本身的意义及必要性的认识而发生的对规范的遵从现象，它是通过移情沟通而实现的。

②社会规范的认同是一种较高的接受水平，是规范内化的深入阶段，是确立自觉遵从态度的开端，对于规范的接受以及品德形成来说是一个关键阶段。

(3)社会规范的内化

①社会规范内化的界定与特征

a. 社会规范的内化也就是社会规范的信奉，是规范的一种高级接受水平或高度遵从态度，是品德形成的最高阶段。规范的信奉性接受或信奉性遵从，表现为主体的行为动机是以规范本身的价值信念为基础，其规范行为是由社会规范的价值信念所驱动。信奉行为具有高度的自觉性、主动性和坚定性。

b. 信奉行为的产生，标志着外在于行为主体的社会规范转化为行为主体的内在需要，在这一阶段，规范的内化过程已经完成。规范的信奉标志着相应品德的形成。因为品德的形成发展过程就是社会规范的接受与迁移过程，就是对规范的遵从态度的确立过程，就是规范的内化过程。

②社会规范内化的条件

a. 对规范价值的认识，包括对规范实践后果的认识、集体主义价值观的掌握和消除意义障碍三个方面。

b. 社会规范的情绪体验，要丰富学生的情绪体验。具体包括：第一，注意丰富主体对情境的感受；第二，要注意结合学生已有的经验对情境进行评价，丰富学生对社会规范后果及其意义作用的认识；第三，通过替代作用和移情作用影响学生的情感。

3. 简述社会规范学习的过程。

答：品德的形成，即社会规范学习过程，经历了从外到内的转化过程，一般包括以下三个阶段：

(1)社会规范的依从

依从，即表面上接受规范，但缺乏对规范的必要性或根本性认识，只是按规范行事，甚至还有抵触情绪的一种盲目的和被动的状态。这时，个体对社会规范的依从是迫于权威或情境压力的结果。因此，这是最不稳定的，是规范内化的初级阶段。相应的规范行为，受外在环境影响，随时会动摇和改变。

(2)社会规范的认同

认同是对自己所认可、仰慕的榜样的遵从、模仿。这时，个体在思想、情感和态度上主动地接受了规范，并试图与之保持一致。这时，对社会规范的认同，不仅是因为外部压力，还具有自觉性和主动性。但学习者对规范的必要性的认识还有不足。总的来说，这时的规范具有一定的稳定性，处于规范内化的深入阶段。

(3)社会规范的信奉

信奉是社会规范学习的最高阶段，这时，学习者对社会规范及其价值原则有了深刻的理解，并持有积极的情感体验，使之成为自己的一种信念，与原有的价值观念一体化。这时，学习者所做出的规范行为是由自己的价值信念所驱动的，而不是因为外界的压力或控制。这时的规范具有高度的自觉性、主动性和稳定性。

4. 简述培养学生道德认知的方法。

答：道德认知是品德结构中的引导性要素，德育必须使学生对基本的道德观念、道德准则形成正确的理解，并提高学生的道德分析判断能力。培养学生道德认知的方法包括以下几种：

(1)言语说服法

教师经常要通过言语讲解和说服来帮助学生理解和接受一定的道德观念和道德准则。有效的说服技巧包括以下几种：

①根据说服对象的特点，合理运用单面论据与双面论据。例如，对于受教育程度高的人来说，提供正反两方面的论据更好；而对于受教育程度低的人来说，只提供正面论据更好。

②根据具体情境，合理运用以理服人与以情动人。例如，在说明道理时，教师需以理服人，即用严密、条理的论证来说明。

(2)小组道德讨论法

小组道德讨论，是让学生在小组中，就某个有关道德的典型事件进行讨论的方式，这有利于提高学生的道德判断水平。小组道德讨论的组织要注意以下几点：

①以道德两难故事作为小组讨论的内容。

②把道德判断、思想认识不同的学生编在一组中，使他们能面对不同的观点。

③教师应了解有关学生道德发展的理论，要启发学生积极地思考和交流。同时，还要注意避免学生矛盾。

(3)道德概念分析法

道德概念分析集中分析道德思维组成部分中最一般的概念或观念。道德概念法的使用，要注意以下几点：

①道德概念分析的过程包括：给概念提供具体的情境、讨论引人误解的陈述、进一步讨论以深入理解概念。

②包含在讨论中的思维技巧包括：定义、鉴别、编组、分类、形成秩序。

③教学材料包括：内容分析、假想案例、角色承担、各种可选择策略的图解、各种不同观点的理论陈述等。

四、论述题

1. 阐释科尔伯格的道德发展阶段理论。［南京师范大学 2023 年研］

答：(1)在皮亚杰之后，科尔伯格继承了皮亚杰的理论，在 20 世纪 60 年代提出了道德发展阶段论。他开创了道德两难故事法来研究道德发展问题。

科尔伯格的两难问题举例：偷药的故事，他采用这样的道德两难故事法，测试了十来个不同国家大量的 6、7 岁至 21 岁的被试，发现尽管种族、文化、社会规范等各方面都不相同，但道德判断能力随年龄发展而发展的趋势却是一致的。他提出了三种水平六个阶段理论：

①前习俗水平

大约出现在幼儿园及小学低中年级阶段。该时期的特征是，儿童们遵守规范，但尚未形成自己的主见，着眼于人物行为的具体结果与关心自身的利害。这时期又分为两个阶段。

a. 惩罚和服从的定向阶段。还缺乏是非善恶观念，只是因为恐惧惩罚而要避免它，因而服从规范。认为免受处罚的行为都是好的，遭到批评指责的事都是坏的。

b. 工具性的相对主义定向阶段。行为的好坏按行为的后果带来的赏罚来定，得赏者为是，受罚者为非，没有主观的是非标准。或是对自己有利就好，对自己不利就是不好。

②习俗的水平

这是在小学中年级以上出现的，一直到青年、成年，这时期的特征是个人由于认识到团体的行为规范，进而接受并付诸实践，这时期又可分为两个阶段：

a. 人际协调的定向阶段。个体按照人们所称“好孩子”的要求去做，以得别人的赞许。如“偷”不对，“互助”是对的。

b. 维护权威或秩序的定向阶段。服从团体规范，“尽本分”，要尊重法律权威。海因茨先生“偷”药是不对的。这时判断是非已有了法制观念。

③后习俗水平

这个阶段已经发展到超越现实道德规范的约束，达到完全自律(自己支配)的境界。年龄上至少是青年期人格成熟之后，才能达到这一境界。这个水平是理想的境界，成人也只有少数人达到。这一时期也可分为：

a. 社会契约定向阶段。有强烈的责任心与义务感，尊重法制，但相信它是人订立的，不适于社会时理应修正。

b. 普遍道德原则的定向阶段。有个人的人生哲学，对是非善恶有其独立的价值标准。对事有所为有所不为，不受现实规范的限制。

(2)科尔伯格通过研究提出了以下几点：

①儿童道德判断力的发展在 10 岁前大都处于第一种水平；13 岁前后半数以上处于第二种水平，只有极少数进入第三种水平；16 岁以上 30% 进入第三种水平。

②儿童道德性发展的先后次序是固定不变的，这与儿童的思维发展有关。但具体到每个人，时间有早有迟，这与文化背景、交往等有关。

③要促进儿童道德发展，必须让他不断接触道德环境和道德两难问题，以利于讨论和展开道德推理的练习。

(3)科尔伯格道德发展阶段理论的教育意义

①教师对儿童的道德思维和行为水平的预期应该符合儿童的年龄特征。学前儿童与小学儿童在判断他人的行为的时候，主要看结果，不关心动机。教师应该指导他们区分不同行为动机的区别。小学高年级学生和初中生多数处于科尔伯格提出的习俗道德推理水平，他们愿意在班会上讨论、通过班级的“行为规则”。高中教师可以用文化或者社会科学话题启发学生思考普遍的道德原则。

②教师可以在课堂上组织学生讨论道德两难问题，帮助学生发展道德判断能力。

③教师应该注意文化和性别对于道德推理的影响。

2. 针对我国当前中小学生的思想道德的现状，分析造成这种现象的原因及应该采取什么样的对策。

答：(1)当前我国中小学生思想道德的现状是：从总体上看，中小学生的思想道德状况较好，能够符合社会和学校的要求，但也存在着一些不良现象。

(2)造成学生品德不良的原因

①学生品德不良的客观原因

a. 家庭是学生接受品德教育的启蒙学校，家庭环境中的某些不当教育和环境中的某些不良因素，是学生形成不良品德的一个重要原因。家庭方面的原因有：第一，家庭教养方式；第二，父母的道德观念；第三，家庭人员构成。

b. 学校是专门培养人的教育机关，学生的品德主要是通过学校教育来培养的。学校方面的原因有：第一，教育者思想不端正；第二，教育措施不力；第三，教育方法等。

c. 随着学生年龄的增大，越来越广泛地接触社会的各个方面，社会对他们的影响也越来越大。社会方面的原因有：第一，社会风气；第二，电视、书刊、网络等构成的大众传媒。

②学生品德不良的主观原因

a. 缺乏正确的道德观念和道德信念。

b. 道德意志薄弱。

c. 受不良行为习惯的支配。

d. 性格上的某些缺陷。

e. 某些需要没有得到满足，特别是希望得到群体的关怀和尊重的需要在学校不能满足时，学生就会转向校外寻求满足。这就有受到社会不良影响的可能。

(3)采取的策略

①言语说服，以理服人与以情动人

教师经常要通过言语讲解和说服来使学生理解和接受一定的道德观念和道德准则。在向学生说明某种道理时，有时教师需要以理服人，即用严密、条理的论证来说明。有时教师则需要以情动人，即在说明中带有强烈的情绪色彩，以情绪、情感的感染来打动学生。

②小组道德讨论

小组道德讨论即让学生在小组中就某个有关道德的典型事件进行讨论，以提高他们的道德判断水平

③移情能力的培养

移情是个体由真实或臆想的他人情绪、情感状态引起的并与之一致的情绪、情感体验，

是一种替代性的情绪、情感反应，是一种无意识的、有时是十分强烈的对他人的情绪状态的体验。移情作用是维系积极的社会关系、促进亲社会行为的重要因素，是人们内心世界相互沟通的桥梁。

④群体约定

经过集体成员讨论决定的公约、规则会有助于学生形成积极的态度。由于各个成员参与了规则的讨论和决定，每个人都对规则负有责任，这会增加规则的约束力。而且，群体中意见高度一致，行为取向一致，这会形成一种无形的规范力。

⑤使学生了解有关社会行为的社会意义，产生自愿练习的愿望

通过活动使学生明确练习的目的和要求。通过各种有益活动使学生在有意练习中明确练习的目的与阶段要求，要不间断地进行练习，并且让学生知道练习的成效，及时给予强化与反馈。让学生获得成功的体验，同时了解自己存在的不足。道德行为习惯是与一定的道德认识、道德情感相联系的自动化的行为动作，每一个良好的道德行为习惯，都需要运用自己的行动实践，自觉地练习才能形成，这是转化为道德品质的关键。

⑥创设重复良好行为的情境，避免重复不良行为的机会

这可以开展各种活动，充分利用表扬和批评的武器，促使形成积极向上的班风，良好的环境氛围，有利于养成良好的道德行为习惯。

⑦提供道德行为练习与实践的榜样，让学生进行模仿

所提供的榜样应和观察者的条件相近似，要有良好的声誉，并能显示出热情的态度和有教养的举止，这样才能更好地激发观察者产生模仿的意向。

⑧注意矫正不良行为习惯

培养深厚的师生感情，消除疑惧心理和对立情绪；重视自尊心和集体荣誉感的恢复与培养；形成正确的是非观念，提高辨别是非的能力；增强与诱因做斗争的力量，巩固新的行为习惯；正确把握青少年心理发展的年龄特征与个性差异。

3. 解释品德、品德心理的结构和品德形成的心理过程。

答：品德是一种个体心理现象，是社会道德在个体身上的反映，与个体的个性、社会道德有密切关系，影响个体的社会适应和社会的和谐稳定。对品德、品德心理的结构和品德形成的心理过程的阐释如下：

(1)品德的定义

品德是个人依据一定社会的道德准则和规范行动时，所表现出来的某些稳固的心理特征和倾向。品德又称道德品质，是一种个体心理现象。

(2)品德心理的结构

一般认为品德包含道德认知、道德情感、道德行为三个部分，这些成分既相互独立，又相互联系和影响，构成一个完整的品德结构。

①道德认知，是对于行为准则的善恶及其意义的认识。它既包含对一定的道德知识的领会，也包括以这些知识变成自己的行动指南，变为信念并且以此来评价自己和别人的道德行为。

②道德情感，是伴随着道德认识而产生、对人的道德需要是否得到实现所产生的一种内心体验。它与道德信念密切联系，而且道德情感与道德认知往往结合在一起，构成人的

道德动机。

③道德行为，是实现道德动机的手段，是道德认识和其他心理成分的外部标志和具体表现。人的道德面貌通过自己的言行举止来展现，也是在实际行动中形成和发展的。

(3)品德形成的心理过程

品德的形成经历了从外到内的转化过程，它是社会规范的接受和内化过程，这种内化过程中，个体的心理变化大致经历了以下3个阶段：

①社会规范的依从：表面上接受规范，按照规范的要求来行动，但对规范的必要性或根据缺乏认识，甚至有抵触情绪的心理状态。依从具有一定的盲目性和被动性，个体只是迫于权威或情境的压力才遵从规范。

②社会规范的认同：对自己所认可、仰慕的榜样的遵从、模仿。个体在思想、情感和态度上主动地接受了规范，从而试图与之保持一致。认同具有自觉性和主动性，个体已有明确的行为意图，而团体的规范对学习者也有一定吸引力。

③社会规范的信奉：学习者在基于深刻理解社会规范及其价值原则的基础之上，持积极的情感体验，树立的与原有的价值观念一体化的信念。这时，学习者的规范行为是受自己的价值信念驱动的。

第9章　教学设计

9.1　复习笔记

【知识框架(庖丁解牛)】

- 教学设计
  - 概述
    - 教学设计及其类型
    - 教学设计的原则和模式
    - 教学设计的意义
  - 教学目标设计
    - 教学目标的含义和功能
    - 教学目标的分类
    - 教学目标的表述
  - 教学内容设计
    - 教学内容设计的理论
    - 教材的内容分析
  - 教学手段设计
    - 教学方法选择的影响因素
    - 几种主要教学方法的比较
    - 教学媒体的选择与运用

【考点剖析与拓展(游刃有余)】

考点一、概述

1. 教学设计及其类型

表9-1　教学设计及其类型

<table>
<tr><th>要点</th><th colspan="3">具体内容</th></tr>
<tr><td>教学设计的含义</td><td colspan="3">是指运用系统方法，将学习理论与教学理论的原理转换成对教学各个环节进行具体计划、创设教学系统的过程或程序，而创设教学系统的根本目的是促进学习者的学习</td></tr>
<tr><td>主要特征</td><td colspan="3">①教学设计的主要功能是导教和促学。
②教学设计是将教学诸要素进行系统性谋划的过程。
③教学设计的结果是形成教和学的计划和方案</td></tr>
<tr><td rowspan="2">类型</td><td rowspan="2">根据教学设计问题范围大小划分</td><td>宏观设计</td><td>是着眼于教学的总体规划，是在整个学科或整个课程的层面上将教与学的原理转化为教学材料和教学活动方案的系统化过程</td></tr>
<tr><td>微观设计</td><td>是针对一个知识单元、一个知识点或者是一个问题的解决而进行，常常以一次课为时间单位进行教学活动的具体设计过程</td></tr>
</table>

续表

要点	具体内容		
类型	从所涉及的时间上划分	长期设计	教师制订的年度和学期教学计划
		中期设计	教师在不同的教学阶段或教学单元的计划
		短期设计	教师制订的每周、每日乃至每节授课的课时计划

2. 教学设计的原则和模式

表 9－2　教学设计的原则和模式

要点	具体内容	
教学设计的原则	系统性原则	要求课堂教学设计既要做到各个教学要素内部的有机结合，也要实现教学系统各组成要素之间的融合
	最优化原则	教师要考虑如何系统地安排教学环节和程序，也综合考虑所有影响教学的因素，从而实现最优化设计
	教学目标和内容设计的可接受性原则	不同学生之间存在着多方面的差异，需要实行因材施教的教育原则。教学目标需要以学生潜能的发展为标准，最大限度地发挥自身潜能；同时，要防止庸俗的“自然成熟论”和“儿童中心论”的影响
	教学手段设计的多样化原则	根据教学目标、学生身心特点、各类教学方法手段的适用性，灵活确定教学活动的组织形式、方法以及媒体，使之能够相互配合
教学设计的一般模式	①美国教育心理学家迪克和凯里提出的教学设计系统模式被公认是当代最完整、最具系统性的教学设计模式。 ②该模式包括九个连续的阶段： a. 确定教学目标。教学设计者要明确教学目标是什么，然后通过“需要分析”，找出学生已知和须知之间的差距。 b. 进行教学分析。教学分析是指在教学目标之下，对达成目标的过程中学生学习所需技能的分析，主要包括三种分析手段：任务归类分析、信息加工分析、学习任务分析。 c. 检查起点行为。运用纸笔测验、口头提问等形式获取学生学情，从而确定合适的教学起点。 d. 制订操作性目标。操作性目标是教师对学生学习并掌握新的知识和技能的预先估计，是对教学目标的操作性陈述。 e. 拟订测试题目。测试题目既可用于诊断学生的起始能力，也可用于对学生学习结果的检验，起到形成性评价或总结性评价的作用。 f. 提出教学策略。教师可根据教学的具体内容和课型选择不同的教学策略。 g. 选定教学材料。教学材料既包括书面文字材料，也包括其他教学媒体。 h. 做形成性评价。这种评价在学科教学未结束之前，为了解学生的学习与进步情况而进行，其目的在于为改进已设定的教学提供反馈资料。 i. 做总结性评价。一般是在教学活动告一段落后，为了解教学活动的最终效果而进行的评价。常用的方式是期末测验	

3. 教学设计的意义

表 9-3　教学设计的意义

要点	具体内容
优化课堂教学	要达到教学最优化的目的，就必须分析学生状况和教学任务，明确教学内容，对教学结果加以测定和分析等。这些教学活动诸环节的组织和实施，无一不与教学设计有关
促进学生学习和发展	教学设计能够提升教育实效性、因材施教，促进学生最大程度发挥自身潜能
进行教学评价和交流	学校的管理者通过教学设计可以评价教师教学，教师也可通过教学设计交流教学经验

考点二、教学目标设计

1. 教学目标的含义和功能

表 9-4　教学目标的含义和功能

要点		具体内容
教学目标的含义	广义	是指教育宗旨和教育目的。 ①教育宗旨，是指学校教育完成特定社会要求的指导原则，是对特定学校办学方向和育人要求的笼统规定，如为国家培养全面发展的高素质人才。 ②教育目的，是指国家、地区和社会对学生在校学习应达到的教育水平的总括性要求，如提高学生的阅读技能
	狭义	是教学过程中师生预期达到的学习结果和标准，它具体到每堂课甚至是每个知识内容
教学目标的功能	选择与运用教学中介	教师要根据相关理论和教学目标，选择与运用适当的教学方法、技术和媒体
	指引学生学习	①明确学习的意义、要求和价值，增强学习热情。 ②抓住学习的主要内容，减少盲目性。 ③指导学生的自我调控学习，增强教学针对性，激发学生主动性
	提升课堂行为和交流效率	明确教学目标，教师即可预测课堂情况，从而选择和创造合理活动，有意识监控教学行为，增强合理有效的师生交流
	指导教学结果的测量与评价	教学目标是评价教学效果的客观、可靠的依据。但评价的效度还需要教师课堂提问及测验围绕教学目标设计来保证

2. 教学目标的分类

表 9-5　教学目标的分类

要点		具体内容
布卢姆的目标分类	认知领域的目标分类	由低级到高级，由简单到复杂，包括记忆、理解、运用、综合等
	情感领域的目标分类	根据价值内化程度，包括接受、反应、价值评价、组织、性格化等

续表

要点	具体内容	
布卢姆的目标分类	动作技能领域的目标分类	辛普森将动作技能教学目标分成以下七级： ①知觉，是指运用感官获得信息来指导动作。 ②定向，是指对稳定的活动的准备，包括心理定向、生理定向和情绪准备。 ③有指导的反应，学生在教师引导下不断模仿和试误。 ④机械动作，反应习惯化能够熟练且自信地完成相应动作。 ⑤复杂的外显反应，是指复杂动作技能已初步形成，以迅速、连贯、精确和轻松为指标。 ⑥适应，学生能够依据特殊需要调整自身动作模式，是技能的高度发展水平。 ⑦创新，是指动作技能熟练后，能够从事超个人经验的创新设计
加涅的学习结果分类	加涅在《学习的条件》一书中将教学结果分为以下几类： ①智慧技能，是指学生运用符号或概念与环境相互作用的能力，其学习结果属于程序性知识。 ②认知策略，与思维方式和解决问题有关，是指学会学习的方法，如归纳的知识。 ③言语信息，是指能以命题或句子来表达所获的事实性知识。其学习结果属于陈述性知识。 ④运动技能，与布卢姆等人的动作技能是同一种学习结果。 ⑤态度，与布卢姆的情感领域相似	
国内学者对教学目标的研究	认知领域的目标分类	将布卢姆的六级分类转化为中学的“记忆、理解、应用、创新”和小学的“记忆、理解、运用”
	情感领域的目标分类	以行为分类和内容分类相结合的思路，将克拉斯沃尔的五级分类转化为中小学的“接受、反应、爱好、个性化”
	动作技能领域的目标分类	将辛普森的七级分类转化为中小学的“知觉、定势、熟练、自动化”

3. 教学目标的表述

表9－6 教学目标的表述

要点	具体内容	
行为目标表述技术	观点	1962年马杰在行为主义心理学的基础上，提出了教学目标的行为目标技术： ①教学目标应陈述“学生能做什么以证明他的成绩和教师怎样能知道学生能做什么”。 ②陈述得好的行为目标应包括三个要素：表述行为、表述条件、表述标准
	评价	①优点：将学习结果的检测方式和评价标准蕴含于目标内，强调了行为结果。 ②缺点：未注意内在心理过程，教师可能忽视学生内在实质的变化，使教学显得机械呆板
	发展	在三要素基础上，增加对教学对象的描述，即规范的教学目标应包括教学对象、行为的描述、产生条件和衡量标准，因此，这种技术又称为教学目标陈述的ABCD技术
内外结合表述技术	观点	①由于行为目标尚存不足，为了对其进行弥补，格伦兰提出了将描述内在心理过程同外显的行为表现结合的方法，这一目标陈述技术具有折中的特点。 ②陈述教学目标时，首先需用描述内部过程的术语，如记忆，来陈述概括的教学目标，再以可观察的行为作为示例，以使目标具体化
	评价	①强调了学习的实质在于内在心理状态的变化，避免了教学的机械性。 ②提倡用具体行为实例作教学目的评价依据，克服了陈述目标的含糊性

续表

要点	具体内容	
表现性目标表述技术	观点	一两次教育活动并不一定能实现高级教学目标，因此，艾斯纳提出了表现性目标。这一技术只要求明确规定学生必须参加的活动，而不必精确规定学生要习得什么
	评价	表现性目标只能作为教学目标具体化的补充，教师不能完全依赖这样的目标
教学目标的表述要求	教学目标的表述有以下基本要求： ①教学目标表述的是学生的学习结果，而不是教师对教学任务的完成情况，其表述的主体是学生。 ②要反映学生的发展水平。 ③必须明确、具体，可观测	

考点三、教学内容设计

1. 教学内容设计的理论

表 9－7　教学内容设计的理论

要点	具体内容
教学内容的螺旋式组织	由布鲁纳提出，其主要观点包括： ①学习的早期阶段，应使用反映该学科发展水平的最基本的概念和原理的教材，让学生有机会从不同程度接触和掌握某门学科的基本结构。 ②儿童的智慧发展三种再现表象的方式：表演式、映像式和象征式。教材可从动作的、表象的、符号的三种水平出发，加以编撰和组织。 ③不同年龄的儿童，应使用不同水平的教材。随年龄增长，基本概念和原理可能相同，但其具体直观程度逐渐降低，而抽象程度不断提高，体现螺旋式上升的特点
教学内容的累积式层级组织	由加涅提出，其主要观点包括： ①个体的种种学习活动可概括为以下八类：信号学习、刺激－反应学习、连锁学习、言语联结学习、多重辨别学习、概念学习、原理的学习和问题解决的学习。 ②这八类学习从简单到复杂依次组成层级系统，系统中前一级的学习是后一级学习的先决条件。教材内容的组织可采取累积层级方式进行，先学习简单内容，再学习复杂内容
教学内容的认知同化组织	奥苏伯尔基于认知同化理论，提出了教学内容的两大组织原则，即渐进分化和综合贯通。 ①渐进分化，是指按概括性和包容性大小的顺序依次呈现教材，使学生能将下位观念归属于原有的上位观念。 ②综合贯通，强调学科本身的特定结构、方法或逻辑整体性，注意学科同一包容水平内容的异同，有利于消除学生原有知识与所学知识间的混淆与模糊

2. 教材的内容分析

表 9－8　教材的内容分析

要点	具体内容
教材内容的宏观驾驭	①钻研课程标准，准确把握教学内容在课程体系中的地位和作用。 ②了解教材的组织方式，分析教学内容的编排意图和特点。 ③紧扣学科核心概念，确定教学中的重难点

续表

要点	具体内容
教材内容的重组与改选	在教学内容设计时，教师必须在教材的基础上进行改进和完善，达成教学内容的重组与最优化。教师重组和改选教材的思路可从以下几方面入手： ①使教学落在学生最近发展区内。 ②增强教学内容的新颖性和多样性。 ③突出重点，化解难点。 ④教学内容的组织、排列、呈现方式要恰当。 ⑤注意实现传道、授业与育心育德的有机结合
教材内容结构的微观研析	针对各个教材单元，教师必须对教材内容的类型与性质进行分析判断，从而确定合适的教学目标。这种结构分析微观研析可参考加涅对学习结果分类体系的论述，灵活采用以下几种方法： ①归类分析法，即将教材的言语信息归类做出分析，例如列提纲。 ②图解分析法，以直观形式呈现教材内容要素及其联系，适用于分析认知类内容。 ③层级分析法，用于揭示教学目标中需掌握的从属技能。 ④信息加工分析法，用于揭示教学目标中需掌握的心理操作过程，常用信息流程图呈现结构

考点四、教学手段设计

1. 教学方法选择的影响因素

表 9－9　教学方法选择的影响因素

要点	具体内容	
教学目标的要求	特定的目标要求特定的方法去实现	目标不同所需采用的方法也不同。在选用教学方法时，首先要考虑它与教学目标的协调性，如要发现原理，最好采用实验法
	教学目标的多层次化要求教学方法的多样化	为了保证教学目标的全面实现，往往需要将多种方法有机结合从而扬长避短，如发现法，要注意克服其费时、费力的缺点
教学内容的特点	除了教学目标以外，教学方法还需要根据学科性质与具体内容确定，如操作能力的培养在物理学科中通常采用实验法，音乐教学中常常使用练习法	
教师的素质与个性	教师需要正确认识自身教学风格、素质等特性，扬长避短，正确选择有效的教学方法	
学生的发展规律	教学方法需要根据学生年龄和思维水平确定。如角色扮演法对低年级学生更有效	

2. 几种主要教学方法的比较

表 9－10　几种主要教学方法的比较

要点	具体内容	
讲授法	含义	是指教师运用口头语言进行教学的一种方法，其主要特点是通过教师的语言，适当辅以其他教学手段向学生传递知识信息，促进学生理解，启发学生思维，发展学生能力
	实施方式	可长可短；可中断，亦可持续；可正式，亦可非正式；可现场进行，也可采用报告式
	步骤和注意事项	①准备阶段：确定详细的讲授目标，广泛收集信息，并对传递方式进行策划。 ②实施阶段：导入课题，呈现学习目标；提供清晰信息；加强监控，要求做笔记，多互动、提问、反思、运用；控制讲授容量、时间和范围。讲授内容应适当，避免跑题。 ③结束阶段：要及时总结

续表

要点		具体内容
讲授法	评价	①优点： a. 能较快地向大多数学生传输教学涉及的大量新信息。 b. 有助于满足教师工作相关需求，如学生成功需要。 c. 有助于发展学生的倾听、做笔记等学习技能。 ②缺点： a. 对教师的素质和教学风格有较高要求。 b. 主要是单向教学交流，学生不容易卷入其中，易导致注入式或填鸭式教学。 c. 不利于促进学生的思考。 d. 听课有效性受时间限制，有些学生听讲15分钟后，注意力就会迅速下降。 e. 对学生记笔记或记忆的技巧和效率要求高，且不利于注意力较差的学生学习
讨论法	含义	是指在教师的指导下，学生以全班或小组为单位，围绕教材的中心问题，各抒己见，通过讨论或辩论活动，获得知识或巩固知识的一种教学方法
	实施方式	可在师生间进行，也可只在学生间进行；可全班参与，也可分组或办小型座谈会；教师可作讨论的引导者或参与者，也可仅作观察者
	使用要求	①教师(引导者)能控制自己的讲述，而且是有技巧的促进者、澄清者和总结者。 ②学生能有效地思考，表达对问题的想法，并通过思考和有效互动发展心智和社会性
	步骤和注意事项	①准备阶段：教师应准备好讨论的目的、程序、实施方式、时限及教师的角色等。 ②实施阶段：事先明确讨论目的任务及要求；提升学生参与积极性并使学生学会倾听他人发言；完成讨论任务后，允许学生自由讨论。 ③结束阶段：总结讨论所得，评价学生参与的态度、表现及学习效果
	评价	①优点：发挥教师的主导作用的同时，能有效凸显学生的主体地位；能激发和维持学生的学习兴趣、提高学生的交流能力、发展其分析性和批判性思维、转变学生的态度等。 ②讨论没有好的引导，会导致无目的和浪费时间的低效学习
自习法	含义	是指在教师的要求下，学生自由学习，独立完成作业或实践性练习的方法
	目的	为学生提供复习、实践以及学会怎样学习的机会，即“教是为了不教”
	步骤和注意事项	①准备阶段：明确作业性质和类型，作业目标应该同学生能力及兴趣相符。 ②实施阶段：应清晰地陈述作业的目的、要求、步骤和时间限制。 ③结束阶段：作业必须及时收集批改，并给予详细反馈，有必要时还需要开展补救教学
	评价	①优点：可提高学生对所学的理解和巩固程度，可培养学生的学习自主性。 ②缺点：实际教学效果受制于师生对方法的理解及运用程度；学生不理解，或教师引导、调控或评价不当，学生就会消极应付或抵制作业任务

3. 教学媒体的选择与运用

表9-11 教学媒体的选择与运用

要点		具体内容
教学媒体概述	含义	是指教学过程中用以运载信息、传递经验的物质手段和工具，如课本、挂图、录音、录像带等

续表

要点	具体内容	
教学媒体概述	类型	①根据印刷与否，可分为：印刷媒体和非印刷媒体。 ②根据信息流动的相互性，可分为：单向传播媒体和双向传播媒体。 ③根据工具的先进程度，可分为：传统教学媒体和现代教学媒体
	作用	①传统的黑板及一部分教学媒体，主要作为教学手段，辅助教师传递信息。 ②虚拟现实技术、人工智能技术通过创设学习环境，有助于激发学生学习兴趣，帮助学生理解知识，掌握和发展学习技能
影响教学媒体选择的因素	不存在普适性的、对任何学习目标和学生都适用的媒体，教师在选择媒体时，应综合考虑众多素，例如特定教学目标；媒体的特点；学习者的特点；教学媒体经济实用性等	
教学媒体的合理运用	多种媒体的组合运用	各种媒体具备不同特点，都有自己的适应性和局限性。因此，最好采用多媒体组合教学。在采用多媒体组合教学时，要特别注意： ①不同通道传递的信息要一致或有联系，避免相互干扰。 ②不同通道传递的信息并不是越多越好
	一定程度的传媒冗余度促进信息整合	为了保障信息分析和整合的有效性，媒体传递信息的速度要避免过快，例如利用媒体的优势强调事物因果关系等帮助信息进一步整合
	选择适合学习者思维水平的传媒符码	传媒符码形式包括两类：语言及非语言。也可划分为数序符码、模拟符码、形状符码。其中，形状符码容易储存、追忆，且易于迁移
	应遵循学生学习的心理规律	对媒体的运用要遵循注意、知觉、记忆的特性和规律，注意用实例、正反例等方法结合来形成概念

9.2　课后习题详解

1. 为什么说教学设计比传统的备课对教师的要求更高？

答：(1)教学设计与传统的备课

①教学设计，是运用系统方法，将学习理论与教学理论的原理转换成对教学目标、教学内容、教学方法和教学策略、教学评价等环节进行具体计划、创设教与学的系统“过程”或“程序”，而创设教与学系统的根本目的是促进学习者的学习。

②传统的备课，是指制订教学环节、安排教学内容、选择教学方式的过程。

(2)两者的区别

传统的备课忽视了对教学主体，即对学生的分析，而教学设计考虑了学生特点，把学生的主体性摆到了重要位置。并且教学设计是比传统备课更为系统的一个过程。教学设计的高要求，具体表现在以下几个方面：

①教学设计的主要功能是导教和促学。教师的教学设计是针对特定学生群体的，在制定教学计划时需要考虑的因素包括教师自身教学行为，学生的不同学习需求等，从而给予学生诊断性的学习设计、有目的的学习引导，最终使学生达成预设的学习目标。

②教学设计是将教学诸要素进行系统性谋划的过程。教师需要在教学前对教学过程中的各个要素进行统筹安排，包括科学地确定教学目标、内容，选择适宜的教学方法和媒体、

合理安排教学程序，创设良好的教学环境等。

③教学设计的结果是形成教和学的计划和方案。教学设计是教学的系统规划及教学方法的选择、安排与确定，其直接结果就是形成教学内容和教与学的方式的教程和学程的双重计划。这种计划常常以教学和导学方案的形式体现出来。

2. 如何设置和陈述教学目标?

答：教学目标对教学活动发挥着导向、激励和检测等方面的作用。教师制定的教学目标是否明确、具体、规范、可操作影响到教学的成败。设置和陈述教学目标要注意以下两个方面：

(1)以内外结合表述技术为基本模型

①内外结合表述技术的地位：由于行为目标尚存不足，为了对其进行弥补，格伦兰提出了将描述内在心理过程同外显的行为表现结合的方法，这一目标陈述技术具有折中的特点，赢得了许多心理学家的支持。

②内外结合表述技术的基本步骤：a. 教师首先需用描述内部过程的术语，如记忆、理解、创造、欣赏、热爱或尊重等，来陈述概括的教学目标；b. 然后，教师要用可观察的行为，作为例子使这个目标具体化。

(2)遵循设置和陈述教学目标的基本要求

①教学目标表述的是学生的学习结果，而不是教师对教学任务的完成情况，因此，其表述的主体是学生。

②目标要反映学生的发展水平。必须涵盖和明确表述学生应该完成和能够完成的任务，也即阐明学生在不同层次或难度水平上要进行的心智和行为操作。教师要结合学生自身特点和实际水平，教学内容与情境，准确地表达学生在认知、情感、动作技能等领域内的内在能力或情感变化的标准。

③目标必须明确、具体，可观测。教学目标只有提得明确而具体，才有利于教师正确地选择教学方法、妥善地组织教学过程、准确地评价教学结果，也能使教师将教学的意图清楚地传达给学生，让学生主动地把握自己的学习过程。为避免教学目标陈述的含糊性和抽象性，教师可灵活地借鉴行为目标表述技术、五成分目标表述方法等各种目标表述技术。

3. 教师应怎样分析和处理教材?

答：所有教材都面向大多数学生，但是实际情况是没有一种普适于所有学生的教材。因此，在教学内容设计时，教师必须在教材的基础上进行改进和完善，达成教学内容的重组与最优化。具体来看，教师分析和处理教材的方法包括以下两个方面：

(1)对教材内容进行宏观驾驭

①钻研课程标准，准确把握教学内容在课程体系中的地位和作用。在整个课程开始前以及在进行具体内容教学时，教师要始终钻研课程标准，做到领悟所授课程在课程体系中的地位、教学主旨和要求，对课程所覆盖的课题、章节及其教学要点心中有数，并且能深化对不同层次的教学内容的认识，准确把握每一教学单元及其基本概念、原理和方法的地位和作用。

②了解教材的组织方式，分析教学内容的编排意图和特点。将教材结构告诉学生，反

复强调核心概念等内容，有利于学生所学的结构化，能激发其学习主动性，减少盲目性。

③紧扣学科核心概念，确定教学中的重难点。教学内容的重难点是课程体系中承上启下、综合贯通的联结点，也即教学中必须突破的基本概念和原理、规则、方法。

(2)对教材内容进行重组与改选

教师重组和改选教材的思路可从以下几方面入手：

①使教学落在学生最近发展区内。

②增强教学内容的新颖性和多样性。

③突出重点，化解难点。

④教学内容的组织、排列、呈现方式要恰当。

⑤注意实现传道、授业与育心育德的有机结合。

(3)对教材内容结构进行微观研析

针对各个教材单元，教师必须对教材内容的类型与性质进行分析判断，从而确定合适的教学目标。这种结构分析微观研析可参考加涅对学习结果分类体系的论述，灵活采用以下几种方法：

①归类分析法，对教材所呈现的言语信息进行归类，例如列提纲。

②图解分析法，以直观形式呈现教材内容要素及其联系，其结果是一套简明扼要的图表或符号，高度概括了教学内容，适用于分析认知类内容。易使教师觉察内容的残缺、多余及联系中的割裂现象。

③层级分析法，用于揭示教学目标中需掌握的从属技能。通过层级分析，教师可建构出知识点的难度梯级图。其基本过程是，从已定的教学目标开始逆向分析，要求学生获得教学目标规定的能力。通过层级分析，教师可建构出知识点的难度梯级图。

④信息加工分析法，用于揭示教学目标中需掌握的心理操作过程。其特点是按信息流程图的方式揭示心理操作步骤。

4. 教学方法和媒体的选择受到哪些因素的制约？

答：教学方法的选用必须以教学目标为轴心，综合诸多因素，以反映学生的主体性要求、促成学生最有效学习为宗旨，充分发挥教学方法设计的整体效应。教学媒体的选择是教学媒体设计的关键。在进行媒体的选择时，教师应综合考虑众多影响因素，具体分析如下：

(1)教学方法选择的影响因素

①教学目标的要求。教学目标的要求对选择媒体的影响具体表现为：

a. 特定的目标要求特定的方法去实现。教学目标不同，所需采用的教学方法也不同。在选用教学方法时，教师首先要考虑它与教学目标的协调性。

b. 教学目标的多层次化要求教学方法的多样化。为了保证教学目标的全面实现，往往需要将多种方法有机结合从而扬长避短。

②教学内容的特点。教学内容也制约着教学方法的选择。教学方法需要根据学科性质与具体内容确定，如操作能力的培养在物理学科中通常采用实验法，音乐教学中常常使用练习法。

③教师的素质与个性特点。教师的素质与个性对选择媒体的影响具体表现为：

a. 不同个性的教师使用同一种方法的效果会有差异。例如角色扮演法的使用上，和蔼的老师可能比严肃的老师获得的效果更好。

b. 教师的素质差异也制约着教学方法的选择。教师善于根据自己素质的特点选用教学方法。如口语较差的英语教师可利用电教设备弥补自身的缺陷。

④学生的年龄特征和学习特点。教学方法的选择还应考虑学生的年龄特征和学习特点。如角色扮演法对低年级学生来说更有效。

(2)影响教学媒体选择的因素

①特定教学目标。媒体选择要依据不同的教学目标，选择相应的教学媒体。以外语教学为例，要求学生掌握某一语法规则，往往能通过教师讲解并辅以板书或投影材料来实现。

②媒体的特点。广播、录音、幻灯、投影、电影、电视等媒体各有优劣，可互相补充。计算机辅助教学系统比其他现代教学手段更完善，更灵活，更能适应教学的各种要求，满足不同学生的特殊需要，有助于提高教学质量和教学效率。教师要善于根据媒体特点，选择符合教学要求的媒体类型。

③学习者的特点。由于不同年龄学生的知识基础、兴趣爱好等的差异，他们对于教学媒体的接受能力也不同。教师必须充分考虑不同年龄阶段学生的特点，绝不能套用某种固定的、僵化的模式。

④教学媒体可控性。对教学媒体的选择还应考虑媒体是否便于教师操作。简单易行、可控度高的媒体更便于教师驾驭。

⑤教学媒体经济实用性。媒体的选择还受媒体花费的代价所制约。一般来说，应选择代价小、功效大、有实效的媒体，不切实际地一味追求教学媒体现代化而不考虑经济实用原则的做法是不可取的。

9.3 考研真题与典型题详解

一、单项选择题

1. 在“负数的初步认识”教学设计中，胡老师教学目标之一是在教师示范和讲解后，学生独立列举至少一个日常生活中使用负数的例子，按照布卢姆的教育目标分类学的标准，这一目标中涉及的认识维度的类目是(　　)。[统考2021年研]

A. 理解　　B. 分析　　C. 运用　　D. 创造

【答案】C

【解析】布卢姆目标分类学中将知识领域的目标划分为六种：知识、领会、运用、分析、综合、评价。运用是指对所学习的概念、法则、原理的运用，即将所学材料应用于新的情境中。题干中，学生能够根据负数的概念列举生活中的例子，是属于运用。因此答案选C。

2. 情感领域的教学目标根据价值内化的程度分为(　　)。

A. 若干等级　　B. 五个等级　　C. 三个等级　　D. 四个等级

【答案】B

【解析】教学目标中的情感目标包括接受、反应、形成价值观念、组织价值观念系统、价值体系个性化5个基本目标，体现了价值的内化程度。

3. 任务分析必须将教学目标逐级细分成彼此相联系的(　　)。
A. 各种智力活动　B. 各种子目标　C. 各种课堂行为　D. 教学阶段
【答案】B
【解析】任务分析是设计教学目标的第二步，即对每个教学目标进行任务分析，将目标划分为各级任务，再将各级任务逐级划分成各种技能和子技能。任务分析有助于教师在给学生布置作业之前确保学生具有的必须技能。

4. 在情境教学中，教学环境是一种人为设计的问题情境，它与现实问题情境(　　)。
A. 有所不同　B. 相类似　C. 有一定联系　D. 没有必然联系
【答案】B
【解析】情境性教学是情境性学习观念在教学中的具体应用，让学习者在一定情境的活动中完成学习。它具有4个基本特征：真实的任务、情境化的过程、真实的互动合作、情境化的评价方式。这种教学使学习在与现实情境相类似的情境中发生，以解决学生在现实生活中遇到的问题为目标。

二、概念题

1. 教学模式

答：教学模式是指以一定的学习和教学理论为基础，为了实现特定的教学目标而采用的在教学资源、教学形式、教学活动过程以及教学评价方面的模式化的结构。教学模式是教师在确定教学目标后，必须要选择和设计，以实现教学目标的一部分。教学模式通常包括五个因素：理论依据、教学目标、操作程序、实现条件和教学评价。教学模式是一种结构框架，它从宏观上把握了教学活动整体及各要素之间内部的关系和功能，也是一种活动程序，具有有序性和可操作性。

2. 教学方法

答：教学方法是指为完成一定的教学任务，教师的教和学生的学相互作用所采用的方式，是教的方法和学的方法的统一。教学方法一般都是按照教学活动的外部形态区分来命名的，如讲授、谈话、演示、练习、讨论、实习等，都体现一种教学活动，具有独特的教学功能，不能用其他方法来代替。

三、简答题

确立教学设计的依据是什么？［首都师范大学2017年研］

答：教学设计是指研究教学系统、教学过程，制订教学计划的系统方法。它以促进学习者的学习为根本目的，运用系统方法，将学习理论与教学理论的原理转换成对教学目标、教学内容、教学方法、教学策略、教学评价等环节进行具体计划、创设有效的教与学系统的“过程”或“程序”。它是以解决教学问题、优化学习为目的的特殊的设计活动。其主要依据如下：

(1)理论依据

①现代学习理论和教学理论。科学的学习理论和教学理论是对学习规律、教学规律的

科学总结和客观反映。以科学学习理论和教学理论为指导是教学设计由经验层次上升到理性层次的一个基本前提。依据现代学习理论和教学理论来设计教学活动，实际上就是要求教学设计的方案符合学习规律和教学规律。

②系统科学的原理和方法。教学设计的方法论基础是系统科学理论。教师要自觉遵循系统科学的原理，以系统的观点和方法指导自己的设计工作，不断提高自己的教学设计水平。

(2)现实依据

①教学的实际需要。教学设计的全部意义在于满足教学活动的实际需要，在于为实现这种需要提供最优化的行动方案。

②学生的需要和特点。教学的有效性在于引起学生积极主动地学，学生的学是教的出发点和归宿。

③教师的教学经验。从某种意义上说，教学设计的过程也是教师个体创造性劳动的过程，成功的教学设计方案中往往凝聚着教师个人的经验、智慧和风格。教师的教学经验、智慧和风格是形成教学个性及教学艺术性的重要基础，是促进课堂教学丰富多彩、生动活泼的基本条件。

四、论述题

1. 什么是教学设计？其基本方法是什么？教学系统设计应遵循的基本原则有哪些？

答：(1)教学设计的含义

教学设计是指教学的系统规划及其教学方法的选择、安排与确定，即为了达到一定的教学目标，对教什么(课程内容)和怎么教(教学组织、教学模式、教学媒体等)进行选择、安排与规划。教学设计是教学理论向教学技术转化的关键。

①教学设计是依据一定的教学理论，在对有关教育教学、学生学习、能力与品德的本性以及学习规律充分理解的基础上进行的。这是教学设计的灵魂，也是衡量某种教学设计效能的尺度。教学理论作为改进教学工作的原理或原则，只有通过周密而详细的设计，才能转化为方法或技术。

②教学理论对教学的指导作用，必须与学校实际和教学实践相结合才能发挥出来，而这两者的有机结合正是通过教学设计来实现的。因此，为了改进教学，除了认真研究教学理论外，同时也必须加强教学设计工作，使教学理论转化为教学技术。

(2)教学设计的基本方法

科学的教学设计必须以系统论观点作为其指导思想，必须采用现代系统论所创导的系统方法。系统论方法是应用系统原理，综合研究事物的性质及规律的一种科学方法。在应用系统方法进行教学设计时，必须进行以下三个层次的分析：

①活动分析。由于作为教学目标的能力与品德的心理结构是活动的内在调节机制，因而必须通过活动的分析才能确定教学的目标系统。通过活动分析来确定教学目标系统时，应选择确定各学科领域的典型活动；区分各典型活动的层次或水平；确定目标系统的组成要素及其层次与序列。

②目的－任务分析。目的与任务是具有相属关系的两个层次的不同目标项目。上层的

目标项目称为“目的”，其下属的目标称为“任务”。目的与任务之间的关系是总目标与次目标的关系，是上层或上位目标与下层或下位目标的关系。任务分析目的是确定教学活动中的作业内容。通过任务分析以确定教学作业时，必须确切规定并明确表述教学任务所含的各种目标因素；任务配置必要的教学作业，则教学任务不仅要有确切的规定，同时要有明确的表述；注意区分不同的任务系列；注意区分同一任务系列的不同要素。

③作业分析。教学系统中的作业是教师用以完成教学任务，借以构建学生能力与品德结构的手段，通常称为教材。在教学系统中教材即教与学的一系列作业。这种作业是用来实现教学任务，促进学生构建一定的能力与品德结构的手段。作业既是实现教学任务的手段，又是制定教学活动程序的依据。作业分析的目的就是加深对作业的认识，为制定教学活动程序提供依据。

(3) 教学系统设计应遵循的原则

教学系统包括教学目标、教材、教学活动、教学成效的考核与评估，他们分别都应遵循一定的原则：

①教学目标是教学活动中所要构建的能力与品德的心理结构。它既是一切教学工作的出发点，又是一切教学工作的终点。为此，教学目标的设计在教学系统设计中占主导地位，其设计必须遵循教育方针制约性原则、活动分析原则、类化经验原则、系统性原则和明确化原则。

②教材是教学活动用以构建心理结构的工具或手段，是学习活动中的客体。各科教材的选编，不仅要全面体现教学目标的具体要求，而且要切实体现学习规律以利于心理结构的构建。为了充分体现心理结构构建的规律，教材的设计必须一体化原则、网络化原则、程序化原则、最佳化原则和可接受性原则。

③教学活动是经验传递系统中教师对经验的传授与学生对经验的接受活动的总称。教学活动是教学目标的心理结构的构建过程。为了加速心理结构的构建，教学活动的设计必须遵循教学空间决定性原则、互动性原则、程序优化原则和方式方法多样性原则。

④教学成效的考核与评估是对所要构建的心理结构的检查与评定，通过考核与评估可以获得教学的反馈信息。它不仅有利于及时了解教学的成效，同时可以对今后的教学设计及教学活动产生积极影响。为了使教学成效的考核与评估发挥应有作用，其设计必须遵循可靠性原则、适时性原则和促进性原则。

2. 什么是教学目标？在实际的教学活动中，应如何科学地陈述教学目标？分析教学任务？

答：(1) 教学目标的定义

教学目标是指预期学生通过教学活动获得的学习结果，或者说，是教学的目的与任务，也是教学活动中所要构建的能力与品德的心理结构。它既是一切教学工作的出发点，又是一切教学工作的终点。

(2) 教学目标的科学陈述

科学陈述教学目标的方法包括以下三种：

①梅杰的行为目标表述法。这是从具体入手的方法。梅杰的行为目标表述法强调要对学生的最终行为作非常清楚的表述。他认为，学生在明确清楚的行为目标的基础上，一般

都能自己教自己。他认为，一个好的目标包括以下三部分：

a. 描述了预期中的学生行为——学生必须做什么。

b. 列出了行为发生的条件——这种行为如何被识别和测验。

c. 给出了在测验中可接受的一个标准。

②格兰伦德的认知目标表述法。这是从一般入手的方法。格兰伦德认为，教学目标的表述要做到以下两点：

a. 教师应先以一般的术语表述教学目标，然后再列举一些样例行为进一步明确教学目标。而这些样例能为学生提供判断目标是否达成的依据。

b. 教师不应让学生停在定义、识别和区分具体行为上，而要根据样例任务的成绩来判断学生是否理解了。

③综合方法。综合方法是一种较为完善的表述相对具体目标的方法，运用这一方法要注意以下两点：

a. 教师要尽量避免宏大而模糊的表述语，要确保测试与目标有关。

b. 教师要使学习活动适用于目标。

(3)教学任务的分析

确定教学目标后，就要对具体的教学目标进行任务分析。任务分析，是指将目标化成各级任务、再将各级任务逐级划分成各种技能和子技能的过程。教学任务的分析可以从以下两方面入手：

①确定学生的起点行为或倾向。教学过程实质上是一个确定并填补教学空间的过程，教学空间是指教学目标所确定的教学终末状态与教学开始前学生原有的起始状态之间的心理差距。教学的目的就是要消除这种差距，即改变学生的原有状态，使其向教学目标所确定的终末状态变化。

②分析使能目标及其类型，鉴定从起点到终点之间所必须掌握的先决条件。先决条件包括必要条件和支持性条件两类。必要条件是指决定下一步学习必不可少的条件，即使能目标。使能目标是指在从起点状态到终点目标之间，学生必定有许多知识技能尚未掌握，而掌握这些知识技能又是达到终点目标的前提条件。

③分析学习的支持性条件。使能目标是保证终点目标达到的必要的先决条件。有效的学习除了必要条件之外，还要有一定的支持性的条件。使能目标是构成高一级能力或倾向的组成成分，是必要条件。而支持性条件则类似“催化剂”，有助于加速或减缓新的学习的进行。在任务分析时，教师也应对这些支持性条件加以分析。

第 10 章　教学策略

10.1　复习笔记

【知识框架(庖丁解牛)】

- 教学策略
  - 概述
    - 什么是教学策略
    - 教学策略制订的基本依据
    - 策略的可教性
    - 策略教学的有效性
    - 教学策略的分类
  - 教学准备策略
    - 教材加工策略
    - 设计教学操作的策略
  - 教学实施策略
    - 组织教学的策略
    - 传输教学内容的策略
    - 深化教学内容的策略
  - 教学监控策略

【考点剖析与拓展(游刃有余)】

考点一、概述

1. 什么是教学策略

表 10－1　什么是教学策略

要点	具体内容	
教学策略的含义	是教学设计的重要内容。 ①广义上包括教师教的策略和学生学的策略。 ②狭义上单指教师教的策略，是教师在某一教学情境中，以教学目标的完成为目的，针对教学对象的特点而制定的教学计划和据此采取的行动。 其内涵包括：教学策略是教学设计的重要内容；教学策略的制订以特定的教学目标和教学对象为依据；教学策略是连接教学计划和教学行动的桥梁	
与其相关概念的关系	教学策略与教学设计的关系	教学策略是教学设计的重要内容和组成部分，是局部与整体的关系。 ①教学策略所涉及的范围相对更窄，主要包括教师怎样教以及实现怎样教的活动方式。 ②教学设计所涉及的范围相对更广，不仅涉及怎样教，如何教的问题，还涉及教什么，教什么样的学生，怎么评价教等问题

续表

要点	具体内容	
与其相关概念的关系	教学策略与教学观念的关系	①教学策略与教学观念的区别主要表现在: a. 从范畴上来看,教学观念是很宽泛的概念,包括学生观、教师观、教学原则等内容;而教学策略的外延相对较窄。 b. 从可操作性来看,教学观念是支配个体行动的概念性知识,抽象性较强;而教学策略则支配教师怎样教,直接指导教师的教学行为。 ②教学策略与教学观念的联系表现在: a. 教学策略是教学观念中的一个下位概念,其选择和制订受教学观念的制约。 b. 教学策略与教学观念都具有指导与支配教学行为和技巧的作用
	教学策略与教学方法、教学模式的关系	①三者之间的关系较为复杂,目前在教育文献中存在等同、交叉、混用的现象。 ②一般来说,教学模式规定着教学策略和教学方法,居于三者的最高层次,教学策略次之,教学方法位于最下层

2. 教学策略制订的基本依据

表 10-2 教学策略制订的基本依据

要点	具体内容	
教学目标	教学目标是教学策略选择和制订的决定性因素,教学目标的分析是选择和制订有效教学策略的关键。不同的教学目标,需要采取不同的教学策略	
学习者的初始状态	含义	是指学习者在学习活动开始之前就具备的一系列状态,例如已有的知识与能力、学习风格、智力水平等
	策略	①"匹配"策略,即与学习者初始状态的优势一致的教学策略。 ②"失配"策略,即针对学生初始状态中的劣势采取补救性措施,找到学生最近发展区并引导其向更高的水平发展的策略
教师自身的特征	教师是制订和实施教学策略的主体,教师自身的特征是有效教学策略选择和制订的重要条件。教师自身特征包括:教学思想、知识经验、教学风格、职业心理素质水平等	
教学环境与情境	①教学环境有物理环境和非物理环境之分。前者包括教室、学校等物质环境,后者主要是指学习者的心理状态。 ②教学情境是在教学环境背景下产生的个体当时所意识到的特定的、具体的情境。 ③前者更多地制约着有效教学策略的制订,后者更多地影响着教学策略的选择和调整	

3. 策略的可教性

(1)策略是外显性与内隐性相统一的。内隐性表现在策略受个体元认知的影响,可以对个体的学习活动进行调控;而策略实施的过程又必须有外部动作的参与,因此策略同时也是一种外显行为。

(2)由于策略受元认知影响,因此教师可以设立特定的情境,让学生依据不同的情境表现出不同的学习调控行为,以此来传授策略。

(3)同样的社会下,不同的个体具有许多共性,可通过内省法或言语报告法等揭示出来，这就为传授策略提供了可能。

4. 策略教学的有效性

表 10－3 策略教学的有效性

要点	具体内容
注重策略知识的掌握	策略知识的掌握是策略教学的前提。只有在掌握知识的基础上才能做到灵活运用
教师要进行有技巧的策略教学	①应采用灵活多样的教学方法，激发学习者学习策略的需要。 ②策略教学次序的安排要符合学习者认知发展特点，先易后难。 ③要及时复述策略。 ④训练不宜密集进行，使学习者有消化、理解的时间。 ⑤训练应有中心
教师要促进学习者迁移应用策略	①应教给学习者“情境化的知识”，使他们不仅掌握知识内容，而且了解知识适用的条件和运用范畴。 ②提供足够的练习和反馈，使策略学习熟练和自动化。 ③引导学习者对策略学习的有效性进行评价。 ④引导学习者生成新的策略

5. 教学策略的分类

表 10－4 教学策略的分类

要点	具体内容
按构成教学活动的因素划分	方法型、内容型、方式型和任务型四种策略
按教学任务指向的不同划分	管理策略和指导策略
按教学过程的环节划分	教学准备策略、教学实施策略和教学监控策略

考点二、教学准备策略

1. 教材加工策略

表 10－5 教材加工策略

要点	具体内容	
教材结构化策略	含义	是指教师对于教材、课文的内容结构重新进行调整与组织，使教材本身具有更加合理的逻辑结构的一种方式
	课文形式	问题－解决式；原因－结果式；比较对比式；主题词式；整体－部分式等
	教师可用的结构化方法	①图解法：用图解的方法表征基本概念及其之间的关系。 ②框架法：从课文内容整体把握框架的一种方法。 ③分类法：包括比较对照，找出异同；呈现问题，逐步解决；表述事件过程与结果、表述主要的概念及其支持材料三种方法

续表

要点	具体内容	
心理匹配策略	含义	是指教师从感情维度上对于教材进行处理，使之更加符合学生心理认知结构的一种方式
	实践启示	①运用诱导的方式改变学生已有的认知评价，使学生认识到所学知识与自身需要之间的关系。 ②运用多种教学方式刺激学生感官，使学生产生求知的需要并在愉快的学习中得到满足。 ③设置合理的疑难问题，激励学生产生解决问题的心理倾向，并引导学生积极进行探究
超出预期策略	含义	是指学习材料超越学生已有的认知，并在此基础上延伸出学生意想不到的、积极有趣的学习内容，以此来激发学生学习兴趣的一种教学策略
	实践启示	教师应将看似平淡的、枯燥乏味的、简单易懂的、教条性的教学内容与生动的、奇异的、学生未曾思考的现象联系起来，使学生产生学习兴趣

2. 设计教学操作的策略

设计教学操作，是指教师对于教学过程的组织、建设、运行等内容进行系统设计，使得教学各要素相互配合，发挥最佳效果的过程。

表10－6　设计教学操作的策略

要点	具体内容	
任务分析策略	含义	是一种关注学生具体任务表现的策略，要求教师对任务本身有较为透彻的理解，并依据学生能力将任务划分为若干个子任务，在此基础上安排学习顺序、创设教学条件
	操作程序	①分析教学任务和学生初始能力。 ②分析中介目标。中介目标是指从学生已有的起点能力到将要达到的终点能力之间。 ③分析学习的支持性条件。对各种支持性条件进行组织，有效帮助学生能力的提升
单元水平设计策略	含义	是教师以单元为基本单位，依据整体的教育目标，按照一定的方式组织整个单元的教学内容与教学活动，并对整体的教学效果做出评价的策略
	基本成分	目标、内容、技巧、活动、手段和材料、评价
课堂水平设计策略	含义	是为每天的教学提前设置程序和教学活动。课堂水平的设计应围绕学校计划进行，以教学目标为导向，借助教学中介系统对教学活动和内容进行设计
	考虑因素	①学生的差异，即学生中介能力的差异。 ②课堂时间分配。 ③变通性。 ④更多学生参与课堂。 ⑤评价与反思课堂得失

考点三、教学实施策略

1. 组织教学的策略

组织教学，是指教师依据教材本身的逻辑顺序、学生的心理顺序，对教学的材料、内容进行重新编排、设计的过程，它既要符合教材的知识顺序，又要符合学生的认知顺序。

表10-7 组织教学的策略

要点	具体内容	
先行组织者策略	含义	先行组织者是一种先于学习任务本身所呈现的、具有高度概括性的学习材料，它能够在学生已有的知识水平与希望达到的知识水平之间搭建桥梁
	类型	①定义：当学生学习新的或不熟悉的内容时，可用定义作为先行组织者。 ②概括：当信息比较多，学生难以把握时，可使用概括作为先行组织者。 ③类推：比较性组织者。当新知识与学生已有的知识在关键特征上呈现一致或相似时，一般采用类推的方式
	步骤	①呈现先行组织者。 ②逐步分化展示材料。 ③综合贯通，使新旧知识协调一致的过程
因材施教策略	含义	是指针对学生年龄、能力及认知风格等差异而采取的有针对性的教学策略
	分类	①针对年龄差异的教学组织策略：学生的年龄阶段不同，其心理反应和行为表现存在明显差异。 ②针对能力差异的教学组织策略：学习能力不同的学生对教师个性的要求也不同，需要教师采取不同的教学策略。 ③针对学生认知方式的教学组织策略：学生的认知方式具有场独立、场依存两种，可以针对性采用“匹配”或“失配”的策略
问题教学策略	含义	是指在课堂中教师通过向学生提出真正有效的问题，使学生积极回答问题并因此参与到学习过程的策略
	方法	①控制问答间隔时间。 ②先提问后点名，这种方法在低年级和低成就学生中使用，效果更好。 ③变换与探讨问题。当学生的回答不正确时，教师应变换问题，与他共同探讨。 ④评论和表扬。真诚的表扬、肯定的反应都能增加学生的成就动机。 ⑤将问题附加在课文中。课文中附加问题，能引起学生注意，使测试成绩变好。 ⑥诱导学生自我提问。提问可引导学生注意力、促进其思维活动

2. 传输教学内容的策略

表10-8 传输教学内容的策略

要点	具体内容	
教学言语循环策略	含义	是指教师使其课堂教学言语的各个成分在讲课时形成系列依次循环，从而将信息有效地传递给学生的策略。在教学中，言语是传递教学内容的最直接、最有效的方式
	步骤	①辨别言语。厘清独白言语和情节言语的区别，关键是说话的主体，主体为单人，对象为多个人以上时为独白言语；多个人之间相互交流为情节言语。 ②将言语系列化。将独白言语或情节言语分为定义、描述、名称、陈述、报告、替代、评价、观点八个部分，形成一个循环系列

续表

要点	具体内容	
媒体－教学镶嵌策略	含义	教学媒体负载信息，是指传递教学内容的工具或手段。媒体－教学镶嵌策略，是指教师合理运用教学媒体，为教学提供恰当的辅助作用的一种策略
	操作程序	①填写媒体－教学镶嵌一览表。 ②结合表格，综合考虑各类媒体的优缺点，总结各类媒体对应的使用方式。 ③考虑各种媒体的优化组合
	特点	①媒体能够传输足够多的信息，且调动多种感官参与信息的传递。 ②多种媒体之间相互配合，扬长避短，使之符合学生的认知水平和教学材料的逻辑顺序。 ③考虑教学媒体的经济性、可获得性、可操作性
	存在问题	①教师用教学媒体授课时存在两种不良倾向，一是为媒体而媒体，主体被淡化；二是媒体与主体不能有机结合。 ②这两种倾向主要表现为五个方面的问题：过早暴露教学内容；缺乏必要停顿；缺乏启发性引导；缺乏必要拓展；代替学生得出结论
	注意事项	①媒体不是目的，不必追求形式。 ②教师应促使学生思考，而不是展示结论。 ③讲重点要有停顿、提问、启发、拓展。 ④演示与讲解结合
板书结构化策略	含义	是指教师的板书布局应符合学生的认知结构，同时尽可能直观地展示板书内容之间的逻辑关系。这一策略一般在讲授式为主的班级教学中采用较多
	形式	总分式、对比式、辐射式、归纳式、表格式等
	注意事项	①理解和加工教学内容。 ②板书要利于学生记忆和思考。 ③字迹要端正和清楚。 ④写板书时，不要对着黑板讲话。 ⑤可使用彩色粉笔。 ⑥将黑板分为教学内容结构化板书和辅助性板书
直接和间接教学策略	直接教学策略	是指教师通过讲授、讲解、讲演等方式，直接将知识按照一定的顺序传递给学生的一种方式。优点是效率高、内容准确，缺点是使用不当容易造成灌输
	间接教学策略	是指教师引导学生通过概括和辨别过程，调整和提炼刺激材料，获得概念、模式和理论的一种探寻活动

3. 深化教学内容的策略

表 10－9　深化教学内容的策略

要点	具体内容	
同辈教师策略	含义	又称成对学生策略，是指让在某一方面较为突出的学生同辈群体(如同学等)，承担教师的角色，代替教师对其他同学进行教学的一种策略。同辈教师策略可鼓励学生提问，提供易理解的解释语言以及锻炼实施帮助者

续表

要点		具体内容
同辈教师策略	形式	同学间两两互助；高年级同学帮助低年级同学；某位同学帮助一组同学等
	注意事项	①营造相互学习气氛，使学生乐于助人，乐于向人学习。 ②教师要准确地评估学生的需要，合理地配对。 ③对同辈教师加以指导和训练。 ④同辈教师与学生不能超过一对三的比例，最好一对一。 ⑤学习时间限制在 4 ~8 周
合作学习策略	含义	是指在教师指导下，学生进行组内学习，共同实现教学目标的过程
	操作程序	①按差异分组，并为各组提供必要支持。 ②呈现小组目标，设置奖励结构。 ③成员间交流，按能力分工合作。 ④鼓励学生资源共享。 ⑤检查和评估，联系个人与小组进步，适当奖励，及时反馈。 ⑥明确规定合作学习时间
个别化程序策略	含义	是指以斯金纳的程序化教学为基础，学生根据自身的知识水平和认知能力，自行安排学习内容和学习步骤的策略
	优点	能最大限度地促进个体的学习。具体表现为：具有诊断功能；能提供一对一的教学关系；提供练习和训练；允许超前学习
	操作程序	设置学习目标；提供资料；提供步骤及方法；间隔检查评估；讨论学生现下的和可能面临的问题；按期个别指导；安排教室内外兴趣区域
	注意事项	①多在初中、高中水平使用。 ②学生必须明确其责任、目标、任务等。 ③学生按需要选择材料和媒体，按小步调方式呈现。 ④允许高成就学生自定步调学习。 ⑤监控和检查学生学习，以及时反馈
探究教学策略	含义	围绕问题进行，是学生对教学问题进行深入探究，通过观察等方式收集、分析数据信息，提出假设，验证假设，最终得出一致的结论的教学策略
	注意事项	①以学生的已有知识经验为起点。 ②让学生充分利用时间、空间及物质资源，鼓励学生在网上进行探究性学习。 ③理论与实践的统一，鼓励学生运用理论知识解决实际困难。 ④评价的重点不是否得出结论，要以形成性评价为主，对学生进行综合的评价

考点四、教学监控策略

教学监控策略，是指为了保证达到预期的教学目标，教师在教学活动中对教学的全过程进行积极主动的计划、检查、评价、反馈的教学策略。

表 10－10　教学监控策略

<table>
<tr><th>要点</th><th colspan="2">具体内容</th></tr>
<tr><td>主体自控策略</td><td colspan="2">教学监控的实质是监控师生行为，最有效的监控是使其自控。教学中，主体自控策略的具体应用主要表现为：
①激发主体动机，提高抱负水平。激发学生的学习动机要注意：教学内容应难易适度；提供及时清晰的反馈；激发学生产生弥补知识缺失的强烈愿望。
②提高主体的自我认知水平。要使学生形成正确的自我概念和自尊态度，重视其认知的自我矫正，使其全面客观地评价自己的同时，体验学习成功的快乐。
③提高元认知监控水平。元认知监控是指个体在进行认知活动的全过程中，有意识地监视、控制和调节自己的活动。教师应教会学生制订计划，自觉控制、检查、评价学习等策略</td></tr>
<tr><td>课堂互动策略</td><td colspan="2">①规范学生行为。教师应教授规则，利用适当的规范约束学生课堂行为。
②营造课堂气氛。和谐的课堂氛围为互动提供了良好的心理基础，教师可实行民主管理。
③多向交往与合作。教师要变传统课堂教学中师生单向、双向交往为多向的全通道式的课堂交往，采用师生、生生交往等多种形式。
④行为塑造与矫正。这一策略的具体内容包括：培养学生的独立性；教授自我管理方法；练习规范行为；矫正不良行为</td></tr>
<tr><td rowspan="2">教学反馈策略</td><td>类型</td><td>①从反馈源上分，有教师反馈、专家反馈、学生反馈、同行反馈等形式。
②从反馈方式分，有现场言语反馈、摄像反馈、测验反馈等形式</td></tr>
<tr><td>有效教学反馈特点</td><td>①准确性，教师所获反馈与事实一致。
②针对性，不能千篇一律。
③激励性，要鼓励学生学习积极性。
④适时性，适当时反馈，使学生始终保持适当行为。
⑤多样性，有言语反馈和非言语反馈；有知识性反馈也有方法性、思想性反馈。
⑥交互性，包括师生、生生、师师间的交互</td></tr>
<tr><td>现场指导策略</td><td colspan="2">①含义：是指在教学实施的过程之中，教师为学生提供一种及时的、面对面的指导。
②优点：能够及时针对学生存在的迷茫、不足指导，具有一定的指向性。
③缺点：使用不当容易打乱学生的思维步骤。</td></tr>
</table>

10.2　课后习题详解

1．什么是教学策略？它对提高教学效率的价值何在？

答：(1)教学策略

教学策略是教学设计的重要内容。广义的教学策略包括教师教的策略和学生学的策略；狭义的教学策略单指学生学的策略，是教师在某一教学情境中，以教学目标的完成为目的，针对教学对象的特点而制定的教学计划和据此采取的行动。

(2)教学策略对提高教学效率的价值

①教学策略是教学设计的重要内容，是连接教学计划和教学行动的桥梁。

②教学策略的选择和实施是影响教师教学质量的关键因素。

③好的教学策略能够为教学的实施提供方法的指导，从而有利于提高教学质量，保证

教学效率的达成。

2. 制订教学策略有哪些基本的依据？怎样选择或制订有效的教学策略？

答：(1)制订教学策略基本的依据

包括教学目标、学习者的初始状态、教师自身的特征以及教学环境与情境。教学策略要以学习者现有的初始状态为起点，以完成教学目标为任务，结合教师自身的特征和教学情境、教学环境进行制定。

(2)选择或制订有效的教学策略的要点

①教学目标是教学策略选择和制订的决定性因素

教学目标的分析是选择和制订有效教学策略的关键。有效的教学策略应根据不同教学目标，来制定和选择不同的策略。如教学目标是提高学习者对所学学科的兴趣，则可选择有助于了解该学科的最新发展动态等方面的教学策略。

②学习者的初始状态是教学策略选择和制订的基础

学习者的初始状态是指学习者在学习活动开始之前就具备的一系列状态，例如已有的知识与能力、学习风格、智力水平等。有效的教学策略应重视分析学习者的初始状态，选择和制订有针对性的教学策略。具体来看，可采取两种策略：

a. 与学习者初始状态的优势或学生偏爱的方式一致的教学策略，称作“匹配”策略。

b. 针对学生初始状态中的劣势采取补救性措施，并在学生的实际发展水平与潜在发展水平之间找到“教学最佳期”，鼓励学生“跳一跳”，引导他们向着潜在的、更高的水平发展的“失配”策略。

③教师自身的特征是有效教学策略选择和制订的重要条件

教师自身的知识水平、教学风格等也会影响教学策略的选择和制订。要选择和制订有效的教学策略，教师要采取与自身特征相匹配的教学策略，并根据各种具体教学策略的适宜环境，以及学习者的需要来选择策略。

④教学环境与情境制约有效教学策略的选择和制订

教学环境对教学产生潜移默化的隐形影响。由于学校教学环境日趋复杂和多样化，选择和制订有效的教学策略要考虑教学环境与情境的影响。

3. 什么才是有效的策略教学？怎样才能保证策略教学的有效性？

答：(1)有效的策略教学

策略教学有有效和无效之分。有效的策略教学不仅能够传授相关知识，更能够引导学生对策略加以运用。其作用具体表现为以下两个方面：

①帮助学习者掌握有关策略的知识。

②帮助学习者脱离教师的监控，自觉地或自发地将所学策略迁移到相关的教学或学习情境中。

(2)保证策略教学的有效性的要点

①注重策略知识的掌握。只有在掌握知识的基础上才能更好地进行策略的应用和迁移。

②教师的策略教学应有技巧，要注意以下几个方面：

a. 应采用灵活多样的教学方法，激发学习者学习策略的需要。

b. 策略教学次序的安排要科学，先易后难，先一般后特殊。

c. 及时复述策略。

d. 训练不宜密集进行，使学习者有消化的时间。

e. 训练应围绕中心进行。

③促进学习者策略的迁移应用，要注意以下几个方面：

a. 应教给学习者“情境化的知识”。

b. 提供足够的练习和反馈，使策略学习达到熟练和自动化。

c. 引导学习者对策略学习的有效性进行评价。

d. 引导学习者生成新的策略，使他们真正地“学会学习”。

4. 教学策略知识的掌握与教师的教学水平和能力之间有什么关系？

答：教学策略知识的掌握与教师的教学水平和能力之间的关系主要表现为：

(1)教学策略知识是教师必备的专业知识之一。教学策略能力也是教师必须不断掌握、提高的专业能力。

(2)教学策略的选择和实施是影响教师教学质量的关键因素。好的教学策略能够辅助课堂教学，帮助提升教师教学质量。

(3)教学策略是教师教育机智的重要体现。

5. 如何才能把对教学策略知识的掌握转化为教师的教学能力？

答：把对教学策略知识的掌握转化为教师的教学能力，需要教师在以下环节下功夫：

(1)教学准备环节

教学准备是教师复杂的智能活动过程的重要环节，涉及许多策略问题，主要包括表述教学目标、加工教材、设计教学操作流程等，其中表述教学目标是基础，设计教学操作流程是教学准备的核心。具体来说又分为：

①教材加工策略

在教学活动中，教师如何对教材进行加工处理，会直接影响学生对教学内容信息的理解与接受，是学生能否进行意义学习的重要影响因素。教师的教材加工就应从内外两方面加以考虑。针对外部条件，研究者提出了教材结构化策略；针对内部条件，研究者提出了心理匹配策略和超出预期策略。总的来说，教师要舍得花工夫去钻研教材，使教材结构化，了解学生，使教材的呈现形式能尽量让学生感到惊奇，并转化为兴趣，进而引导学生产生注意与探究行为。

②设计教学操作的策略

设计教学操作是指教师根据教学对象和教学内容，确定合适的教学起点和终点，将教学诸要素有序、优化地安排，形成教学方案的过程。教师在进行课堂水平设计时应注意以下几点：a. 考虑学生的差异，b. 课堂时间分配，c. 具有变通性，d. 让尽量多的学生参与，e. 评价与反思。

(2)教学实施环节

教学实施是实现教学目标的关键阶段，涉及教学的组织、内容的传输与深化等。教学实施的策略主要包括组织教学的策略、传输教学内容的策略和深化教学内容的策略等。这些策略的选择应以教学理论为依据，既要符合教学目标、教学内容的要求，适合教学对象的特点，又要考虑在特定教学情境中的必要性和可能性。

①组织教学的策略

组织教学是指教师依据教学目标和学生特点将教学内容有效处理的过程。它既要符合教材的知识顺序，又要符合学生的认知顺序。因此，有效的教学组织不仅包括对教学内容的科学组织，而且这种组织必须符合学生的认知特点。主要有先行组织者策略、因材施教策略、问题教学策略等组织教学的具体策略。

②传输教学内容的策略

课堂教学的基本任务就是将教学内容传递给学生，而课堂教学内容广义上是指传授给学生的全部信息，包括在课堂上所传授的学科知识、技能，所表现的态度、情感、价值观念和心理特征，包括一切直接的或潜在的、琐细的或庞大的、浅层的或深奥的信息。将这些信息有效地传递给学生可采用教学言语循环策略、媒体－教学镶嵌策略、板书结构化策略、直接和间接教学策略等具体策略。

③深化教学内容的策略

教学内容经过有效组织并传输给学生后，就应该将其引向深入，让其尽快融入学生的认知结构，形成学生知识结构中的一部分。这个过程中可采用同辈教师策略、合作学习策略、个别化程序策略和探究教学策略等深化教学内容的具体策略。

(3)教学监控环节

教师在对教学计划实施过程的检查、评价、反馈、控制和调节中所采用的教学谋略或措施就是教学监控策略。教师运用教学监控策略的水平既受自身对有关策略的熟练掌握程度的影响，又受教师的教学监控能力的制约。教学监控策略主要包括主体自控策略、课堂互动策略、教学反馈策略、现场指导策略等。

①主体自控策略

教学监控的实质是对师生行为的监控，而最有效的对人的监控就是促使其自控。教学中，教师根据教学要求和主体状态，激发培育主体自控机制的方式方法，就是主体自控策略的具体应用。主要表现为：激发主体动机，提高抱负水平；提高主体的自我认知水平；提高元认知监控水平等方面。

②课堂互动策略

课堂互动策略是使教学中师生行为有序、积极、多向交往的一系列方式方法的总称。主要表现为：规范学生行为、营造课堂气氛、多向交往与合作、行为塑造与矫正等方面。

③教学反馈策略

教学反馈可以使教师正确评价自己的教学效果和学生的学习状况。教学反馈策略包括多种形式。从反馈源上分，有教师反馈、专家反馈、学生反馈、同行反馈等形式；从反馈方式分，有现场言语反馈、摄像反馈、测验反馈等。教学中采取何种形式的反馈策略更有效，需要具体问题具体分析。

④现场指导策略

现场指导策略是指根据不同的教学情境、学生学习的实际状态选择最佳的学与教的策略，以达到最佳的教学效果，使教师和学生最终能达到对课堂教学的有效调节。

总之，教师只有在对各种教学策略知识熟练掌握并能恰当地运用后，才能将之转化为自身的教学能力。

10.3 考研真题与典型题详解

一、单项选择题

1. 学习者中心课程理论的拥护者，在教学模式上更倾向于选择(　　)。[统考2017年研]

A. 程序教学模式　B. 掌握教学模式　C. 探究教学模式　D. 范例教学模式

【答案】C

【解析】学习者中心课程理论强调以学习者的兴趣和动机为依据来设置课程。探究教学模式是指在教学过程中，学生在教师的指导下，通过"自主、探究、合作"的学习方式，对当前教学内容中的主要知识点进行自主学习、深入探究，并进行小组合作交流，从而较好地达到课程标准中关于认知目标与情感目标要求的一种教学模式。这种教学模式强调培养和激发学习者的兴趣和动机，与学习者中心课程理论的主张一致。

2. 合作学习也是一种教学策略，它的特征是以学生的主动合作学习的方式代替(　　)。

A. 教师的主导教学　B. 独立完成作业
C. 家庭作业　D. 个别课堂练习

【答案】A

【解析】合作学习是指由2~6名成绩各异的学生组成小组，以合作互助的方式从事学习活动，共同完成小组的学习目标的结构化教学策略。它不同于在教师指导下以学习成绩为中心的直接教学，在直接教学中，教师控制着教学目标和教学进度，发挥主导作用。

二、概念题

1. 先行组织者[华南师范大学2023年研；湖南科技大学2023年研]

答：先行组织者是奥苏伯尔提出的一种教学理论，指安排在学习任务之前呈现给学习者的引导性材料，它比学习任务具有更高一层的抽象性和包摄性。根据奥苏伯尔的解释，学生面对新的学习任务时，如果原有认知结构中缺少同化新知识的适当的上位观念，或原有观念不够清晰或巩固，则有必要设计一个先于学习材料呈现之前呈现的一个引导性材料，可能是一个概念、一条定律或者一段说明文字，可以用通俗易懂的语言或直观形象的具体模型，但是在概括和包容的水平上高于要学习的材料(因此属于下位学习)，构建一个使新旧知识发生联系的桥梁。这种引导性材料被称为先行组织者。先行组织者分陈述性组织者和比较性组织者。前者是上位的有关材料，后者是增加新旧经验的可辨别性的材料。

2. 教学策略[首都师范大学2017年研]

答：教学策略是指在一定教学观指导下，教师根据一定的情境，合理处理教学各因素关系而采取的工作方式。它提供给人们的是一种在一定理论框架下的思维方式和行为准则。

教学策略已进行较深入研究并广泛应用的有六种：①先行组织策略，它源于奥苏伯尔的意义学习理论；②概念形成策略，它源于布鲁纳等人的理论研究，包括选择性策略和接受性策略两种；③认知发展策略，它建立在皮亚杰的研究基础之上；④随机管理策略；⑤自我管理策略；⑥行为练习策略。上述策略中，前三种属于信息处理的范畴，后三种属于行为技术的范畴。制订和选择教学策略的依据有：①教学的具体目标与任务；②教学内容的特点；③学生的实际情况；④教师本身的素养；⑤教学时间和效率的要求。

3. 教学操作能力

答：教学操作能力是指教师在教学中使用策略的水平。其水平的高低主要取决于他们是如何引导学生掌握知识、积极思考、运用多种策略解决问题的，它所要解决的不是做什么的问题，而是如何做的问题，具体包括：制定教学目标策略、编制教学计划策略、选择和运用教学方法、选择设计教学材料和教学技术、课堂管理策略、教学效果评价策略等。

三、简答题

简述探究训练教学模式的五个阶段。

答：探究训练教学模式是一种以问题解决为中心，学生在教师指导下，通过发现问题、解决问题，从而培养学生独立活动的能力、创造性思维能力和意志力的教学模式。其基本阶段包括以下五个方面：

(1)确定问题情境

这一步骤对学生的元认知策略、问题解决技能和态度学习均有十分重要的意义。它主要是让学生形成清晰的目的图式，奠定解决问题的方向，引起学生对探究活动的动机和兴趣。因此教学者必须提供有一定难度的问题。实施探究教学的要求包括：首先，要使所提出的问题要在学生的最近发展区之内可以解决的难易适度的问题；其次，提供一个明晰的问题情境；最后，注意问题呈现的方式。

(2)分析因果，提出假设

在这个步骤中，一些一般的认识策略和智慧技能得到了学习。由于这一步是问题解决中十分关键的一步，因此，首先，要注意的就是教师或其他指导者不要对学生进行过多的干涉，即使有时学生的假设看起来相当幼稚；此外，当学生的注意偶尔偏离问题本身时，教师不妨给予简单的提醒，但这种提醒决不能干涉学生对问题的思考，仅仅起到帮助学生提起元认知的监控作用，使其不偏离目标而已。

(3)设计方案，验证假设

就设计过程而言，学生主要是在进行智慧技能的学习，因此，教师必须为学生提供充足的验证条件，有实验的还要提供完备的实验设备。

(4)分析数据，得出结论

这一步骤对于智慧技能、认知策略、言语信息的学习起作用。首先，要注意安排学生进行小组间或人与人之间的交流，通过交流，发现彼此间的差异；其次，要提醒学生注意到彼此间的不一致，检查各自的探究过程，然后达成协议；最后，把协议用书面格式或口头方式表达出来。

(5)反馈与反思

反馈在探究教学中，根据学生探究能力可以提出不同的要求。对于刚刚步入探究教学，对探究活动这种主体性十分强烈的学习方式尚不适应的学生，教师应对学生的行为表现予以肯定或否定，使学生不至于茫然失措，逐步构筑自己的元认知策略。但随着学习的深入，教师应逐步引导学生自己寻找反馈资源，如查阅教科书、资料。对照这些资料，学生一方面要发现自己研究的不足，另一方面，要敢于对已有的权威论断进行质疑，逐步树立起科学态度和科学精神。

第 11 章　问题解决及其教学

11.1　复习笔记

【知识框架(庖丁解牛)】

- 问题解决及其教学
  - 概述
    - 问题及其类型
    - 问题解决的理论模式
  - 问题解决的过程与策略
    - 问题解决的一般心理过程
    - 影响问题解决的主观因素
    - 问题解决的常用策略
  - 问题解决能力的培养
    - 有效问题解决者的特征
    - 一般问题解决能力的训练
  - 学科问题解决教学
    - 学科问题解决的教学设计
    - 有效问题解决的教学策略
    - 问题解决教学中值得注意的问题

【考点剖析与拓展(游刃有余)】

考点一、概述

1. 问题及其类型

表 11 -1　问题及其类型

要点	具体内容		
问题的含义	是一种情境，即个体想做某件事，但不能马上知道完成这件事需要采取的一系列行动		
问题的基本成分	①给定，是指问题的初始状态。 ②目标，是指问题要求的答案或目标状态。 ③障碍，是指给定和目标之间必须经过思维活动才能消除的障碍，通常是问题解决过程的中介步骤		
问题类型的划分	问题结构的完整性	结构良好问题	问题的给定状态、目标状态以及用于转换状态的方法均已规定清楚
		结构不良问题	问题的给定状态、目标状态以及用于转换状态的方法存在界定不明确
	解题者的熟悉程度	常规问题	与问题解决者已经解决的问题相同或非常相似
		非常规问题	不同于问题解决者已经解决过的问题，需要给出一个新的解决方案

续表

要点	具体内容		
问题类型的划分	解决问题所需的算子质量	一般领域的问题	又称知识贫乏领域的问题，解决问题所需要的特定领域的专业知识相对较少
		专门领域的问题	又称知识丰富领域的问题，包含大量特定学科领域的专业知识
问题解决	含义	是指在具有明确目标的情况下却不明确达到目标的途径或方法，而运用一系列有指向的认知操作过程，也称解决问题。在解决问题的过程中，个体通常需要对原有知识经验以及当前问题的各个成分进行重组、转换或联合	
	特征	①具有目标定向性，旨在实现状态转换，求得问题答案。 ②具有认知性，在个体认知系统内进行，只能通过解题者的行为来间接推测问题的存在。 ③包括一系列心理运算或操作，通过选择不同算子达到最终目标。 ④具有个人性，受诸多因素的影响，不同个体解决同一问题可能会表现出很大的差异	

2. 问题解决的理论模式

表 11－2　问题解决的理论模式

理论模式	具体内容	
行为观	观点	桑代克通过迷笼实验提出了问题解决的行为观，这是早期的问题解决理论。行为观认为，问题解决由刺激情境与适当反应之间形成的联结构成；这种联结是通过尝试错误逐渐形成的。问题解决过程首先要通过一系列盲目操作来不断试错，发现一种问题解决方法，即形成刺激情境与反应的联结，然后再不断重复巩固此联结，直到能够立即解决问题
	评价	①优点：认识到问题解决过程中，存在一系列建立刺激情境与恰当反应新联结的阶段，重视问题解决的系列操作。 ②缺点：没有认清人类与动物解决问题的不同实质；否认解决问题中的目的性及认知因素的重要作用
完形观	观点	格式塔派的苛勒以黑猩猩拿香蕉的经典实验为基础，提出了完形观。完形观认为，人遇到问题时，会重组问题情境的当前结构来弥补问题缺口，达到新的完形，从而联想起一种可行的解决方案。此过程的突出特点是顿悟，即对问题情景的突然领悟
	评价	①优点：顿悟说注意到了重组情境的认知成分，这就是对问题的理解和表征。 ②缺点：把这种认知成分看成是先验的，片面强调顿悟，忽视了对问题解决过程的研究
过程观	观点	杜威和沃拉斯等人根据人实际解决问题的过程，通过理论思辨与实践描述提出了过程观。过程观认为，问题解决是循序渐进的、分阶段的步骤或程序。杜威将问题解决分为产生困难、对困难的界定、找到解决问题的方法、假设检验、产生迁移五个步骤
	评价	①此观点认为问题解决是一个环环相扣的过程，促进了人们认知问题解决的重要性。 ②该观点缺少理论依据和实证研究支持，缺乏一定说服力

续表

理论模式		具体内容
信息加工观	观点	由纽厄尔、西蒙等人提出，反映了现代认知心理学对问题解决的性质和过程的看法。 信息加工观，把问题解决看作是信息加工系统对信息的加工，认为问题解决就是搜索问题空间，寻找一条从初始状态通向目标状态的通路，或运用算子从初始状态逐步过渡到目标状态。分为四个阶段： ①问题标准，将任务范围转化为问题空间，实现对问题的表征和理解。 ②选择算子，选择用以改变初始状态的认知操作。 ③实施操作，运用算子改变问题的初始状态，使之逐步接近并达到目标状态。 ④评价，当前状态对算子和策略是否合适、当前状态是否接近目标状态、问题是否已得到解决等做出评价。 上述阶段并非固定不变，可从后一阶段返回到前一阶段
	评价	从信息加工状态之前切换的角度来理解问题解决过程，给理解问题解决提供了新角度，同时有助于探索问题解决的实质，给问题解决教学提供了重要启示
现代认知观	观点	奥苏伯尔、吉克、布兰斯福德等人提出的现代认知观认为： ①问题解决就是把问题分为几个成分，从记忆库中激活旧信息或寻求新信息的过程。 ②问题解决不是线性的，解题者可能会跨步或联合某些步骤
	评价	①优点：深入探讨了人类解决某类问题的实际过程，非常注重各阶段之间的动态联系，对学生问题解决能力的培养具有直接应用价值。 ②缺点：关注的多是学科问题，对如何促进人们现实问题解决能力的提高还缺乏有效的指导
情境观	观点	乔纳森、格里诺等人从情境角度对问题解决及其教学进行了重新阐释。其观点包括： ①问题解决实际是个体在一定社会文化背景中运用原有知识经验，与他人分析、讨论真实任务，并主动建构问题意义的过程。 ②学生在应尽可能学会解决日常问题，只有正确解决这类问题，才能对学生的社会生活适应产生最广泛的迁移效应。 ③日常问题的一般过程：表达问题空间→鉴别其他观点→形成可能方案→评价其他方案→监督问题空间和解决方案→实施并监督解决方案→调整解决方案
	评价	这种观点非常关注结构不良问题的解决过程及其教学问题，能促进学生对社会生活适应产生最广泛的迁移效应

考点二、问题解决的过程与策略

1. 问题解决的一般心理过程

表 11－3　问题解决的一般心理过程

阶段	具体内容
发现问题	发现问题是解决问题首要的、最具挑战性的阶段。发现问题的过程中应注意全面理解情境中的有用信息。阻碍人们发现问题的因素包括： ①没有积极主动寻找问题的习惯。 ②问题解决者缺乏与问题相关的背景知识。 ③不愿花时间发现问题，宁愿去寻找问题解决方案。 ④不愿进行发散思维，难以克服思维定势

续表

<table>
<tr><th>阶段</th><th colspan="2">具体内容</th></tr>
<tr><td rowspan="2">表征问题</td><td>内部表征</td><td>是指简单地思考抽象意义上的问题，而不管字面意义的一种形式</td></tr>
<tr><td>外部表征</td><td>①含义：是指用某种切实可行的形式，如图画、示意图或者方程等加以表示的一种形式。
②常用形式：
a. 记录问题。最初的表征在头脑中，将其写下来，可减轻记忆负担。
b. 绘制图表。对于涉及数学及空间关系的问题，绘制图表是十分有效的外部表征方式。
c. 列出树状图。当有关信息存在一定自然层次性，选取树状图来表征问题比较合适。
d. 建立操作模型。当问题中给定条件的改变会影响问题解决方案时，可以建立模型</td></tr>
<tr><td>选择恰当策略</td><td colspan="2">选择恰当策略的过程实际上就是控制问题表征，从而找到一条能够达到目标的线路。对问题的表征不同，所选择的解决策略也不同。问题简单，则可经过模式识别，直接提取解决方法。问题复杂，则要使用复杂的搜索策略</td></tr>
<tr><td>应用策略</td><td colspan="2">①对问题进行合适的界定和表征，选取适当的策略。
②对于界定明确的问题，选取正确的问题解决策略，随时监控策略的执行情况。
③对于界定不明确的问题，如果执行尝试 - 错误策略，一般要求尽可能地多次尝试，并监控进步情况；如果执行手段 - 目标分析策略，一般要求事先把问题分解为若干个小的问题，然后再逐步寻求每个小问题的解决方法</td></tr>
<tr><td rowspan="2">评价反思</td><td>含义</td><td>是指策略执行完后，学生要核查执行的结果与预定的目标是否一致。其内涵包含两个方面：
①检查获得结果的整个过程。
②从问题解决活动中积累经验和教训</td></tr>
<tr><td>方法</td><td>找出主要困难及关键；重新评价解题方法；思考如何迁移问题解决的技巧；积累教训；概括类型问题一般结构、特点</td></tr>
</table>

2. 影响问题解决的主观因素

表 11 -4　影响问题解决的主观因素

要点	具体内容
知识基础	①知识基础是个体解决问题的必要条件，培养问题解决能力是建立在知识基础之上的。 ②知识基础主要是通过数量和质量两方面来制约问题解决的效率。 ③解决问题实质上就是对有关知识经验的综合运用。 ④知识结构的组织方式影响问题解决
思维策略	特定的策略、特定的思维加工过程、思维成效三者间有直接联系。思维策略直接控制个体在何时以及如何使用知识和技能。思维策略按照结构的不同，可分为特殊策略、一般策略和核心策略
元认知	问题解决的途径不止一条，个体需要监控解题操作过程。元认知水平的高的学生善于总结，举一反三，元认知水平的低的学生很少反思，机械呆板
心向	①含义：是指人们以在解决问题过程中以自己最熟悉的方式来进行反应的倾向；它在学习和解决问题中有时起到积极作用，有时起到消极作用。 ②心向主要以两种形式发挥作用： a. 思维定势，是指个体经由学习而积累起来的习惯倾向；它使人解决问题的思维活动呈现刻板化，如卢钦斯的量水实验。 b. 功能固着，是指人们把某种功能赋予某种物体的倾向；它使个体只想到物体的惯常用途后，很难想出其新用途

3. 问题解决的常用策略

表 11－5　问题解决的常用策略

要点	具体内容
算法式	①关键：需要逐个尝试解决问题的可能性，以尝试错误方式解决问题。 ②优缺点：可保证问题得到解决，但费时费力，且并非所有问题都可使用算法式
启发式	①关键：以一定的经验为基础，采用选择搜索方式解决问题。 ②优缺点：简单省事，效率高，是解决问题的常用策略，也是教学中要力培的重要思维策略，但它不能保证问题成功解决。 ③启发式策略包括：手段－目的分析法、顺推法、逆向反推法、类比思维、试误法等

考点三、问题解决能力的培养

1. 有效问题解决者的特征

表 11－6　有效问题解决者的特征

要点	具体内容
在擅长的领域表现突出	某一领域的专家并非在所有领域都表现出色，而是在解决其擅长领域的问题时表现较为出色。一定领域的专门知识不易运用到其他领域
以较大的单元加工信息	专家能有效组织信息，他们能将信息转换成为更大的、可利用的单元。他们出色的分类能力，能将当前的有意义信息加工成自己熟悉的图式
能迅速处理有意义的信息	在解决常规问题时，专家比新手快得多。他们已将基本技能执行完全自动化，能进行直觉推理
能在短时记忆和长时记忆中保持大量信息	通过专门训练，人的短时记忆容量可以扩大。同时，专家在他熟悉的领域也有优越的长时记忆能力
能以深层方式表征问题	专家的注意力放在问题的基本结构而非表面特征上。当遇到一个新问题时，专家能很快抓住问题的实质，根据问题的内在结构表征问题
愿意花时间分析问题	在解决困难的新问题时，专家用于表征问题的时间比新手要长一些。原因是他们有更多可供利用的知识，他们需要思考与当前问题最有关的是什么知识。专家往往会使用复杂的分析策略简化问题
能很好地监视自己的操作	专家能较好地监督其问题解决过程，能更为准确地判断出问题的难度，更可能产生其他的假设，迅速抛弃不恰当的解决方法以及始终保持反思

2. 一般问题解决能力的训练

表 11－7　一般问题解决能力的训练

课程	具体内容	
CoRT 教程——德波诺	简介	①通过大量的日常生活实际问题的思维训练，锻炼学生问题解决能力。 ②教程包括广度、组织、交互、创造力、信息和感觉、行动共六个单元，每单元包括 10 课，每一课都集中训练表征或分析某一问题情境的特定策略

续表

课程		具体内容
CoRT 教程——德波诺	训练方式	每一课开始，先由教师简要解释所要学习的认知技能，然后将学生分组练习问题的解答；几分钟过后，各组汇报自己的进展，在教师的组织下进行讨论
工具丰富教程——福伊尔施泰因	简介	这一课程为学生提供学习和问题解决必需的工具、自信心和动机，其主要目的是提高学生的认知功能及独立思考能力
	训练方式	教师引入问题，学生各自解答，然后全班讨论问题解决方法，最后教师总结。其重要原则是“架桥”，即在所学工具和实际应用间，提供实例架起桥梁，教师鼓励学生发现应用的情境
	作用	促进学生对自身经验的思考；促进学生之间相互学习；有利于联想到恰当的应用情境；有助于所学策略的迁移
创新思维教程——科温顿	简介	教学材料是卡通小册子和补充问题，目的是向小学生传授一般的问题解决技能
	训练方式	从小册子上的神秘故事入手，学生尝试回答和解决问题，通过破案的方式尝试各种想法的正误，由成人进行针对性评价
儿童哲学教程——李普曼	简介	专为未成年人设计的思维技能训练课程，包括提出因果关系、进行演绎推理、鉴别一致和矛盾、归类、运用类比进行思考等 30 种技能
	训练方式	让学习者阅读一系列文章，使其“参与”到所刻意安排的那种思考问题的思路或解决问题的框架之中，从而训练思维
专家思维教程——布卢姆	简介	由布卢姆为大学生提出的结合了学科内容的训练，授予新手以专家思维策略
	训练方式	通过一系列与学科内容有关的综合测验将学生按成绩分为榜样组和补救组，两组学生在学习动机、努力程度和智力方面基本相同；然后让两组学生都大声说出自己解决问题的过程，再让补救组学生找出自己与榜样组学生解题过程的差异

考点四、学科问题解决教学

1. 学科问题解决的教学设计

表 11－8　学科问题解决的教学设计

要点	具体内容
分析学生的知识基础	学生的已有知识是组织教学的依据。若已有知识基础有缺漏，须进行补救教学。若有错误观念，需运用有针对性的特殊教学程序
设计问题和问题解决	①设计问题。为了促进学生的创新学习，教师在课堂教学中应该注意开发和使用非常规问题。 ②设计问题解决。教师不能直接告诉学生答案，而要激发其好奇心。具体要注意的包括以下几点： a. 注意问题呈现的两个方面，即问题呈现的时间与形式。 b. 注意设计问题解决的两个方面，即要充分发挥学生的主体性与教师引导学生解决问题的主导性
实施学科问题解决的教学	①促进学生对知识的全面掌握。 ②培养学生主动提出问题和解决问题的内在动机。 ③帮助学生正确地表征问题。 ④帮助学生养成分析问题和策略性思维的习惯

2. 有效问题解决的教学策略

表 11－9 有效问题解决的教学策略

要点	具体内容	
样例教学	含义	是指利用样例促进学生问题解决图式形成的一种有效教学策略。该策略与传统教学的区别之处就在于前者把样例和常规问题以交叉顺序进行排列
	结构	对问题的详细说明、解决步骤和最终答案
	实施过程	三个通用步骤：引入新主题、示范证明、课堂练习
	注意事项	适用于复杂问题的教学；引导学生从样例的思路中得到启发；提倡总结思路；经常复习
	实践启示	①样例教学的适用于对某学科领域不熟悉的新手型学生，随着教学内容难度的下降，教师要逐渐降低指导力度，同时随学生相关知识经验的增加，样例要消失。 ②教师必须提醒学生学习每个样例，必须考虑到教学材料的复杂程度。 ③学生具备的专门知识越丰富，改变问题类型的速度就可越快一些
	优点	能帮助学生形成解决问题的图式、节约教学时间、提高学生的练习强度、培养学生自学能力、降低学习上的自卑感等
基于问题的教学	含义	又称抛锚式教学，或课题式教学，是当代建构主义理论提出的一种教师促使学生积极主动地解决实际情境或接近实际情境中的复杂问题的教学策略
	适用领域	适用于界定不良领域的问题解决教学
	教学要求	教师通过创设真实的问题情境，来促进学生学习学科内容、提升问题解决技巧
	实施步骤	①组织小组。关键是形成毫无偏见的氛围。 ②开始新的问题。促进者提供一个给能吸引学习者的复杂问题。起初，促进者要较多地引导学习者，随后，要逐渐地“隐退”。 ③后续行动。小组成员沟通所学，生成新的假设。 ④活动汇报。小组以不同形式报告得出结论的过程，如戏剧表演等。 ⑤问题后的反思。促进者引导学习者反思，帮助他们概括和理解新知识的应用情境
配对解题	含义	是指用于传授高层次思维策略的教学策略，在课堂实践中有重要的应用价值
	作用	能将反馈信息及时返回给学生，让学生获取自己在解决问题过程中存在的信息
	实施步骤	①让全班学生搭配成对，并提供问题。 ②学生轮流承担解题者和倾听者的角色
出声思维	含义	是指用于传授高层次认知策略的教学策略，与配对解题策略一样，也需要个体说出能意识到的所有解题步骤和心理加工。专家可通过这种策略，将思维过程示范给所有学生
	作用	可帮助教师监督和改善学生对问题的理解。学生单独解题时，出生思维的积极效果更为明显。它会使学生清楚地意识到头脑中的一切，从而提高成绩
	影响因素	学生依赖机械学习的强弱、有关背景知识、任务必需的技能、是否习惯使用这种技术等
	实施步骤	①教师或学生通过语言表述头脑中的内容。 ②讲出解决问题时的所有思考步骤。 ③着手解决问题前，先说出头脑中的内容

3. 问题解决教学中值得注意的问题

表 11－10 问题解决教学中值得注意的问题

要点	具体内容
必须加强学生解决问题的态度训练	成功解决问题的人更有自信心、耐心、毅力，精力更集中。加强态度训练的注意事项： ①积极思考问题的态度。 ②树立解题的信心。 ③严谨思考问题的态度
必须注意与学科教学相结合	教学过程要注重与学科教学的结合，便于学科知识传授和能力训练之间互相渗透，使学生更好地领悟、理解和使用知识，但训练时不能涉及过于高深的学科知识
必须注重对结构不良问题的训练	教师在实际教学中必须加强对结构不良问题的训练。如创设一个问题情境，让学生发现问题，也可让学生自己编制问题等
必须强调一般思维方法和具体问题解决技能的结合	问题解决能力的培养不能脱离对实际问题的解决，应让学生在获得具体解题技能的过程中掌握一般思维策略，最终学会思维；此外，教师需要对训练目标进行细分，目标越具体，越便于操作；目标越抽象，迁移范围越广

11.2 课后习题详解

1. 在你的班里，成绩优秀的同学是不是解题效率特别高？为什么？

答：在我的班里，成绩优秀的同学解题效率更高。解题效率受知识、策略、思维定势、元认知等诸多因素的影响，我认为这种现象出现的原因主要包括以下几个方面：

(1)知识基础方面

知识基础是个体解决问题的必要条件。没有足够的知识基础，就谈不上培养问题解决能力。个体解决问题受自身知识量的影响，这里的知识量既包含知识的数量又包含知识的质量。

①知识总量的多少是影响问题解决的一个重要因素。解决问题实质上就是对有关知识经验的综合运用。对领域知识掌握的多少明显影响学生对学科问题的解决效率。与当前问题有关的知识越多，成功解决问题的可能性也就越大。同时学科知识的学习具有系统性和累积性，优等生储存的知识量显著地多于后进生的知识量。

②知识结构上的本质不同也造成了成绩优秀学生和普通学生在问题解决质量和效率上的差异。组织不当的知识会阻碍个体正确地解决问题，组织得当的知识更有利于被回忆、唤醒和应用，成绩优秀的学生在知识的组织上更自觉，或者说成绩优秀的学生在知识的有效组织与结构化过程中，所花费的时间、精力更少。

(2)思维策略方面

思维策略是指个体在信息加工活动中，根据一定要求和情况而采用的一些解决问题的方式方法，是影响个体问题解决效率的最直接最重要的因素之一。它直接控制在何种时候应使用哪些知识技巧，以及怎样使用这些技巧。有人将思维策略按照结构的不同分成了联系性策略、刺激分化策略和检查策略三类，而成绩优秀的学生在这些策略的理解与应用上更自觉。

2. 在问题解决教学中，应从学科知识着手还是传授一般方法？

答：在具体的问题解决教学中，教师应从学科知识着手，在这个过程中传授一般方法。教学重点在任务所需要的知识上，在特定学科的问题解决的逻辑推理和策略上。具体来说，要注意以下几点：

(1)促进学生对知识的全面掌握

教师需要在深入理解知识的前提下悉心选取、搭建该学科的核心知识，继而有目的、有计划地给学生传授，具体而言，包括以下三点：

①教师需要给学生辨析陈述性知识与程序性知识的区别，从而突破陈述性知识的局限性，抓住并强调程序性知识的在本质上的特征，帮助不同课题之间程序性知识的整理融合。

②教师在教学过程中需要对程序性知识予以强调，并且将应用这些程序性知识的机会提供给学生。

③检查学生的学习成效时，也应对程序性知识给予一定的考核。

(2)培养学生主动提出问题和解决问题的内在动机

学生要理解在学习中所面临的学科问题并不难，但这些问题不能锻炼学生判断信息是否有关的能力。因此，教师要鼓励学生提问，营造自由探索的班级气氛。同时，教师要多给学生提供解决界定不良问题的机会，从而激发学生的内在学习动机。

(3)帮助学生正确地表征问题

学科问题解决教学要注意帮助学生用自己的语言重新表述问题，可以通过画草图、列表、写方程式等方法来实现，这有利于学生在日后更有效地提取记忆中的知识，有利于学生获得灵活有效表征问题的经验，有利于减轻学生的认知负荷，提高其问题解决效率。

(4)帮助学生养成分析问题和策略性思维的习惯

教师要帮助学生养成科学分析问题的习惯。在实践过程中，教师要着重克服两种负面倾向：其一，教师缺乏必要指导，学生盲目试错；其二，教师揠苗助长，直接告知学生结论。

3. 试就某一科目中的具体问题(如语文阅读、英语写作、数学应用题等)，调查学生在解决问题时存在哪些差异。

答：问题解决受个体知识、策略、思维定势、元认知等诸多因素的影响，表现出极大差异，具有较强的个人色彩。就解决数学应用题来说，学生的认知差异表现为以下几个方面：

(1)个体知识

必要的知识是解决问题的必要条件。一部分学生不能成功解题的原因在于对知识点掌握不牢固，或知识提取困难。而成功解题的学生在知识的质与量上都优于不能成功解题的学生。

(2)策略

有的学生能熟练应用策略，迅速而正确地解决一道数学应用题；而有的学生则在使用策略时，容易出错。出错的学生往往不改变策略，得不到正确答案。这是因为，他们只加工陈述性知识，急于解决问题，而不是分析问题使用的正确策略。

(3)思维定势

思维定势是指个体经由学习而积累起来的习惯倾向。思维定势使人解决问题的思维活动呈现刻板化，部分学生难以摆脱思维定式，在解题过程中，难以找到问题解决的正确策略。而能够正确解题的学生，思维更灵活，能够找到正确的解题策略。

(4)元认知

解题能力差的学生缺乏元认知监控意识和元认知监控习惯，造成其解题过程机械化、刻板化，因此无法有效分析问题关键所在。他们只关心答案，极少进行反思总结。而解题能力强的学生会主动监控解题过程，并及时做出调整。他们在解题之后的及时反思，有利于知识结构的优化，因此，常常能举一反三。

4. 如何设计和评价一节成功的问题解决教学课?

答：对学生问题解决能力的培养不能脱离具体学科，设计和评价一节成功的问题解决教学课要从以下几个方面入手：

(1)分析学生的知识基础

学生的已有知识是组织教学的依据。对于学生所具备的、与问题解决相关的固有知识(包括陈述性知识和程序性知识)进行分析非常重要。教师应在授新课前，帮助学生及时查漏补缺，更改错误观念。

(2)设计问题和问题解决

问题解决教学设计要基于问题和问题的解决，要把问题解决策略与学科知识结合来考虑，具体来说，包括以下几个方面：

①设计问题

问题是教学过程的基础和前提，问题设计得是否恰当很大程度上能够影响教学的进度和效果。设计问题时，要注意以下几点：

a. 问题要高于一般的习题，具有一般性。

b. 问题来源于实践，有一定价值，具有应用性。

c. 问题要能引起学生求知欲，具有导欲性。

d. 问题要面向全体学生，同时要具有针对性。

e. 问题要与课程标准相符合，具有一致性。

②设计问题解决

对提出的问题，教师要围绕学生求知欲，帮助学生自己表征问题、选择策略，从而促进知识的迁移与应用。具体来讲，要注意以下几点：

a. 要设计问题呈现的两个方面，即时间和形式。如问题难度大，宜课前提出；问题的难度不大，则当堂提出，此外，对不同水平的学生要采用不同形式。

b. 一方面要注意启发学生进行思考，另一方面要对所提出的问题设计出引导学生解决的步骤，包括学生的问题理解与问题表征、解决问题过程中思维策略的选择与运用、学生对解决问题的检查与反思等。

c. 问题不要求一堂课解决完，教师应编制适当习题，帮助学生通过练习及时巩固所学。

11.3 考研真题与典型题详解

一、单项选择题

1. 下列属于解决结构不良的问题的是(　　)。[统考2022年研]

A. 根据背景推测照片中人物的身高　　B. 预测神舟飞船返回地面的时间、地点

C. 测算某一形状不规则物体的体积　　D. 评价某年轻老师的课堂教学效果

【答案】D

【解析】根据问题结构的完整性，可以将问题分为结构良好的问题和结构不良的问题，其中结构不良的问题是指没有明确的结构或解决途径。ABC三项，均有明确的解决问题的途径。D项，需要确定评价的方式或者维度等才能进行评价，所以属于结构不良的问题。

2. 下面各项中不属于“问题解决”特点的是(　　)。

A. 问题解决是思维过程　　B. 问题解决是学习过程

C. 问题解决是回忆过程　　D. 问题解决是探究过程

【答案】C

【解析】问题解决这一认知过程经过了思维的整合、学习与探究，和回忆无关。

3. 下面各项不属于问题解决过程中使用的启发式策略的是(　　)。

A. 手段－目的分析法　　B. 爬山法

C. 算法　　D. 逆向搜索法

【答案】C

【解析】在寻求解答的阶段，可能存在算法式和启发式两种一般的途径。算法式就是严格执行算法程序来获得问题的解答，与启发式对应。启发式是指根据目标的指引，试图将不断地将问题状态转换成与目标状态相近的状态，只试探那些对成功趋向目标状态有价值的操作。启发式的方法有手段－目的分析、逆向反推法、爬山法和类比思维法。

4. 属于“问题解决”的选项是(　　)。

A. 记起童年的故事　　B. 跑步锻炼身体

C. 用一个词来造句　　D. 荡秋千

【答案】C

【解析】问题解决是指个体在面对问题情境而没有现成的方法可以利用时，将已知情境转化为目的情境的认知过程。问题解决者需要超越对过去所学规则的简单应用，将所学规则进行一定的组合，产生一个解答，达到解决问题的目的。C项，“用一个词来造句”符合将已知情境转化为目的情境的概念。

二、概念题

1. 柯尔特思维训练系统

答：柯尔特思维训练系统是由英国剑桥大学认知研究基金会主任爱德华·德波诺创造

的思维训练工具。他根据自身思维技能教学经验编写了《柯尔特思维教程》。他的方法打破了传统教学以知识为基础的教育立场。“如果知道，做起来就很容易——这个想法是不正确的”这一点是柯尔特的关键元素。柯尔特重在“实用”，即可操作性，是一套应用工具而不是以知识为基础的学科。课程是由一个个思考工具和思考场景组成，共分为六大部分，分别是：思维的广度、思维的组织、思维的交互、创造力、信息和感觉、行动。每部分由10个单元构成。这些方法帮助人们针对不同的问题学会采用不同的思考工具来分析解决。他的方法和教程对世界许多国家都产生了很大影响。

2. 问题空间

答：问题空间是指解题者对问题客观陈述的理解，也就是问题解决者对一个问题所达到的全部认识状态。它是由问题解决者利用问题所包含的信息和已储存的信息主动地构成的。问题空间是由问题的起始状态、目标状态和一些算子构成。问题解决过程中，问题分为初始状态、中间状态、目的状态三种状态。问题解决就是从初始状态出发，搜寻适当的道路到达目的状态的过程。

三、简答题

影响问题解决的主要因素及对教育的启示。[扬州大学2019年研]

答：问题解决是指对问题形成一个新的答案或解决方案。这一答案不是简单应用已经学过的规则，而是对已有的知识、技能或概念、原理进行重新改组，形成一个适应问题要求的方案。

(1)影响问题解决的因素

①有关的知识经验

有关的知识经验是影响问题解决的个人因素，如果个体有与问题相关的背景知识与经验，则可以促进问题的表征和解答，只有依据有关的知识才能为问题的解决确定方向、选择途径和方法。

②个体的智能与动机

个体的智力水平是影响问题解决的极重要的因素。因为智力中的推理能力、理解力、记忆力、信息加工能力和分析能力等成分都影响着问题解决，也影响到问题解决的方法。动机是促使人问题解决的动力因素，对问题解决的思维活动有重要影响。动机的性质和动机的强度会影响问题解决的进程。就动机的性质来说，动机越积极就越有社会价值；就动机的强度来说，适中的动机强度最有利于问题的解决。

③问题情境与表征方式

问题情境是指呈现问题的客观情境(刺激模式)。问题情境对问题的解决有重要的影响。问题表征是问题解决的一个中心环节，它说明问题在头脑中是如何表现的。问题表征反映着对于问题的理解程度，涉及在问题情境中如何抽取有关信息，包括目标是什么、目标和当前状态的关系，可能运用的算式有哪些等。

④思维定势与功能固着

定势是指由先前的活动所形成的并影响后继活动趋势的一种心理准备状态。它在思维活动中表现为一种易于以习用的方式解决问题的倾向。定势在问题解决中有积极作用，也有消极影响。功能固着是指个体在解决问题时往往只看到某种事物的通常功能，而看不到它其他方面可能有的功能。这是人们长期以来形成的对某些事物的功能或用途的固定看法。功能固着影响人的思维，不利于新假设的提出和问题的解决。

⑤原型启发与酝酿效应

原型启发是指在其他事物或现象中获得的信息对解决当前问题的启发。当一个人长期致力于某一问题的解决而又百思不得其解的时候，如果他对这个问题的思考暂时停下来去完成别的事情，一段时间后，他可能会忽然想到解决的办法，这就是酝酿效应。

(2)对教学的启示

在实际教学中，学生解决问题的能力，完全可以结合各门学科的内容来进行训练和提高。在教学中，教师要把重点放在课题的知识上，放在特定学科的问题解决的逻辑推理和策略上，放在有效解决问题的一般原理和原则上。教师要注意为学生创造适当的气氛，以利于解决问题。具体阐述如下：

①鼓励质疑

教师对学生提出问题，相对来说学生比较被动。我们要尽量从教师提出问题过渡到学生质疑，从而培养学生主动质疑的内在动机。因此，要鼓励学生在课堂上主动提问，减少限制，营造一种自由探究的气氛。

②设置难度适当的问题

教师给学生的问题要可解，但要有一定的难度。要了解学生学习该知识的起点行为，即要对已有知识、原则进行重新组合，而不是重新学习。每个学生的起点行为是极其不同的，在培养解决问题能力上要注意将班级教学与个别辅导相结合。

③帮助学生正确表征问题

学生用所学知识解释问题，或者画草图、列表、写方程式等，这对回忆相关信息都有很好的作用。研究表明，试图将解决问题的计划以及选择这个计划的理由说出来或写下来，可导致成功地解决问题。

④帮助学生养成分析问题的习惯

学生应该始终注意对问题进行分析、了解，牢牢掌握问题的目的与主要情境，将精力集中于解答的目的及其标准上。对这两方面分析越清楚，获得正确答案的可能越大，教师要帮助学生发展系统考虑问题的方式，系统分析的习惯。

⑤辅导学生从记忆中提取信息

因为解决问题需要对原有知识、原则进行重新组合，所以教师要帮助学生从记忆中迅速提取与解决问题有关的信息，并能很快找出可利用的信息，明确问题情境与欲达到的目的，迅速做出判断。

⑥训练学生陈述自己的假设及其步骤

教师要培养学生从引来别人的言语指导到自行指导思考，然后再要他们自己用言语表达出来。此外，教师要给学生以充分的时间进行解答。教师也要鼓励学生验证解答，防止以偏概全，可做类比练习，加以巩固。

四、论述题

1. 联系实际论述问题解决能力的培养。[华中师范大学2010年研]

相关试题：问题解决能力的培养措施。[简答题；江苏师范大学2023年研]

答：问题解决的策略是指一种用来使问题发生某些变化并由此提供一定信息的处理、试验或探索的方案。

(1)问题解决的影响因素

问题解决的思维过程受多种心理因素的影响，有些因素能促进思维活动对问题的解决，有些因素则妨碍思维活动对问题的解决。这些因素可以分成问题因素和个人因素。问题因素包括问题的刺激特点、功能固着以及反应定势。个人因素包括有关的知识背景、智慧水平、对问题的敏感性、好奇心和综合各种观念的能力以及动机和气质。两种因素相互作用，共同影响了问题解决的过程和结果。

(2)问题解决的常规步骤

①分析问题

教学生分析问题是解决问题的第一步。教学生分析问题的教学步骤是：教师先带着学生分析问题，然后和学生一起分析问题，最后让学生独立分析问题。

②产生一个问题解决的计划

问题解决的计划应包括总的目标、如何解决问题、解决问题需要哪些特殊策略和哪些特殊的能力。学生在解决问题前如果有了一个计划，他们解决问题的活动就是理性的而不是盲目的了。

③回忆已有的信息或获得新的信息

要想解决一个特定的问题，学生必须有三种信息：事实的信息、概念和原理。

④产生一个问题解决的方案

学生利用各种信息并发挥自己思维能力，产生一个问题解决的正确方案。

⑤检验问题解决的过程和验证问题解决的方案

检验和验证过程要贯穿于问题解决的全过程。检验和验证的内容包括：对问题的认识是否充分，是否对问题真正理解了，所得到的答案是否正确等。

⑥及时反馈和及时补救

问题解决需要及时的反馈，即问题是否得到了正确解决。及时的反馈可以加速问题解决的进程。此外，当问题没有完全得到解决时，需要采取补救措施，以便把问题完全正确地解决。

(3)教学实际中问题解决能力的培养措施

①充分利用已有经验，形成知识结构体系

学生问题解决能力的培养提高受制于两个因素，一个是教师对学生知识基础状况的精确洞察与把握，另一个是在此基础上为学生解决问题提供的知识准备。因此，教师必须通过多种途径增强师生间的沟通与了解，对学生的知识能力状况教师要做到心中有数，这是从事高效率教学的基础，也是课堂设疑的前提。

②分析问题的构成，把握问题解决规律

教学生分析问题是解决问题的第一步。对问题的分析主要集中于“已知是什么”“要达到什么目的”。

对问题解决规律的把握也是解决问题的关键。问题解决规律可以分为普遍规律和具体规律两种。普遍规律是适应一切学习问题解决的规律，反映的是问题解决中的共性；具体规律是指适应于某一学科、某一方面的问题解决规律。

③开展研究性学习，发挥学生的主动性

研究性学习，是指在教学过程中创设一种类似科学研究的情境或途径，让学生在教师引导下，从学习、生活及社会生活中去选择和确定研究专题，用类似科学研究的方式，主动地去探索、发现和体验。研究性学习能够使学生充分调动学生的积极性，发挥主动性，有助于问题的解决。

④教授问题解决策略，灵活变换问题

策略，是指人在思维过程中，从大的角度来考虑思维方向的思想方法。好的问题解决策略对于解决特定问题很有效。因此，教师要经常教给学生一些好的问题解决的策略。同时，教师还要鼓励学生自觉地总结自己解决问题时所使用的策略并灵活运用。

⑤允许学生大胆猜想，鼓励实践验证

在解题中，教师要鼓励学生对问题大胆猜想、多向思考。合理、科学的猜想是直觉思维的重要形式，也是科学发现的重要途径。因此，在教学中，要根据教材编写的特点和学生的认识规律，鼓励学生勤于观察，大胆地提出猜想。

此外，教师还要鼓励学生对自己的猜想进行实践验证。学生在实践中一方面能对自己的猜想进一步分析判断，从而验证猜想是否正确，另外一方面，能够进一步调动学生解决问题的主动性和积极性。

2. 试评析关于问题解决模式的几种观点。

答：解决问题模式主要的观点有以下几种：

(1)传统观点

对于问题解决的模式，传统观点主要有桑代克的试误说与苛勒的顿悟说。

①试误说

桑代克主张问题解决由刺激情境与适当反应之间形成的联结构成，这种联结通过尝试错误逐渐形成。

a. 优点在于看到了问题解决过程中一系列建立刺激与反应联结的、尝试错误的阶段，重视问题解决的过程和系列操作。

b. 缺点在于认为问题解决的尝试错误过程具有盲目性，忽略了认知因素在问题解决中的重要作用。

②顿悟说

苛勒认为个体遇到问题时会重组问题情境的当前结构，从而联想起一种可行的解决方案。这一过程的突触特点是顿悟，即对问题情境的突然领悟。

a. 优点在于看到了重组情境的认知成分，这启发了后来强调的对问题的理解和表征。

b. 缺点在于把这种认知成分看成是先验的并且片面强调顿悟，取消了对问题解决过程的研究。

(2)信息加工的观点

这一观点认为问题包括初始状态、目标状态和操作，这三个部分组成问题空间。问题的解决即从初始状态趋向目标状态的一系列转换操作。

(3)现代认知派模式

现代认知派模式包括早期由杜威提出的阶段论、受皮亚杰认知理论影响产生的对问题解决的深入探索以及基克的问题解决策略。

①杜威的阶段论

关于解决问题的具体过程，杜威最早提出了五阶段论，包括开始意识到难题的存在→识别出问题→收集材料并对之分类整理，提出假设→接受和拒绝试探性的假设→形成和评价结论。后来还有许多人提出了这样那样的阶段论，但都大同小异，基本继承了杜威的阶段论思想。

②从皮亚杰认知理论解释问题解决

皮亚杰的认知理论面世和现代认知心理学产生以后，人们热衷于从认知的角度来解释人类解决问题的过程。将解决问题的过程划分了阶段，并非停留在表面现象的描述上，而是使用“认知结构”“图式激活”“问题表征”等术语对问题解决的各阶段进行深入描述，是传统阶段论的螺旋上升。人们更加注重各阶段之间的动态联系，更真实地描述了人类解决问题的动态过程，对问题解决技能的培养和教学具有更好的指导意义。

③基克的问题解决策略

基克等人根据对解决问题策略的研究，认为一般性的解决问题的策略包括理解和表征问题、寻求解答、尝试解答和评价四个阶段，如果成功则问题解决活动结束，如果失败则可能退回到最初的问题，或重新定义问题，或寻求解决问题的方法。这种问题解决不是线性的，问题解决者可能跳来跳去，跨步或联合一些步骤。

第 12 章　创造性培养

12.1　复习笔记

【知识框架（庖丁解牛）】

- 创造性培养
  - 概述
    - 什么是创造性
    - 创造性的心理结构
    - 创造活动的心理过程
  - 创造性的发展与鉴别
    - 创造性发展的趋势
    - 创造性的鉴别
  - 创造性的影响因素和培养措施
    - 影响创造性发展的因素
    - 培养创造性的措施

【考点剖析与拓展（游刃有余）】

考点一、概述

1. 什么是创造性

表 12－1　什么是创造性

要点	具体内容		
关于创造性的主要观点	能力观	观点	把创造力看作发现新事物、产生不同寻常的观念和背离传统的思维方式的能力
		评价	①优点：强调了某种特殊能力在创造中的作用。 ②缺点：过多地强调发散思维，甚至将它与创造性思维等同，这是不全面的，应该把创造力中的各种思维成分都结合到一起来考虑
	过程观	观点	依据个体创造认知和活动的过程，把创造力具体划分为几个不同质的阶段
		评价	可以使我们更好地认识创造的思维进程，有助于对创造活动做深入细致的研究
	人格说	观点	人格说重视创造性与个体人格的关系，认为个体在进行创造活动时的某种人格特征是创造力的来源
		评价	创造性与人格特征的关系经研究证明确实存在联系，人格说具有一定科学性
	产品观	观点	对产物进行分析比较，由创造性产物与其他产物的不同特点来界定创造力
		评价	①从产品角度来分析创造力，体现了对创造力的功用的重视。 ②这种评定标准更加客观，符合创造力的操作原则，有比较高的信度

续表

要点	具体内容	
创造性与智力的关系	创造力与智力的关系	两者存在一定关系，但并不呈线性正相关，主要表现为： ①创造力高，智商一定高。 ②智商高，创造力不一定高。 ③智商低，创造力一定低。 ④创造力低，智商不一定低
	门槛效应	门槛效应，即IQ(即智商)<120时，创造性与智力有中等程度的相关；IQ>120时，其相关会减小。因此，IQ<120分，个体难以进行创造性工作，IQ>120后，智商的增加并不意味着更高的创造性，其他因素同样影响个体的创造性，如自负等消极态度
三种研究取向对创造性本质的探讨	人格特质的研究取向	这一取向把创造性看作为个体人格结构中的重要因素，关注其在创造性活动中的作用，关注识别创造性人物的人格特质群
	认知过程的研究取向	这一取向将心理过程看作是大脑对刺激认知操作加工的过程。研究的重点就是各个相互关联又相对独立的认知造作过程，并以此作为解释人类行为的基础，使信息的呈现更准确、方便、易于接受，让学生尽可能地增加感性认识
	社会心理学的研究取向	这一取向认为人们对自己的成功与失败的原因的理解和所做的因果判断和情境环境是创造性的重要来源，旨在识别出其积极或消极的作用

2. 创造性的心理结构

表12-2 创造性的心理结构

要点	具体内容		
创造性认知品质	含义	是指创造性心理结构中与认知加工有关的部分，是创造心理活动的核心	
	内容	①创造性想象，是指人脑选择、加工和改组已有表象，形成独特的新形象的心理过程，是人类创造性活动中必不可少的因素。在可供想象的材料一定的情况下，有限制的想象比无限制的想象更能增加创造性。 ②创造性思维，是一种具有开创意义的思维活动，即开拓人类认识新领域、开创人类认识新成果的思维活动。创造性思维是以感知、记忆、思考、联想、理解等能力为基础，以综合性、探索性和求新性特征的高级心理活动，需要人们付出艰苦的脑力劳动。 ③创造性认知策略，是指进行创造性思维和想象的有效方法和操作程序，如属性列举法、幻想法、头脑风暴法、分合法、旁通思维法等。创造性认知策略具有可传授性	
创造性人格品质	含义	是指有创造性的人所具有的人格品质，对创造性的发挥起着极重要的推动作用	
	特征	创造性动力特征	创造性动力特征反映了个体的创造目的，具体体现为创造动机，由两部分组成： ①外部动机，即自我卷入动机，是指受外界奖赏产生的需要，目的是求得外部奖励和认同。 ②内部动机，即任务卷入动机，是指个体受某事物的吸引产生的好奇心、求知欲、兴趣等产生的内在需要。内部动机以求得创造性的问题解决方法为目的，以创造活动本身为目标。其标志在于获得工作本身的挑战性和愉悦性。 ③两者的区别：内部动机比外部动机导致更高水平的创造性，一些外部动机也能促进创造性，但竞争易把人引向与活动无关的目标，故要慎重使用

续表

要点	具体内容		
创造性人格品质	特征	创造性情意特征	包括创造性情感和创造性意志两个方面，表现为明确的目的性、独立性、顽强性
		创造性人格特质	①好奇心和求知欲强，对新事物的包容度高。 ②想象力丰富。 ③积极探索，求知欲强，具有挑战性。 ④独立，自信，不盲从，不轻信。 ⑤自制力强，专注。 ⑥有幽默感
创造性适应品质	含义	是指个体在特定的社会背景中，不断与社会生活环境交互产生的创造性行为倾向	
	表现	创造的行为习惯、创造策略和创造技法的掌握运用等	
	特点	创造性适应品质发展较好的个体，一般具有较高水平的发散思维策略	

3. 创造活动的心理过程

沃拉斯提出的四阶段理论是其后许多关于创造性阶段的观点的来源。

表 12-3 创造活动的心理过程

阶段	具体内容
准备阶段	即基础阶段，该阶段由刺激情境发现问题及寻求解题线索组成，涵盖了知识的积累、问题的提出等过程。该阶段的任务是确定创造方向和目标，做好主观和客观条件上的必要准备
酝酿阶段	即潜伏阶段。该阶段行为在表面上中断，但思考仍在进行，人的潜意识还在积极探索。个体需要冷静下来，客观地分析所遇问题
明朗阶段	又称“啊哈”阶段，即顿悟阶段，在特定情境下，主体突然被特定启发唤醒，形成一种新观念。这一阶段常伴随着突然的、强烈的、明显的情绪体验
验证阶段	即反思和检验解决方法是否正确的阶段，任何创造过程，都要经历反思、验证阶段，该阶段最耗费情感、时间和精力

考点二、创造性的发展与鉴别

1. 创造性发展的趋势

表 12-4 创造性发展的趋势

要点	具体内容	
创造性发展的年龄特征	儿童、青少年创造性发展的年龄趋势	①婴幼儿期，个体创造性开始萌芽，如探究反射。 ②幼儿时期，个体创造性进一步发展，突出表现为好奇心和创造性想象的发展。自由的联想和有意性想象随年龄的增长而发展，产生大量的再造想象。 ③小学阶段，个体创造性活动的意识性、目的性得到了进一步的发展，其特点包括：a. 创造性发展具有动态性，流畅性最高，变通性居中，独创性最低；b. 创造性想象和创造性思维水平不断发展。 ④青少年阶段，个体创造性大发展的关键期，青少年创造性发展的特点包括不平衡性和不成熟性

续表

要点	具体内容	
创造性发展的年龄特征	科学家产生创造性成果的年龄趋势	一般认为，20～40岁创造性达到顶峰；40～60岁保持相对稳定，其后逐渐下降，且越到老年下降越快；不同学科领域，最佳创造的年龄有所不同
创造性发展的性别差异	自古至今，科学家、发明家、思想家多为男性。这种性别差异的原因有男女大脑构造和功能差异方面的影响，更重要的是社会环境和性别文化观念的影响	

2. 创造性的鉴别

表12－5 创造性的鉴别

要点	具体内容		
创造性的测量方法	专家评价法	含义	又称专家调查法，是指以专家为索取未来信息的对象，组织各领域的专家运用专业方面的知识和经验对预测对象未来的发展区实际状况做出判断的一种测量方法
		实施步骤	形成评价小组；小组成员分别评析学生的创造性；合成总评价
		评价	①优点：较为经济，且有预测性。 ②缺点：评价结果受评价者的主观因素影响较大
	心理测验法	含义	是指根据已标准化的实验工具(如量表等)，记录引发和刺激被测试者的反应并进行量化分析的测量方法
		实施步骤	采用标准化的题目，按一定程序测验，将成绩进行常模比较从而测定水平
	实验法	含义	是指在真实的生活情境中进行的有控制的实验
		优点	该方法兼有实验室实验法的控制条件和观察法的自然真实两方面的优点，通过人为干预，分离出创造性的某些特定影响因素，使复杂问题简单化
	作品分析法	含义	是指分析学生平时的日记、周记，分析学生的有关作文的测量方法
		评价	①优点：该方法是一种客观分析法，可以消除各个变量之间相关影响，客观且深入。 ②缺点：作品限于个体的工艺品、作文、故事及计算机程序等，并且其计分难度较大，因此使用少
创造性测量工具	创造性认知测验	含义	是指从认知成分入手编制的一种创造性测量工具
		测量方式	托兰斯创造性思维测验、青少年科学创造力测验等
	创造性人格测验	含义	旨在测量学生是否具备创造性的人格特质，如独立性、挑战性、自信心与好奇心。这类测验经济方便，应用广泛
		测量方式	发现才能团体问卷、创造性态度量表、威廉姆斯创造性倾向量表
	创造性产品测验	含义	是指通过创造性产品来评定个体的创造能力的测验方法，需要客观的量表来进行评定，界定标准为是否具有综合性与新奇性，是否解决了问题
		测量方式	贝西默程序、赖斯产品评价表等

考点三、创造性的影响因素和培养措施

1. 影响创造性发展的因素

表 12－6 影响创造性发展的因素

<table>
<tr><th>要点</th><th colspan="3">具体内容</th></tr>
<tr><td>生理基础</td><td colspan="3">创造性产生的物质基础是大脑的结构与功能，即个体的神经系统。
①人脑充满了大量高效的工序，影响着创造活动中信息的传递。
②大脑左右半球在结构和功能上的差异影响创造性的发展。
③大脑皮质的激活水平及其可变性影响着创造性的发展</td></tr>
<tr><td>知识经验</td><td colspan="3">知识经验与创造之间有着密切的关系，具体表现为：
①只有具备了知识和技能，才能实现创造性。
②知识也有局限性，功能固着会阻碍个体创造性地认识事物。
③关于知识与创造性的关系，存在着以下两种观点：
a. 张力观，认为创造性与知识间呈现出一种倒 U 形关系。
b. 地基观，认为知识越丰富，创造性就越强，两者呈正向相关的关系</td></tr>
<tr><td rowspan="4">社会文化和教育观念</td><td rowspan="2">民主型教师课堂领导方式</td><td>教师</td><td>教师采用灵活多变的教学方法和管理方式，注重学生的情感体验，培养学生学习兴趣</td></tr>
<tr><td>学生</td><td>学生积极主动地投入到学习中，独立自主能力强，对于问题有较为深入的思考，敢于发表自己的观点，好奇心强</td></tr>
<tr><td rowspan="2">权威型教师课堂领导方式</td><td>教师</td><td>教学过程的主动权掌握在教师手中，教师采用灌输的方式向学生传授知识和观点，不允许学生提出有创见性的问题</td></tr>
<tr><td>学生</td><td>学生只能无条件被动接受，不敢提出疑问，学生独立性和创造性能力得不到很好的发展</td></tr>
<tr><td>个人心态、人格特征和认知习惯</td><td colspan="3">阻碍创造性发展的因素包括消极的个人心态、人格特征和认知习惯三方面。
①消极心态：体现在处理问题被动、不自信、怕别人批评、持错误的成功观念和比较的倾向等方面。
②消极人格特征：体现在胆怯、过分自责、懒惰、从众、狭隘、刻板、骄傲等方面。
③消极认知习惯：体现在过分积极、钻牛角尖、过早下判断、只关心答案、忽视想象、缺乏深思熟虑的能力和没有目标与计划等方面</td></tr>
</table>

2. 培养创造性的措施

表 12－7 培养创造性的措施

<table>
<tr><th>要点</th><th colspan="2">具体内容</th></tr>
<tr><td rowspan="4">营造鼓励创造的环境</td><td colspan="2">环境主要包括社会环境、学校环境和家庭环境</td></tr>
<tr><td>社会环境要求</td><td>文化手段多样化；注重长远发展；公民平等；享有自由；包容性强；能接触有价值的人；能提供刺激和奖励等</td></tr>
<tr><td>学校环境要求</td><td>创建合理的班级管理方式；改革应试考试制度；增加自选课程和有针对性的课程；为学生提供创造性人物的榜样等</td></tr>
<tr><td>家庭环境要求</td><td>倡导家庭民主；培养孩子的好奇心；鼓励孩子多阅读、多体验；对于错误不要苛责等</td></tr>
</table>

续表

要点	具体内容	
培养创造型的教师队伍	现状	教师普遍缺乏对创造性思维的了解和认识、缺少对学生创造性了解的一致性、缺少发展学生创造性思维的具体教学策略和技能
	要求	尊重学生的疑问和观念、使学生对其观念有信心、给予学生学习机会、重视形成性评价等
	措施	①创设有利于创造性产生的适宜环境，改革考试制度与考试内容。 ②注重创造性个性的塑造，鼓励独立性创新精神，给学生提供具有创造性的榜样。 ③开设培养创造性的课程，教授创造性思维策略
培育创造意识，激发创造动机	有效培养学生的创新意识和激发创造动机，要做到：破除创新的神秘感；激发创造热情；磨砺创造意志；培养创造勇气	
开设创造性课程，教授创造技法	开设创造性课程	①创造发明课：了解和学习科学发明史及重要人物，尝试从事创造发明。 ②自我设计课：进行一般设计和重要设计，根据学生的兴趣和经验选择有价值的课题。 ③推测课：推测某些事物，发展学生的想象力与敏感性。 ④假设课：创设问题情境，提出解决问题的办法的。 ⑤发散思维训练课：结合学科特点进行，是训练创造性思维最常见的方式
	主要创造技法	①头脑风暴法：通过多人集体讨论相互启发，激发想象力，培养创造性思维。 ②系统探求法：对问题解决进行系统设问、特性列举。 ③联想类比法：由某一事物的触发而引起的与其相似事物的联想。 ④组合创新法：利用创新思维使旧事物产生出新的价值。 ⑤对立思考法：从事物的对立面思考问题。 ⑥转换思考法：通过间接的方式，换一个角度寻找问题解决办法
发展和培养创造性思维	结合我国的教学现状，非逻辑思维的培养应注意以下几个方面： ①加大思维前进的跨度，训练思维跳跃能力。 ②加大思维联想的跨度，结合具体的不同的问题讨论。 ③加大思维转换的跨度，引导学生敢于质疑，打破思维定式。 ④留有模糊，给学生自主探究的空间	
塑造创造性人格	①保护好奇心。创造活动的源泉是好奇心，它促使学生敢于积极主动地探索未知。 ②鼓励学生积极尝试，包容犯错。犯错的焦虑严重阻碍学生创造性的发展。 ③鼓励多样性。创造的新观念、新事物是多样性的表现	

12.2 课后习题详解

1. 如何客观评判一个有创造性的学生或同事？

答：创造力是一种特殊的心理特质。评判有创造性的学生或同事，要注意以下几点：

(1)对创造性的客观评价

客观评价学生或同事的创造性，要注意以下几点：

①创造性区别于智力，智力在某种程度上使创造性能够施展，但并不促进它。

②创造性与智力存在一定的关系，但并不呈线性正相关。高智商可能有高创造性，也可能有低创造性；低创造性的智商水平可能高，也可能低；高创造性者必须有高于一般水平的智商。

③创造性与智力间存在门槛效应，当智商 < 120 分，个体较难进行创造性工作；当智商 > 120 之后，智商的增加并不意味着创造性的增加，因此不能混淆两者的概念。

(2)对其他方面的客观评价

是否具有创造性，是否能创造出有社会价值或个人价值的产品，并不能成为对人的唯一评价指标，个体的德行和为人处世的态度，同样是我们评价他人的重要指标。要注意的是：这些因素同样影响个体的创造性。如高智商的人，一旦变得自满、自负，就会失去探索新事物探索的求知欲，从而失去创新意识。

2. 假如你是一位幼儿园教师，你将如何培养幼儿的创造性？假如你是一位中小学教师，你又将如何培养学生的创造性？

答：创造性是在个体与社会不断互动的过程中，通过个体积极的创造活动逐渐形成和发展起来的，受到年龄、教育、遗传等诸多方面的影响。因此，对幼儿园学生和对中小学的学生，应采用不同的方法培养学生的创造性。

(1)培养幼儿园学生创造性的措施

①在创造性发展方面，幼儿园学生的特点

在婴幼儿时期，个体就有了创造性和好奇心的萌芽。婴儿的创造性和好奇心可追溯至与生俱来的一些无条件反射，如探究反射就是对新异刺激的关注。儿童在幼儿时期，创造性得到了进一步的发展，表现在动作、言语、感知觉和想象，例如通过音乐、舞蹈、绘画、游戏等活动表现出来。

②应采取的措施

a. 用与所学知识有关的事物作道具，通过为学生提供有关的直接经验，引起学生对事物的好奇，从而帮助教学的有效开展。

b. 采用多样的教学方式，为学生提供丰富多彩的课堂，例如通过唱歌的方式学习诗经、数字歌、字母歌等；通过舞蹈锻炼学生的肢体协调能力，通过画画展开对颜色的感知觉等。

c. 在教学过程中，注意成为学生的模仿对象。教师的言行举止要合理且具有感染力，带动学生积极模仿教师进行朗诵、歌唱、跳舞等活动。

(2)培养中小学学生创造性的措施

①在创造性发展方面，中小学学生的特点

a. 小学阶段：儿童开始进行有目的、有意识的创造性活动，其创造性发展的特征包括：具有动态性，创造性想象和创造性思维水平有了很大提高。具体来说，小学低年级儿童的想象仍具有复制、模仿的痕迹。到中高年级后，小学生思考、分析和解决问题的敏捷性、深刻性、独创性都得到了一定的发展，出现对表象进行创造性加工的活动。

b. 中学阶段：个体创造性得到大发展。学生表现出创造性发展的不平衡性、不成熟性。同时受到个体身心发展的影响，个体有强烈但是不稳定的创作动机，他们想象力丰富，但是容易脱离实际。

②应采取的措施

a. 小学阶段：在幼儿园教学的基础之上，要注意适当提供给学生自主思考、自主进行创造性思维活动的时间。例如，在学习完“高兴”一词之后，让学生用自己的语言对概念进行创造性的表征，这既有利于学生进行创造性思维活动，也有利于锻炼学生的思维表达能力。

b. 中学阶段：教师要给学生留有更大的思考余地，通过师生互动、生生互动、设问法逐步引导学生自己得出知识的答案，学会学习的迁移，而不是教师一步步示范带领学生学会知识。此外，教师在鼓励学习的创造性活动的同时，要引导学生学会控制自己的创作动机的稳定性和积极性，要引导学生从实际出发，开展创造性活动。

总的来说，教任何年龄阶段的学生，教师都要鼓励学生观念、意见的多样性，在维持班级纪律稳定的前提下，营造民主、自由的班级氛围。

3. 你认为在现实社会、家庭环境和学校教育中要培养学生的创造性应具备哪些必要条件?

答：我认为，在现实社会、家庭环境和学校教育中，培养学生的创造性的必要条件主要包括以下几点：

(1)营造鼓励创造的环境

这里的环境包括社会环境、学校教育教学环境和家庭环境。具体地来说，是要营造保证个体心理安全和自由的、注重长远发展的、无歧视的、包容性强、能接触有价值的人、能提供刺激和奖励等条件的环境。此外，学校作为特殊教育场所，还要做到以下几点：

①调动积极性的民主管理，学校管理者要管理好幼儿园，必须要有较强的民主意识。

②改革考试制度，为学生创造宽松的学习环境。

③增加自选课程和有针对性的课程。

④为学生提供创造性人物的榜样。

(2)培养创造型的教师队伍

①创设有利于创造性产生的适宜环境，创设宽松的心理环境，给学生留有充分的选择余地，改革考试制度与考试内容。

②注重创造性个性的塑造，保护好奇心，解除个体对答错问题的恐惧心理，鼓励独立性创新精神，重视非逻辑思维，给学生提供具有创造性的榜样。

③开设培养创造性的课程，教授创造性思维策略，进行发散思维训练，推测与假设训练，自我设计训练，头脑风暴法训练等。

(3)培育创造意识，激发创造动机

个体只有具备了强烈的创造意识与动机，才得以有新的观点与思想产出。因此，要有效培养学生的创新意识和激发创造动机，就要做到以下几点：

①破除创新的神秘感。

②激发学生创造热情。

③磨砺学生创造意志。

④培养学生创造勇气。

(4)开设创造性课程，教授创造技法

①开设创造性课程已成为国内外开发创造性的有效途径。创造性课程包括创造发明课、自我设计课、推测课、假设课、发散思维训练课。

②促进创造性发展的主要创造技法包括头脑风暴法、系统探求法、联想类比法、组合创新法、对立思考法、转换思考法等。

(5) 发展和培养创造性思维

结合我国的教学现状，非逻辑思维的培养应注意以下几个方面：

①加大思维前进的跨度，注意训练跳跃思维。

②加大思维联想的跨度，结合具体的不同的问题来讨论。

③加大思维转换的跨度，引导学生敢于质疑，打破思维定式。

④留有模糊，给学生自主探究的空间。

(6) 塑造创造性人格

创造性人格是创造性的重要组成部分，塑造学生的创造性人格，要做到以下几点：

①保护好奇心。创造活动的源泉是好奇心，它促使学生敢于积极主动地探索未知。

②鼓励学生积极尝试，包容犯错。犯错的焦虑严重阻碍学生创造性的发展。

③鼓励多样性。创造的新观念、新事物是多样性的表现。

12.3　考研真题与典型题详解

一、单项选择题

1. 创造力测量的现代方法不包括(　　)。

A. 测验法　　B. 专家评分法　　C. 试验法　　D. 作品分析法

【答案】B

【解析】创造力测量方法是运用一定的手段测出人的创造能力高低的一种智力测量方法。创造力的测量是个非常复杂的工作，因为人们的创造力既与科学兴趣、心理状态、知识结构有关，又与人的性格有关，要做出客观而准确的测量十分不易，但可以从不同的角度进行测量，最后对其测量结果做出综合分析，主要包括测验法、实验法、作品分析法等。

2. 创造性是指个体产生新奇、独特的、有社会价值的产品的(　　)。

A. 智力技能　　B. 思维品质　　C. 思维程序　　D. 能力或特性

【答案】D

【解析】创造性是个体利用一定内外条件，产生新颖独特、有社会和个人价值产品的心理品质，是个体产生新奇、独特的、有社会价值的产品的能力或特性。创造性体现了每个人的个性与差异所在，能促成个体的成功。

3. 下面不属于创造性思维的特点的是(　　)。

A. 流畅性　　B. 适应性　　C. 灵活性　　D. 独创性

【答案】B

【解析】创造性思维是思维活动的高级过程，是在个人已有经验的基础上发现新事物、创造新方法、解决新问题的思维过程。创造性思维具有流畅性、灵活性和独创性 3 个特征。

二、概念题

1. 创造性[曲阜师范大学2023年研]

答： 创造性是个体具有的一种心理特性，表现于创造活动中，活动的结果的标志是个体在一定的可利用的内外条件下，产生新颖、独特、有价值的产品。作为一种心理特性，创造性具有综合性与多维性，和创造性活动、适应性与人格特性紧密相关。创造性的高低以产品的价值为标准。创造性的心理结构包括创造性认知品质、创造性人格品质、创造性适应品质。

2. 思维的流畅性

答： 思维的流畅性是指在限定时间内产生观念数量的多少。在短时间内产生的观念多，思维流畅性大；反之，思维缺乏流畅性。吉尔福特把思维流畅性分为四种形式：①用词的流畅性；②联想的流畅性；③表达的流畅性；④观念的流畅性。

三、简答题

简述创造性思维的特点。[首都师范大学2017年研]

答： 创造性思维是思维活动的高级过程，是在个人已有经验的基础上，发现新事物、创造新方法、解决新问题的思维过程。创造力的核心是创造性思维，创造性思维具有以下特点：

(1)思维的流畅性

思维的流畅性是指在限定时间内产生观念数量的多少，反映思维的敏捷性。在短时间内产生的观念多，思维流畅性大；反之，思维缺乏流畅性。吉尔福特把思维流畅性分为四种形式：

①用词的流畅性，是指一定时间内能产生含有规定的字母或字母组合的词汇量的多少。

②联想的流畅性，是指在限定的时间内能够从一个指定的词当中产生同义词或反义词数量的多少。

③表达的流畅性，是指按照句子结构要求能够排列词汇的数量的多少。

④观念的流畅性，即能够在限定时间内产生满足一定要求的观念的多少，也就是提出解决问题答案的多少。前三种流畅必须依靠语言，后一种既可借助语言也可借助动作。

(2)思维的灵活性

思维的灵活性是指能够超越以往习惯的思维方式，在更广阔的视角下开创各种不同的思路，展示众多的思考方向，体现了思维的广度。富有创造力的人思维比一般人的思维出现的想法散布的方面广，范围大，而缺乏创造力的人思维通常只想到一个方面而缺乏灵活性。

(3)思维的独特性

思维的独特性是指产生不寻常的反应和打破常规的那种能力，富有创造力的人善于对信息加以重新组织，产生不同寻常、与众不同的见解，而缺乏创造力的人常常被禁锢在常规思维之中。

(4)思维的精密性

思维的精密性是指善于抓住事物的关键信息，进行精密细致的思考，对各种想法进行扩展和引申。在科学飞速发展、技术日益精细的现代社会，善于考虑事物的精密细节的这一品质是十分重要的，如果思考不注意精细严密，其创造性将会受到限制。

四、论述题

1. 论创造性的内涵及培养途径。［华中师范大学 2018 年研］

答：培养学生的创造性思维能力，目前已是一个全球性的问题。“为创造性而教”已经成为学校的主要目标之一。对于创造性，人们往往从作品（产物）、个性特质和过程 3 方面来考虑，也就是创造性的产物、具有创造力的人、创作者进行创造的活动。对于个体而言，创造力是指在特定环境下，产生新异的和适合的思想与产品的能力。

（1）创造性思维的本质

心理学各派对创造性思维的本质提出了不同的看法。

①联想心理学认为，创造性思维过程是在有关因素之间形成新奇的联结，被联结的因素之间的距离越是遥远，那么这种思维过程或解决方法就越具创造性。

②格式塔心理学则强调“心理场”在问题解决中的作用，认为创造性思维就是重新组织问题，使其形成新的完形。

③精神分析心理学认为，创造力来源于意识和无意识驱力之间的张力。弗洛伊德认为，艺术家或作家创造作品的过程实际上是用一种公众可以接受的方式来表达自己无意识愿望的途径。创造行为跟个体很多其他行为一样，是本我欲望的升华。这些本我欲望包括名誉、权力、财富和爱等。

④人本主义心理学家认为，创造性与个性因素密切相关，尤其是与“对经验的敏感性”和“不轻信原理和概念”的品质有关。

⑤智力心理学认为，创造性思维与发散思维和聚合思维相关。发散思维就是产生尽可能多的观点和答案的能力；聚合思维则是确定一个唯一答案的能力。一些心理学家将创造性思维与发散式思维联系起来，在吉尔福特看来，在他提出的智力结构的模式中，与创造性思维关系最为密切的是发散思维和转换。转换是指对信息加以重新排列，进而他列举了 23 种发散式思维的要素，25 种转换能力的要素。诚然，创造性思维与发散思维具有许多相同特点，创造性思维通常更多地或首先表现在发散性上。但是，创造性思维并不完全等同于发散思维，而是发散思维和聚合思维的统一。

（2）创造性思维的过程

创造性思维是思维活动的高级过程，是在个人已有经验的基础上，发现新事物、创造新方法、解决新问题的思维过程。华莱士在 1926 年提出四阶段论：①准备，即搜集信息的阶段。②沉思，即处于酝酿状态。③灵感或启迪，即突然涌现出问题解决办法。④验证，即检验各种解决办法。这 4 个阶段较好地反映了问题解决的几种不同的认知状态。

（3）创造性思维的特点

一般认为，创造性思维具有流畅性、灵活性和独创性 3 个特征。对创造性的测量也重在考察这些特征。

①思维的流畅性

思维的流畅性是指在限定时间内产生观念数量的多少。在短时间内产生的观念多，思维流畅性大；反之，思维缺乏流畅性。

②思维的灵活性

思维的灵活性是指摈弃以往的习惯思维方法，开创不同思维方向的那种能力。富有创造力的人，比一般人的思维涉及的方面多、范围大；而缺乏创造力的人，思维通常只涉及一个方面，缺乏灵活性。

③思维的独创性

思维的独创性是指产生不寻常的和不落常规的反应的能力，此外还有重新定义或按新的方式对我们的所见所闻加以组织的能力。

(4)创造性思维的训练

①脑激励法

鼓励每个人的参与，但是呈现出来的每个观点都属于团体，只有所有参与者能够自由地和自信地贡献，才是进行脑激励的体现。每个人的独特视角在相互的碰撞中很可能会产生新的火花。如果个人的观点是建立在其他人的观点之上的，只要进行了扩展和发挥，也能受到鼓励，这与生成一系列观点一样有意义。

②分合法

分合法是戈登提出的一套团体问题解决的方法，其本义是“把原本不相同、不相关的元素加以整合”，包括两种心理运作过程：“使熟悉的事物变得新奇”和“使新奇的事物变得熟悉”。熟悉的事物陌生化的过程要求学生用新颖而富有创意的观点去重新了解旧问题、旧事物、旧观念，从另一个新奇的角度来解释一些熟悉的概念。戈登的分合法主要是运用类比和隐喻的技术来帮助学生分析问题，形成不同观点。隐喻的功能在于使事物之间形成“概念距离”，以激发学生的新想法。

③联想技术

联想技术包括定向联想和自由联想两种。定向联想指对联想的方向给出了规定，是有限制的联想方法。例如，教师给学生一个杯子，让他们思考它的各种用途，一般有一些规则。自由联想技术，即教师提供一个刺激，让学生以不同的方式自由反应。学生从已学知识、已有经验出发，运用联想技巧，去寻找并建立事物间新奇而富有意义的联系。教师对于学生所提的看法或意见不给予建议或批评，完全让学生依据自己的方式，自由提出各种不同的想法及观念。

2. 试论述影响创造性发展的主要因素。

答：创造性既是高级因素，同时也十分敏感，以潜在的方式存在。它的发展受多种因素的制约，主要包括：

(1)生理基础

①人脑充满了大量高效的工序。这些工序由1000亿~2000亿个被称为神经元的神经细胞构成。这些神经元的末端有很多细小的分支，一端称为末梢，另一端称为树突。有些神经细胞拥有8000个末端分支。这些末端分支使得神经细胞能与其他的神经细胞联系。一个标准的神经细胞与其他的细胞有10万个联系。这样就形成一个由数千万亿个相互联系的神经网络，并使得一个神经脉冲有几乎无数个传输的路径。

②大脑左右半球在结构和功能上的差异影响创造性的发展。大脑左右半球在结构和功能上的差异影响创造性的发展。左半球是处理言语、进行抽象逻辑思维、集中思维、分析思维的中枢。它主管着人们的说话、阅读、书写、计算、排列、分类、言语、记忆和时间感觉等心理活动。右半球则是处理表象和进行具体形象思维、发散思维的中枢。它主管着人们的视知觉、复杂知觉、模型再认、形象、记忆、认识空间关系。左右脑密切配合、协同活动合作。

③大脑皮质的激活水平及其可变性影响着创造性。皮质激活使人从沉睡中觉醒。有研究发现：低创造性的人表现出较少和较低水平的前额叶激活。

(2)知识经验

知识经验与创造之间有着密切的关系具体表现为：

①只有具备了知识和技能，才能实现创造性。

②知识也有局限性，功能固着会阻碍个体创造性地认识事物。

③关于知识与创造性关系的两种观点：

a. 张力观。该理论认为创造性与知识间呈现出一种倒U形关系。

b. 地基观。该理论认为知识越丰富，创造性就越强，两者呈正向相关的关系。

(3)社会文化和教育观念

①在民主型教师课堂领导方式中，教师采用灵活多变的教学方法和管理方式，注重学生的情感体验，培养学生学习兴趣。学生积极主动地投入到学习中，独立自主能力强，对于问题有较为深入的思考，敢于发表自己的观点，好奇心强。

②在权威型教师领导方式的课堂中，教学过程的主动权掌握在教师手中，教师采用灌输的方式向学生传授知识和观点，不允许学生提出有创见性的问题。受这种领导方式的影响，学生只能无条件被动接受，不敢提出疑问，学生独立性和创造性能力得不到很好的发展。

(4)个人心态、人格特征和认知习惯

①消极心态是指个体因受自身或外在因素影响，而不满足于自身条件或能力，进而造成信心的缺失，逐渐形成对社会生活消极应对生物心理状态，表现为愤世嫉俗，没有目标，缺乏恒心，不懂得自律等。

②消极人格特质体现在以下方面：抱怨，总是寻找别人和周围事物的缺点；悲观，永远看到事情不好的一面，而不愿看其中所包含的可能性；对未来充满疑虑，害怕做决定，唯恐失败，不愿把握机会去尝试新的事物；自私，一味以个人利益为中心，而不顾及他人的观点和立场；自怜，一直为自己找借口，沉湎于自觉可怜中；自我怀疑、不自信，对自己没有主见，对自我价值及自我形象缺乏清晰的定位；也不认同他人，对失败的人看不起，对成功的人他会用“莫须有”的人身攻击来否定。

③个人的消极认知习惯体现在以下方面：自责，习惯性地看低自己，总觉得自己没有什么价值，经常觉得自己周围的事物都是消极的，情绪低落无望，有拖延的习惯，拖延的同时自责、自卑，觉得困难重重，什么也不想做，或觉得对任何事都没有兴趣，害怕别人的批评和反对，自我价值易受到他人评价的影响，尤其是面对难以沟通或总是干涉他人活动的人，情绪总会受到负面的影响。

第13章　教师心理

13.1　复习笔记

【知识框架(庖丁解牛)】

- 教师心理
  - 教师职业发展与职业心理素质
    - 教师职业特点
    - 教师的职业发展
    - 教师职业心理素质
  - 教师职业角色与威信
    - 教师的职业角色
    - 教师的威信
  - 教师的专业成长
    - 教师专业成长的概念和教师专业结构
    - 专家型教师
    - 教师专业成长的途径

【考点剖析与拓展(游刃有余)】

考点一、教师职业发展与职业心理素质

1. 教师职业特点

表13－1　教师职业特点

要点		具体内容
教师职业的规范性		教师职业的规范性主要表现在职业道德规范和制度规范两方面。 ①职业道德规范：教师职业相对于社会其他职业，有着更严格和更高标准的道德规范，对教师个体能力和精神操守都提出了较高的要求。 ②制度规范：教师制度规范是配合各项教育制度、法律法规制定的，但同样有其特殊的职业义务和考评标准。 近年来教育部印发多项新时代教师职业准则，每一条既提出正面倡导，又划定师德底线，体现了教师职业的规范性
教师职业的复杂性和创造性	复杂性	体现在教师既要面对学生总体又要兼顾学生个体；教师既要从事常态工作又要应对多种非常态事件；教师既要处理“硬问题”更要面对诸多“软问题”；教师既要关注学生的学习又要顾及学生的其他问题；教师既要担负传授知识的职责又要承担价值构建的任务
	创造性	体现在其工作方式和方法的灵活性。教师在面对不同的工作的对象即学生时，要因人而异、因地而异、因时而异

续表

要点		具体内容
教师职业的专门化		①有专门的专业标准：从业人员要接受专业培训，要有严格、持续的学习经历，有相应的专业知识和技术。 ②有系统的教师专业教育：职前、入职和在职教育三个环节。其中，在职培训时间最长，伴随教师职业生涯的整个历程，是教师专业成长的关键。 ③有系统的教师专业发展水平评价体系：包括教师专业发展包括的教育理念、知识结构和能力结构、教师专业发展所达到的层次等
教师职业的自我发展性	含义	是指教师能够在教学过程中，其人生价值和生存意义能够得到实现。教师的自我实现与其教书育人的任务在本质上是统一的，可以实现教学相长
	发展条件	①课堂，是主动发展的最佳场所，为教师提供了发展的外部条件。 ②日常教学任务，是教师解决问题的实践，是其创造性和教学智慧的展现与提升

2. 教师的职业发展

表 13－2　教师的职业发展

要点	具体内容
教师职业发展的阶段	从时间维度来展开教师职业发展的研究理论有费斯勒的八阶段论、斯特菲的五阶段论以及休伯曼的七时期论等，论述了教师职业发展的一般过程：职前培训、入职适应、职中发展到退出职业，具体顺序视个体情况而定
各阶段关注的核心问题	在不同职业发展阶段，困扰教师的问题包括以下几类： ①适应问题：伴随着教师职业发展阶段的每一个转折期。如新教师对教师角色和学校环境的适应、老教师的高原现象等问题。 ②工作压力问题：压力来源于教师工作要求和教师个人特征，如升学率要求、自我效能感等。 ③拓展和创新问题：教师如果不注意与时俱进，社会的发展，文化观念的更新、科技成果的迭代，会将师生间的思想、行为的距离逐渐拉大

3. 教师职业心理素质

表 13－3　教师职业心理素质

要点	具体内容
教师职业心理素质的含义	是指表现在教师身上的那些经常的、稳定的心理特征，它的内涵广泛，包括了心理过程和个性心理特征的各个方面
教师职业心理素质的特点	①具备角色要求的一系列多维度、相关联的心理素质。 ②始终处于动态发展之中。 ③形成过程个别化、阶段性。 ④可加以培养。 ⑤具有稳定性、基础性、综合性和发展性的特征

续表

要点	具体内容		
教师职业心理素质的结构	教师的教学效能感	含义	是指教师对自己影响学生学习行为和学习成绩能力的主观判断
		作用	影响教师对教育工作的积极性、努力程度及克服困难的坚持程度
		分类	①一般教学效能感，是指教师对教学关系、教育作用等问题的一般看法。 ②教师的个人教学效能感，是指教师对自己的教学成果的认识和评价，一旦形成就成为稳定的人格特征，直接决定教师的教学行为
	教师的教学能力	教学认知能力	是指教师对所教知识、所教学生的认知、概况和分析能力
		教学操作能力	是指教师在教学中使用教学策略的能力，如使用先行组织者策略
		教学监控能力	是指教师在教学过程中对教学活动进行积极主动的计划、监视、检查、评价、反馈、调控的能力
	教师的人格特征	作用	影响学生人格的发展；影响学生学业成就的发展
		优秀教师的典型人格特征	使命感；稳定而持久的职业动力；事业心与上进心；求知欲望与兴趣；良好的性格特征；自我调节和完善能力

考点二、教师职业角色与威信

1. 教师的职业角色

表13－4　教师的职业角色

要点	具体内容	
教师职业角色组合的特点	①从知识的传授者到学习的促进者。 ②从严格的管理者到灵活的组织者。 ③思想品德教育者结合心理咨询者。 ④从经验积累者到行动研究者	
教师职业角色压力	个体方面因素	教师的个人认知与人格影响教师的自我期望值、角色观的获得与转变，当教师对自己的期望值过高，导致教师容易忽略自身条件的限制；角色观的获得直接影响角色的实践，当教师对角色的领悟产生偏差，就会使得教师不能很好地适应教师职业，从而产生职业角色压力
	外部环境因素	①社会的支持与要求。社会对教师职业角色造成的压力主要是社会各界对教师的角色定位和期望杂乱，使得教师对角色冲突和模糊，产生职业压力。 ②教师所处的工作环境和人际关系。教师的工作环境是学校，学生群体和同事群体等对于教师的期望各不相同，容易引起教师角色行为的混乱

续表

要点	具体内容		
教师职业倦怠和职业压力调适	教师职业倦怠	含义	是指教师不能顺利应对压力时的一种极端反应，是教师在长期紧张状态下产生的情绪、态度和行为的衰竭状态
		原因	①社会方面：对教师职业的声望压力。 ②职业方面：即教师多角色的职责压力、冲突和超载。 ③工作环境方面：人际关系压力、学校的考评、聘任制度导致的压力。 ④教师个人方面：角色定位模糊、自我效能感低、应变力弱等
		影响	①生理上，经常疲劳、失眠等。 ②心理上，觉得工作无意义、无价值、无希望等。 ③行为上，敷衍了事，不思进取等
	教师职业压力的调适	①客观、积极地看待困境与挑战，学会辩证看待压力。 ②制定职业发展规划、提高教学能力的同时，学会放松自己	

2. 教师的威信

表 13－5　教师的威信

要点	具体内容	
含义	是指教师具有的一种使学生感到尊敬和信服的精神感召力量	
主要表现	①表现在教师的教育热情、思想品格、知识水平、教学能力、工作态度、教育作风上。 ②受学生身心发展程度影响，不同年龄的学生对这六个方面的重视程度不同	
教育功能	①影响学生的认识，不利于学生自愿有效地接受教诲。 ②影响学生的思想品德和行为习惯。 ③影响学生的情感体验	
形成与发展	影响教师威信形成的因素	教师威信形成的根本的、决定的因素在于其自身。 具体包括： ①教育教学技能和心理素质（必需因素）。 ②良好的道德品质（基本条件）。 ③教师的仪表、生活作风和习惯。 ④教师给学生的第一印象。 ⑤师生关系、师生情感
	教师威信的变化	①教师威信一旦形成，就具有相对稳定性。 ②教师威信也会随主客观因素变化而改变。其中，影响教师威信降低或丧失的主观因素包括以下几点： a. 教师安于现状，不思进取。 b. 教师思想保守，故步自封。 c. 教师消极懈怠，教学质量下降
	教师威信的维护和发展	要从根本上维护和发展教师威信，教师要注意培养和保持以下几点品质： ①胸怀坦荡、实事求是。 ②正确认识威信，威信不是威严。 ③不断进取，提升自己。 ④言行一致，举止文明

考点三、教师的专业成长

1. 教师专业成长的概念和教师专业结构

表 13－6 教师专业成长的概念和教师专业结构

要点	具体内容
教师专业成长的概念	①含义：是教师个体不断更新知识结构，增长专业能力的过程。 ②衡量标准：包括两个方面：a. 在内容上指教师专业成长的结构；b. 在程度上指教师专业成长所达到的层次
教师专业结构	①专业理念结构，是教师的专业结构的最高层次，统摄并影响教师专业结构的发展。 ②专业知识结构，包括陈述性知识、程序性知识、策略性知识等。 ③专业能力结构，包括一般能力、教师专业特殊能力等

2. 专家型教师

表 13－7 专家型教师

要点	具体内容
专家型教师的基本特征	参考斯滕伯格的观点，专家型教师共同的典型特征包括以下几点： ①有丰富的、组织化的专门知识，并能灵活应用。 ②高效率解决教学领域的问题。 ③善于创造性地解决问题，有很强的洞察力
关于专家型教师的新近研究	①专家型教师的特征是动态发展的。专家型教师特征由相互关联的五大支柱构成：志远、认真、合作、学习、研究。 ②教师要从新手发展为专家，一方面，要通过系统的、正式的教师教育提高专业水平，另一方面，要加强自我培训，自觉实现专业成长

3. 教师专业成长的途径

表 13－8 教师专业成长的途径

要点	具体内容	
理论学习	必要性	①理解和把握教育教学的真谛，需要将外在的教育教学理论内化自己的知识结构。 ②实践问题上升到理论层面，才能得到更深一层的解释，抓到问题的本质。 ③“经验型”老师肯钻研教材，积累经验，但较少进行理论学习。有丰富的教学经验的教师也需要理论学习，从而由“经验型”教师转变成“学者型”教师
	态度与方式	①态度：始终保持对新观点和新事物的开放心态。 ②方式：可采用阅读专业书籍、参加教师培训等多种方式
	读书类型	①教育教学理论方面的书。 ②本学科报纸杂志。 ③自己喜爱的相关学科的书籍，以增加知识面，拓宽视野

续表

要点	具体内容		
研究其他教师的经验	案例教学	含义	是指围绕一定培训的目的把实际中真实的情景加以典型化处理，形成供学员思考分析和决断的案例，通过独立研究和相互讨论的方式，来提高学员的分析问题和解决问题的能力的一种方法
		选择案例的基本要求	突出矛盾；有完整的情节；叙述要具体明确；有具体的情境；要揭示师生的心理活动
		案例教学的实施要点	选择案例前，先要确定案例教学要揭示哪些基本原理，然后再选择合适的案例；讨论分析案例时，要针对重难点进行分析；要挖掘本质和规律；要鼓励表达观点；总结放在最后等。此外，还要对案例进行变式训练，以便促进迁移
	课堂观察	含义	是指运用必要的工具观察课堂，收集所需要的教学信息，对课堂教学做出有证据的解释与推论
		实施步骤	①观课内容的确立。教师要根据不同的观课目的和内容来确定观课重心。 ②观课方法。根据观课目的采用适当的定量或定性方法。 ③观课记录。观课后的讨论要有所依据，这需要进行观课记录，应注意结合多种记录方式以克服单一记录方式的局限性。 ④课后讨论。讨论的要求与案例分析的要求要相同，需要注意的是：鼓励不同见解；针对课前商定的内容进行，如实报告观课记录，总结理论、规律及规律的变式
行动研究	含义		是指在自然、真实的教育环境中，教育实际工作者按照一定的操作程序，综合运用多种研究方法与技术，以解决教育实际问题为首要目标的一种研究模式。行动研究理论提出“教师即研究者”
	特点		①研究者即行动者。 ②研究问题来源于实践。 ③研究目的是解决教育教学实践中的问题。 ④教学不是单纯的教学活动，而是被研究着的教学活动
	与传统研究的区别		行动研究能将研究者与实践者、理论与实际、科研与教学密切联系起来。 ①传统研究的主体是专家或学者，对象是别人的问题，目的是发现普遍规律。 ②行动研究的主体是中小学教师，对象是自己的问题，目的是发现和解决现实问题
教师专业成长的反思	含义		是指教师以自己的专业行为和活动、自己的专业成长过程为思考对象，对自己所持有的专业观念、所做出的行为和活动以及由此产生的结果，对自己专业成长的过程进行审视和分析的过程。教学反思有助于教师向专家型发展
	类型		教学理念的反思、教学行为的反思和教学效果的反思
	方法		教师专业成长的反思主要有内省反思法（日记反思法、录像反思法、档案袋反思法）和交流反思法两种方法
	实践启示		教师专业成长是建立在教师对自身教学实践反思基础上，并逐渐积累富有个性的教育经验的过程，这是一个长期的、循序渐进的过程。教师要养成对每堂课进行反思的习惯，而且将反思贯穿教学的全过程，做到教学前反思、教学中反思、教学后反思的有机结合

13.2 课后习题详解

1. 教师心理素质与教学质量有什么关系?

答:(1)教师的心理素质

教师的心理素质包括教师一般心理素质和教师职业心理素质。从总体上看,教师的一般心理素质是基础,教师职业心理素质是教师的一般心理素质和特定职业结合的产物。教师职业心理素质是指教师职业所要求的、在教师专业发展过程中形成的、在教育教学工作中培养并表现出来的、直接影响教育教学效果的相对稳定的心理品质。教师职业心理素质包括教师的教学效能感、教学能力和人格特点三方面。

(2)教学质量

教学质量,是指教学过程中,教师的教与学生的学是否有效促进了学生知识的掌握、应用与迁移,是否实现了教学目标,是否充分有效地利用了课堂时间等。

(3)两者的关系

①教师的教学效能感与教学质量形成一个相互影响的系统

a. 教师的教学效能感,是指教师对自己影响学生学习行为和学习成绩能力的主观判断。它影响教师对教育工作的积极性、努力程度及克服困难的坚持程度,良好的教学效能感促使教师积极主动进行有智慧的教学工作,监控教学行为,不断提高教学质量。

b. 教师的教学效能感并非一成不变。它受环境和教师自身因素影响,由教师在教学实践中逐渐形成和发展,教师的教学质量可以从学生成绩、学生和同辈群体评价中得到反馈,进而影响教师对自己教学能力的主观判断。

②教师的教学能力与教学质量形成一个相互影响的系统

a. 教师的教学能力是指教师在教学过程中为成功地实现教学目标,以教学活动为监控对象,不断的对其进行积极主动的计划、监视、检查、评价、反馈、调控的能力,它是教师的反省思维或思维的批判性在其教育教学活动中的具体体现。教师教学监控能力的强弱直接影响了教师教学质量的好坏。

b. 任一教学监控环节都离不开教师积极的教学态度,而教学态度受教学质量的影响。例如,积极地来看,教学质量差会激励教师更认真地实施教学监控环节,并有意识地提高教学监控能力。

③教师的人格特征与教学质量形成一个相互影响的系统

a. 教师人格特征影响学生的主要途径包括:影响学生人格的发展、影响学生学业成就的发展两个方面,这两个方面也是衡量教师的教学是否出色地完成教学任务、促进学生发展的标准,进而评价其教学质量的高低。

b. 教师的教学质量又影响教师人格特征的形成,优秀的教师在教学工作中会逐渐形成从事教育工作的使命感、稳定而持久的职业动力、对工作的事业心与上进心、良好的性格特征、对教育教学有高度的自我调节和完善能力等人格特征,进行达到良性循环。

2. 你身边那些威信高的教师与威信低的教师有何不同？

答：教师威信是教师具有的一种使学生感到尊敬和信服的精神感召力量。它是教师的人格、能力、学识及教育艺术在学生心理上引起的信服而又崇拜的态度，它是教师在学生心目中的威望和信誉，是一种可以使教师对学生施加的影响产生积极效果的感召力和震撼力。它使学生自觉自愿信服、尊重教师。

通过观察身边的教师，我认为高威信教师与低威信教师的不同包括以下几个方面：

(1)威信高的教师具备更扎实的教育教学技能、更稳定的心理素质

①威信高的教师具备更扎实的教育教学技能。在教学中能突出重点，讲透难点，澄清疑点，教法灵活，达到教学的最优化；教育机智方面，要有较高的应变能力，能迅速有效地处理教学中的突发事件。

②威信高的教师心理素质更稳定。教育是一项复杂的、高负荷的工作。面对困难，心理素质更稳定的教师，会保持乐观，积极进取，因而威信更高。

(2)威信高的教师具有良好的道德品质

道德品质良好的教师，对教育工作的态度更加敬业，对自己学科有浓厚兴趣和热情。这样的教师在日常生活中，以其人格魅力感染学生，成为学生学习的榜样，自然威信高。

(3)威信高的教师注意仪容仪表、生活作风和习惯

注意仪容仪表、生活作风和习惯的教师不一定是威信高的教师，但威信高的教师一般都注意仪容仪表、生活作风和习惯。这是因为这些因素是与人交往中，最显而易见的因素，邋遢、懒散的教师必然不受学生的喜欢，自然就无法树立更高的威信。

(4)威信高的教师更关心学生

威信高的教师更关心学生，对学生付出的心血更多。这样的教师在日常生活中，与学生的思想、兴趣以及情感交流更密切，师生了解更深刻，能建立和谐的师生关系，学生更易亲近、认同、信赖和尊敬教师。

3. 教师如何成为教育教学的专家？

答：专家型教师首先应具备一般教师所具备的素质，同时专家型教师要参与教育教研工作，成为研究者。教师要成为教育教学的专家，要从以下几个方面入手：

(1)不断加强理论学习

①理论学习的内容方面，具体包括：

a. 读关于教育教学理论方面的书，特别是读教育家的著作，能使教师受益匪浅。

b. 经常看本学科报纸杂志，关注同行的理论研究与实践经验。

c. 读自己喜爱的相关学科的书籍，以增加知识面，拓宽视野。

②理论学习的态度与方式方面：

a. 始终保持对新观点和新事物的开放心态。

b. 可采用阅读专业书籍、参加教师培训等多种方式。

(2)积极研究其他教师的经验

案例教学和课堂观察通过“做中学”实现专业发展，其着眼点在教师的问题解决能力的发展，而不仅是理论知识的获得。

①案例教学

是指围绕一定培训的目的把实际中真实的情景加以典型化处理，形成供学员思考分析和决断的案例，通过独立研究和相互讨论的方式来提高学员的分析问题和解决问题的能力的一种教学方法。

a. 基本程序：包括选择案例，撰写案例，讨论案例。

b. 选择案例的基本要求：第一，突出矛盾；第二，有完整的情节；第三，叙述要具体明确；第四，有具体的情境；第五，要揭示师生的心理活动。

c. 案例教学的实施要点：选择案例前，先要确定案例教学要揭示哪些基本原理，然后再选择合适的案例；讨论分析案例时，要针对重难点进行分析；要挖掘本质和规律；要鼓励表达观点；总结放在最后等。此外，还要对案例进行变式训练，以便促进迁移。

②课堂观察

是指运用必要的工具观察课堂，收集所需要的教学信息，对课堂教学做出有证据的解释与推论的一种教学方法。课堂观察实施的步骤有：

a. 观课内容的确立。教师要根据不同的观课目的和观课内容来确定观课重心。

b. 观课方法。根据观课目的采用适当的定量或定性方法。

c. 观课记录。观课后的讨论要有所依据，这需要进行观课记录。观课记录包括笔录、录音、录像等，应注意结合多种记录方式以克服单一记录方式的局限性。

d. 课后讨论。讨论的要求与案例分析的要求要相同，需要注意的是：第一，鼓励不同见解；第二，针对课前商定的内容进行，如实报告观课记录；第三，总结理论、规律及规律的变式。

(3)积极开展行动研究

行动研究理论提出“教师即研究者”。行动研究是指在自然、真实的教育环境中，教育实际工作者按照一定的操作程序，综合运用多种研究方法与技术，以解决教育实际问题为首要目标的一种研究模式。

(4)不断在实践中进行专业成长的反思

教师专业成长是建立在教师对自身教学实践反思基础上，并逐渐积累富有个性的教育经验的过程，这是一个长期的、循序渐进的过程。对于一位追求成功、善于反思的教师来说，每堂课都是一次全新的体验，要设置不同的情境，要面对学生的不同反应，教学中的每次师生互动、教学冲突都会激发新的思考和创造。因此，教师要养成对每堂课进行反思的习惯，而且将反思贯穿教学的全过程，做到教学前反思、教学中反思、教学后反思的有机结合。

4. 教师如何在日复一日的教学工作中完善自我、超越自我、自我实现？

答：教师是不断发展的职业。教师要在日复一日的教学工作中完善自我、超越自我、自我实现，就必须要学会调节职业倦怠、职业压力，并不断促进教育教学的专业水平发展。

(1)学会调节职业倦怠和职业压力

职业倦怠是指教师不能顺利应对压力时的一种极端反应，是教师在长期紧张状态下产生的情绪、态度和行为的衰竭状态。职业倦怠包括三个方面：第一，情感衰竭，教师完全丧失工作热情；第二，消极懈怠，教师以麻木的态度工作；第三，教学效能感降低。教师要调节职业倦怠就要对自己的专业发展有清晰的定位，并对此不断培养自己的应变能力，不断认真地一步步付出，从而提高教学效能感，避免职业倦怠或跳出职业倦怠期。此外，面对职业压力，教师可以从以下三方面入手：

①学会客观、积极地看待困境与挑战，学会辩证看待压力。

②制定职业发展规划、提高教学能力的同时，学会放松自己。

③和睦相处，建立良好的人际关系，通过与朋友亲密的情感、语言交流，与他人之间坦诚、友好、信赖、尊重、同情与理解，可以加强人际互助关系，缓解自身的心理压力，使自己获得安全感、满足感、舒适感。

(2)掌握发展教育教学水平的方法

①不断加强理论学习。一是读点关于教育教学理论方面的书，读教育大师的书，可以使教师受益匪浅；二是经常看本学科报纸杂志，同行的研究有理论有实践，他山之石，可以攻玉；三是读自己喜爱的相关学科的书籍，以增加知识面，拓宽视野。

②积极研究其他教师的经验

案例教学和课堂观察通过“做中学”实现专业发展，其着眼点在教师的问题解决能力的发展，而不仅是理论知识的获得。

a. 案例教学。围绕一定培训的目的把实际中真实的情景加以典型化处理，形成供学员思考分析和决断的案例，通过独立研究和相互讨论的方式，来提高学员的分析问题和解决问题的能力的一种方法。基本程序包括：选择案例，撰写案例，讨论案例。

b. 课堂观察。运用必要的工具观察课堂，收集所需要的教学信息，对课堂教学做出有证据的解释与推论。观课活动具有案例教学的作用。课堂观察实施的步骤有：课堂观察前确定观察的目的和规划；进入课堂及记录资料；课堂观察后资料的分析和结果的呈现。

③积极开展行动研究

行动研究理论提出“教师即研究者”。行动研究是指在自然、真实的教育环境中，教育实际工作者按照一定的操作程序，综合运用多种研究方法与技术，以解决教育实际问题为首要目标的一种研究模式。

④不断在实践中进行专业成长的反思

教师专业成长是建立在教师对自身教学实践反思基础上，并逐渐积累富有个性的教育经验的过程，这是一个长期的、循序渐进的过程。对于一位追求成功、善于反思的教师来说，每堂课都是一次全新的体验，要设置不同的情境，要面对学生的不同反应，教学中的每次师生互动、教学冲突都会激发新的思考和创造。因此，教师要养成对每堂课进行反思的习惯，而且将反思贯穿教学的全过程，做到教学前反思、教学中反思、教学后反思的有机结合。

5. 你认为有哪些可行的办法可以减轻教师的职业压力，提高其身心健康水平？

答：讨论“有哪些可行的办法可以减轻教师的职业压力，提高其身心健康水平”，首先要知道教师的职业压力由何而来，然后才能有针对性地想出解决办法。

(1)教师职业压力的来源

教师职业角色压力主要来源于角色冲突和角色超载，角色的多重性和高要求必然产生教师的角色压力。具体分析如下：

①个体方面因素

教师的个人认知与人格：教师角色压力源的内部因素主要有教师的自我期望和能力、职业角色观、人格等。教师的自我期望值过高，在获得了新课改中对教师角色的新定位后，就要求自己“完美”地转身，从传统的某些角色尽快地转入新角色，在新的要求面前力求尽善尽美，并渴望他人看到、肯定自己的成绩。这种追求“完美”的心态和期望很容易让教师忽略自身条件的限制，如个性、能力、机遇等。角色观的获得直接影响角色的实践，由于教师对角色的期望和领悟产生偏差，从而使得教师不能很好地适应教师职业。

②外部环境原因

社会的支持与要求：社会对教师职业角色造成的压力主要是社会各界对教师的角色定位和期望杂乱，无章可循，各抒己见，人人对教师应做什么和怎样做都有自己的看法，而且听似都有道理，使得教师对角色冲突和模糊，让教师疲于应对，力不从心。

教师所处的工作环境和人际关系：教师的工作环境是学校，学生群体和同事群体等对于教师的期望各不相同，致使对于角色行为具有引导功能的“角色统一性”极难达成，从而容易引起教师角色行为的混乱。

(2)减轻教师职业压力的办法

①从教师自身来看，教师要做到：

a. 学会客观、积极地看待困境与挑战，学会辩证看待压力。

b. 制定职业发展规划、提高教学能力的同时，学会放松自己。

c. 和睦相处，建立良好的人际关系，通过与朋友亲密的情感、语言交流，与他人之间坦诚、友好、信赖、尊重、同情与理解，可以加强人际的互助关系，缓解自身的心理压力，使自己获得安全感、满足感、舒适感。

②从避免角色超载来看，家长还有社会对教师的职业要求要有一个较为明确的范围，不能将教师的重担全部压在孩子身上。教育不仅是教师的事，家长和社会也需担责。此外，需要控制班级人数在合理的范围，使教师在胜任教育工作的基础上有余力进行教育创造。

③从避免角色冲突来看，教师要始终坚持自己的教育信念，不能因为社会舆论等原因怀疑自己的教育信念，从而产生角色冲突。此外，教师应注意将学校教育生活与无关学校教育的生活区分开来，避免角色混乱。

13.3 考研真题与典型题详解

一、单项选择题

1. 宋老师除了给学生上语文课之外，还经常对学生进行生活和心理指导，组织学生课外活动和社会实践，这表明他扮演的职业角色不仅是知识的传授者、学生心灵的培育者，也是(　　)。[统考 2022 年研]

A. 学习者　　B. 教育管理者　　C. 研究者　　D. 家长代理人

【答案】B

【解析】教师具有多重角色，如“家长代理人”“朋友、知己者”“传道、授业、解惑者”“管理者”“心理调节者”“研究者”等。其中，“管理者”角色是指教师是学校教育教学活动的组织者和管理者，需要肩负起教育教学管理的职责，并对教育教学活动进行控制，检查和评价。题干中，宋老师“组织学生课外活动和社会实践”，体现了他作为教育管理者的角色。

2. 教师成长与发展的最高目标是(　　)。

A. 特级教师　　B. 教学熟手　　C. 优秀班主任　　D. 专家型教师

【答案】D

【解析】教师的成长过程是一个由新手到熟手，向专家型教师发展的过程。教师成长的目标是新手－熟手－专家。

3. 以下不属于教师教学能力的是(　　)。

A. 教学认知能力　　B. 教学操作能力　　C. 自我反省能力　　D. 教学监控能力

【答案】C

【解析】教师的专业品质包括教师的基本信念系统、教师的教学能力、教师的交互沟通能力。其中，教师的教学能力可以分为教学认知能力、教学操作能力和教学监控能力三个方面。

4. 下列关于教师的描述中，体现了善于沟通品质的是(　　)。

A. 在学生面前总是滔滔不绝，有时挺风趣幽默的

B. 常常能预计到自己的话会对学生产生什么影响

C. 常常耐心、有兴趣地听学生表达自己的观点，即使在课堂讨论时间某个学生说个不停的时候也是如此

D. 学识渊博，常常对学生说一些术语

【答案】B

【解析】A项，总是滔滔不绝则不善于倾听，而善于倾听在教师的交互沟通能力中不可忽视。C项，在学生说个不停时，教师应对教学过程进行控制与调节，不能一味地听学生表达自己的观点。D项，学识渊博体现出教师的认知能力，但对所教学科的概括化程度只是一个方面，认知能力也体现在对所教学生的心理特点和自己使用的教学策略的理解程度。

5. 在教师的人格特征中，对教学效果有显著影响的是(　　)。

A. 热心和同情心　　B. 思维的条理化　　C. 思维的逻辑化　　D. 口头表达能力

【答案】A

【解析】情感投入是成为一个好教师的关键，对专家教师的研究表明，好教师能与学生及教学过程融为一体，很重要的原因就在于他对教学投入了感情。BCD三项，不属于人格特征，思维的条理化、逻辑化和口头表达能力体现的是教师的认知能力。

二、概念题

1. 教师心理

答：教师心理可以从两个视角来理解：①作为一个研究领域，教师心理是指研究教师在教育和教学过程中的心理特点和心理品质的形成的科学，是教育心理学的一部分。其主要研究内容包括：教师的角色、教师的专业品质、教师和学生之间的相互影响、教师的成长和培养、教师压力与职业倦怠等内容。②作为教师的心理基本组成和结构，教师心理是

指教师在教育、教学中的心理特征及其规律。其主要内容包括：教师职业心理特征、教师的基本素质、教师的人际关系、教师自身心理健康及维护、各年龄段教师的心理特征等内容。

2. 教师威信

答：教师威信是指教师个人或组织改变、控制人们心理和行为的影响力。教师威信主要表现为以下两个方面：①教师的职权威信，是指伴随其地位、职权而来的威信。社会心理学家沃勒指出，教师受组织委派，按照国家的教育法规、教育方针、教学计划等组织教学和教育工作，具有法定职权的影响力。②教师的人格威信，主要取决于教师的个性品质，包括政治、思想、道德、需要、动机、目标、个性、气质、活动效率及其相应的能力和知识、行为方式等。

3. 教师个性类型

答：教师个性类型是指教师个性中对教学活动有重要影响的特征类型，包括两组个性类型：①烦躁型、胆怯型和整合型。烦躁型教师在教学中往往表现出烦躁、冲动和自发性的特征；高度整合型教师的特征是有条理和有目的性；胆怯型教师在教学中过于胆怯和焦虑，不敢越雷池一步。②具体型和抽象型。前者往往关注于事物的细节和直观特征，注重事物的特殊性方面；而后者则喜欢对事物的特征进行概括，更关注事物的一般特征。有研究表明，抽象水平高的教师往往更能在教学中灵活应变，较少进行专制和惩罚。这样的教师所教出的学生比那些具体思维水平上的教师教出的学生学习更专心，更积极主动，更有合作精神，也更有成就。

4. 行动研究

答：行动研究是由美国心理学家勒温为了解决社会科学研究与实际生活严重分离的问题而提出来的，是行动和研究双重活动合二为一的过程。教育行动研究不是一种严格的研究方法，只是一种研究取向。这种研究取向并不过于强调研究过程中控制的严格性和研究计划的严密性，具有 4 个特点：①为行动而研究；②对行动进行研究；③在行动中研究；④在动态情境下进行研究。一般认为，行动研究是由计划、行动、观察和反思这四个相互联系的环节组成的螺旋式上升的发展过程。

三、简答题

1. 简述教师职业的基本特征。［首都师范大学 2016 年研］

答：(1)教师职业的概念

教师是履行教育教学职责的专业人员，承担着教书育人、培养社会建设者、提高民族素质的使命。与古代教师相比，现代教师具有多功能性、专业性、高素质性、发展性。教师职业的社会地位是通过教师职业在整个社会中所发挥的作用和所占有的地位资源来体现的，包括社会作用、政治地位、经济地位、法律地位和专业地位。

(2)教师职业的基本特征

①教师职业是一种专门性职业

职业是依据人们参加社会劳动的性质、内容、形式等标准划分的社会劳动者群体。社会学者根据职业的本质、特征将其划分为专门职业和普通职业。作为专门职业具有三个基本特征：需要专门技术和特殊智力，在职前必须接受过专门的教育；提供专门的社会服务，具有较高职业道德和社会责任感；拥有专业自主权或控制权。根据学术标准衡量，教师职业是一种专门性职业，它需要经过专门的师范教育训练、掌握专门的知识和技能、通过培养人才为社会服务。教师职业是专门性职业，因此教师就是专业人员。

②教师职业是以教书育人为职责的创造性职业

a. 有目的地培养人才是教育区别于其他社会领域的根本特征。教育人的工作是由多方面力量协调来完成的，教师是通过教书来育人的。所谓教书育人，就是教师通过承担各门课程的教学，向学生传授系统的科学文化知识，引导学生树立科学的世界观、人生观，指导学生主动地、有效地进行学习，营造良好的教学氛围来促进学生健康、快速地成长。教书与育人是同一过程的两个方面。教书育人反映了教师职业的本质。尽管“教书育人”的目标、内容、方法可能因时代、社会、教师个体而有差别，但不能改变“教书育人”作为教师职业区别于其他职业的特殊性质。

b. 从教书育人的实质来看，教师职业是一种比其他职业更具创造性的认识和实践活动，因为教育对象的复杂性和发展性、教育内容的多样性、教育环境的变化性和不可控性等决定了教育教学认识的发展性和整体性、教育教学实践方式的灵活性与创造性，所以，教师应根据不同的对象、不同的教育内容及不同的教育条件，运用自己的知识、经验和才能，进行科学创造，设计各式各样的教育教学方案和方法，机智处理各种偶发事件，形成不同的教育教学风格和特色。

2. 简述教师成长的三个阶段。

答：福勒和布朗根据教师的需要和不同时期所关注的焦点问题，把教师的成长划分为关注生存、关注情境和关注学生三个阶段。

(1)关注生存阶段

处于这一阶段的一般是新教师，他们非常关注自己的生存适应性，最担心的问题是学生是否喜欢自己之类的问题。由于这种生存忧虑，教师想成为一个良好的课堂管理者，把学生管教得老实听话。

(2)关注情境阶段

当教师感到自己完全能够生存(站稳了脚跟)时，便把关注的焦点投向了提高学生的成绩，即进入了关注情境阶段。在此阶段教师关心的是如何教好每一堂课的内容。一般来说，老教师比新教师更关注此阶段。

(3)关注学生阶段

在这一阶段，教师将考虑学生的个别差异，认识到不同发展水平的学生有不同的需要，因此教师应因材施教。能否自觉关注学生是衡量一个教师是否成长成熟的重要标志之一。

3. 教师应具备哪些教学能力?

答：教学能力，是指教师为了保证教学的成功，达到预期的教学目标而在全过程中所体现出来的规划设计、组织与管理、评价与反馈、调节与控制的综合能力。

(1)教学认知能力，是指教师对所教学科的定理法则和概念等的概括化程度，以及对所教的学生的心理特点和自己所使用的教学策略的理解程度。

(2)教学操作能力，是指教师在教学中使用策略的水平，其水平高低主要看他们是如何引导学生掌握知识、积极思考、运用多种策略解决问题的，它是教师课堂教学能力的集中体现。

(3)教学监控能力，是指教师为了保证教学达到预期的目的而在教学的全过程中，将教学活动本身作为意识对象，不断地对其进行积极主动的计划、检查、评价、反馈、控制和调节的能力。教学监控能力的特征是：从他控到自控、敏感性逐渐增强、迁移性逐渐提高。

四、论述题

1. 论述教师的角色冲突和解决措施。[扬州大学2018年研]

答：(1)由于个人在社会不同群体中所处的地位不同，往往需要同时扮演若干个角色。当这些角色对个人的期待发生矛盾、难以取得一致时，就会出现角色冲突。教师职业常见的角色冲突主要有以下几种：

①社会“楷模”与“普通人”的角色冲突

社会期望教师“为人师表”，成为学生的表率、社会的楷模，但这种期望对教师要求过严、过高，许多教师做不到也不愿意充当这样的角色。这种心理冲突尤其在青年教师身上经常发生并相当突出、典型，在一定程度上影响着教师的心理完善和角色扮演水平。

②“令人羡慕”的职业与教师地位低下的实况冲突

一方面，教师头上有许多“令人羡慕”的桂冠，另一方面，教师的社会地位仍很卑微。一方面，教师被誉为“人类灵魂的工程师”，另一方面，由于分配不公，教师在经济上仍很拮据、捉襟见肘，使许多教师的心理及生活都处于极其尖锐的矛盾冲突之中。

③教育者与研究者的角色冲突

教师作为现代社会的一员，也有实现自我和超越自我，进行研究与创造的需要。然而，教师角色却要求他与“一群儿童”时时维持一种密切而持久的关系，这种时间与精力全身心、较持久地投入，使许多教师产生“被抽空”“被耗干”的感觉，形成教师教书育人与自身的发展及研究创新的矛盾。

④教师角色同家庭角色的冲突

教师职业是需要做出奉献和牺牲的职业。教师在学校紧张工作一天，下班之后往往不能放松、休息，还要伏案备课、批改作业，或进行家访等。因此，教师角色常常与家庭成员角色发生矛盾和冲突。

(2)教师角色冲突的解决措施

①教师要树立自尊、自信、自律、自强的自我意识。

②教师要根据实际情况的需要，从“许多角色中挣脱出来，把时间和精力用到那些对其更有价值的角色上”，做到有主有辅，有急有缓，协调控制，统筹兼顾。

③教师应学会处理冲突的艺术，控制自己的情绪和行为，协调各种冲突和矛盾的技巧，做到心胸开阔、意志坚定，切实有效地完成教师角色的任务。

④国家要进一步切实提高教师的社会地位与经济待遇，改善教师的生活和工作条件，努力解决教师的实际困难。

⑤社会要努力创造条件，给教师提供进修、提高与发展的机会，并给予教师公正、客观、科学的评价，认可并肯定教师的劳动，满足教师的成就感。

⑥学校要加强对教师的思想教育，增强其责任感与使命感。

2. 如何理解教师的职业角色和职业行为？

答：教师是履行教育教学职责的专业人员，承担着教书育人、培养社会建设者、提高民族素质的使命。教师这一职业是一种专业性职业、是以教书育人为职责的创造性职业、是需要持续专业化的职业。基于此，对教师的职业角色和职业行为可做如下理解：

(1)对教师职业角色的理解

随着时代和社会的发展，教师职业角色为适应人们的新期待，逐渐地丰富了角色的多样性。总的来说，当代的教师职业角色包括以下几种：

①设计者。教师作为教学的设计者，要更多地考虑学生因素，在理解和灵活运用各种教学策略和原则的基础上，针对学生的特点和特定的教学内容等，创设一定的学习环境、设计一定的测验手段等。

②信息源。教师作为信息源，要做到以下几点：

a. 要按自己设计的方案主动向学生提供一定的信息。

b. 当学生主动向教师寻求一定的信息，要为学生提供寻找线索的支持和帮助。

③指导者和促进者。教师必要的讲解和指点对学生而言，永远是不可缺少的，尤其是对低年级学生而言；教师要从单纯灌输者的角色中解放出来，要促进学生个性、能力等各个方面的和谐发展。

④组织者和管理者。教师要激发学生的学习动机，进行班级管理，组织课堂教学，处理教学中的偶发事件等。

⑤平等中的首席。教师要从居高临下的权威转向“平等中的首席”，要做到与学生建立民主、和谐、友好的关系；以平等的身份和学生共同讨论或合作，从而解决问题。

⑥反思者与研究者。教师要不断反思，提高自我觉察，发现问题并提出改进方案；教师要不断地做出各种决策，并且要研究自己的教学，成为一个科学研究者。

⑦终身学习者。教师不再是学生获取知识的唯一来源，教师要不断学习和发展，做终身学习者。

(2)对教师职业行为的理解

教师的职业行为包括设计成分、组织成分、交往成分三个组成部分。

①设计成分

a. 对学期工作的设计。新学期开始，教师对本学期的工作要有一个总体的构想，制定出工作计划，包括课堂教学、班主任工作计划等。教师还要对日常工作制定出具体的计划。

b. 对一节课的设计。教师要上好每一堂课，课前必须进行课堂设计。如教师要根据教学大纲的要求以及学生的实际选择适当的教学内容和教学方法，设计出一套既理想又现实的教案。

c. 对课外活动的设计。教师在组织课外活动之前，必须制定课外活动措施，要考虑活动的教育目的、内容、方式、组织者，以及可能出现的问题，使每次活动都能达到预期的目的。

d. 对个别教育的设计。对学生进行个别工作，是日常教学工作的重要一环。为做好学生的思想工作，教师必须先行设计，拟出谈话提纲，绝不能随便应付，否则会事与愿违。教师要根据学生个性特点，分别对待。

②组织成分

a. 教师必须使自己的讲授具有准确性、条理性、系统性。

b. 教师要组织好自己的课堂行为。教师要以高雅、亲切的教态，生动、活泼的语言，敏锐的观察力，机智高超的教学技艺，来组织好自己的课堂教学行为。

c. 教师要组织好学生的活动。教与学是师生的双边活动，教师要善于激励学生的学习动机，启发学生丰富的想象力和创造性，唤起学生的学习热情，使其能够积极主动地学习。

③交往成分

a. 教师与学生的交往。良好的师生关系是教师对学生实施教育的基础和重要条件。教师在与学生交往过程中，必须注意下面几点：了解和研究学生；信任和尊重学生；民主公正地对待学生。

b. 教师与学生家长的交往。这是搞好教育工作的重要条件。教师在与学生家长的交往中，必须注意：端正与学生家长联系的动机、尊重学生家长、帮助学生家长、主动和学生家长联系等。

3. 论述教师反思的基本环节。

答：在经验性学习理论的基础上，可将教师反思分为以下四个环节：具体经验、观察分析、抽象的重新概括和积极的验证。

(1)具体经验阶段

①这一阶段，中心任务是使教师意识到问题的存在，并明确问题情境。在此过程中，接触到新的信息是很重要的，他人的教学经验、自己的经验、各种理论原理、意想不到的经验等都会起作用。一旦教师意识到问题，就会感到一种不适，并试图改变这种状况，于是进入到反思环节。

②反思环节的关键是使问题与教师个人密切相关，使教师意识到自己的活动中的不足，所以，让教师明确意识到自己教学中的问题往往并不容易，要促进教师的反思活动，就必须创设轻松、信任、合作的气氛，帮助教师看到自己的问题所在。

(2)观察与分析阶段

①这一阶段，教师开始广泛收集并分析有关的经验，特别是关于自己活动的信息，以批判的眼光反观自身，包括自己的思想、行为，也包括自己的信念、价值观、目的、态度和情感。

②获得观察数据的方式可以有多种，如自述与回忆、他人的观察模拟、角色扮演，也可以借助于录音、录像、档案等。在获得一定的信息之后，教师要对它们进行分析，看驱动教学活动的各种思想观点到底是什么，观察某种观点与自己所倡导的理论是否一致，考虑自己的行为与预期结果是否一致等，从而明确问题的根源所在。这个任务可以由某个教师单独地完成，但合作的方式往往会更有效。经分析，教师会对问题情境形成更为明确的认识。

(3)重新概括阶段

这一阶段，教师应该在上一阶段的基础上，反思旧思想，并积极寻找新思想与新策略来解决所面临的问题的阶段。此时，新信息的获得有助于更有效的概念和策略方法的产生，这种信息可以是来自研究领域，也可以来自实践领域。由于针对教学中的特定问题，而且对问题有较清楚的理解，这时寻找知识的活动是有方向的、聚焦式的，是自我定向的，因而不同于传统教师培训中的知识传授。同样，这一过程可以单独进行，也可以通过合作的方式进行。

(4)积极的验证阶段

这一阶段，教师要检验上述各阶段所形成的概括的行动和假设。这种检验可能是实际尝试，也可能是角色扮演。在检验的过程中，教师会遇到新的具体经验，从而又进入第一阶段，开始新的反思循环。

在以上四个环节中，反思最集中地体现在观察和分析阶段，但它只有和其他环节结合起来才会更好地发挥作用。在实际的反思活动中，以上四个环节往往前后交错，并没有严格的界限。

4. 联系实际谈谈如何提高教师素质。

答：教师素质，是指教师稳定的职业品质。它是以人的先天禀赋为基础，通过师资训练和自我提高而形成的身心特征与职业修养。提高教师的素质是一项庞大的系统工程。提高教师素质的途径主要包括：

(1)大力培育优良的校风

学校风气是每个学校的领导者和师生员工共同具有的、富有自己特色的、稳定的集体意识倾向和行为特点的集中表现。校风的好坏对教师心态有潜移默化的影响，并在很大程度上制约着教师素质的提高。良好的校风具有感染、行为导向和内聚功能，大力培育良好的校风是提高教师素质的一条重要的心理学途径。

(2)注重教师教学监控能力的培养

教学监控能力主要包括三个方面：一是对自己的教学目标事先进行计划和安排；二是对自己的实际教学过程进行有意识的监察、评价和反馈；三是对自己的教学行为进行自我调控或校正。

(3)将自我教育作为提高教师素质的重点

自我教育是提高教师素质的内在动力，因而应当作为提高教师素质的重点加以对待。教师的自我教育主要包括以下几个环节：

①自我认识与自我接纳。正确的自我认识是自我教育的基础。教师在进行自我认识时，既要防止自我否定，也要防止自我夸大；只有采取实事求是的自我认可态度，才能有效地进行自我教育。

②自我筹划与自我设计。自我筹划，是指围绕教育的要求确定个人自我完善的总体目标；自我设计，是指根据个人确定的自我完善的总体目标进行自我教育的具体设计。

③自我监督与自我反省。自我监督是一个自我审视、自我督促的过程；自我反省是一个自我反思、自我检讨的过程，自我激励是一种自动加压、自我鼓动的方式。

(4)鼓励教师积极参与教育科学研究

教师参与教育科学研究能够明显地提高自身素质，因为：

①参与教育科学研究可以使教师更好地认识教育规律，提高按教育规律办事的自觉性。

②参与教育科学研究可以更新或改变教师头脑中的一些陈旧观念，形成适应社会发展需求的、有利于提高学生素质的新的教育观念。

③参与教育科学研究可以帮助教师了解教育科学发展的新趋向，有效地提高教育教学的质量。

④参与教育科学研究可以充分满足教师的求知欲、成就欲，激发教师取得创造性成果的内在动力，提高教师工作的积极性。

第 14 章　心理素质教育与学生心理健康

14.1　复习笔记

【知识框架（庖丁解牛）】

心理素质教育与学生心理健康
- 概述
  - 心理素质及其教育
  - 心理健康的含义及判断标准
  - 心理素质和心理健康的关系
- 学校心理素质教育的基本理论
- 学校心理素质教育的实施
  - 学校心理素质教育设计的基本要求
  - 学校心理素质教育的基本策略
  - 学校心理素质教育的基本途径
  - 学校心理素质教育的科学评价

【考点剖析与拓展（游刃有余）】

考点一、概述

1. 心理素质及其教育

表 14－1　心理素质及其教育

要点	具体内容		
心理素质的含义	是指个体在遗传素质的基础上，通过自身努力和外界环境与教育的作用下，所形成的比较稳定的、基本的、内在的心理特征、品质和能力等心理因素的总和，是个体整体素质的基础		
理论依据	①现代心理科学关于人的心理品质形成和发展的有关论述。 ②对我国心理学家关于心理素质的观点的综合分析和借鉴。 ③对现代素质含义的思考和探讨		
结构	认知品质	含义	是指人对于事实关系的主观反映（感觉、知觉、表象、概念、判断和推理等）与实际情况相吻合的程度，是心理素质结构最基本的成分
		表现形式	①对现实世界的信息反映，集中表现为对问题的知觉和分析。 ②对信息的加工，以创造出新的信息，集中表现为提出问题解决办法。 ③信息加工的行为延伸，集中表现为解决问题方案的具体实施。 ④认知监控是与上述三种形式相伴随的环节，包括反映客观信息、加工信息、实施具体方案，可以评估、监控认知活动中的反映、创造和实践

续表

要点	具体内容		
结构	个性品质	含义	是指人在认知过程中的个性心理表现。个性品质不直接影响个体的认知活动，但具有动力和调节机能。它是个体形成的独特的精神面貌和心理特征，是心理素质的核心成分
		包含因素	动力特征(进取心)、意志特征(成就动机)、情绪特征(乐观倾向)和自我特征(责任感)
	适应性	含义	是指通过与社会生活环境的交互作用，适应社会环境，调节内在心理过程所表现出来的习惯性行为倾向，是心理素质结构中最具衍生功能的因素
		表现形式	①对外在社会环境的学习、应对和防御等适应过程 ②对自己内在心理过程的控制、理解和调适等适应过程
学校心理素质教育	含义	是指教育者从教育对象的心理需要出发，运用心理科学的理论与方法，对其心理各层面施加积极的影响，以优化其心理素质，维护心理健康，促进社会适应的教育实践	
	特性	全面性和全体性；活动性和互动性；主体性和发展性	
	必要性	①学生的心理素质处于核心地位，并制约其他素质的形成与发展。 ②从学生心理发展的需要来看，心理素质决定着学生最终能否成才。 ③从素质的发展和功能看，心理素质的结构越完善，整体的功能就越强	
	基本特点	①教育目标的全面性和全体性：教育目标是全面提高全体学生的健全心理素质。 ②教育方式的活动性和互动性：活动性强调要创设多种形式的活动；互动性强调师生互动、生生互动。 ③教育对象的主体性和发展性：主体性强调尊重学生的主体地位，发挥学生的主体作用；发展性强调学生是不断发展的主体	

2. 心理健康的含义及判断标准

表 14－2　心理健康的含义及判断标准

要点	具体内容
含义	心理健康是一种良好而持续的心理状态，是个体心理健康，能维持完善的人格、和谐的人际关系，能积极适应社会交往活动和环境，能自觉发展，积极实现自我价值的状态
判断依据	①临床模式认为心理健康就是没有心理疾病。 ②统计常模认为与多数人一致的心理与行为才是健康的。 ③社会常模认为符合社会规范的心理与行为才是健康的。 ④生活适应认为能良好适应生活的心理才是健康的。 ⑤心理成熟认为心理发展与生理发展协调的心理才是健康的。 ⑥主观感受认为使当事人主观体验到满意、幸福感的心理才是健康的
判断标准	①自我实现。马斯洛认为能自我实现的人就是心理健康的人。这种人的特征包括：有较为实际的人生观；有包容心；情绪表达真实自然；有较宽广的视野；有静居独处的需要等。 ②适应良好。中国传统文化认为适应良好的人是心理健康的人，这种人的特征包括：具有良好的人际关系；适当约束自己的言行；保持情绪的平衡与稳定；正确认识周围环境；抱有积极的生活态度等。 ③适应与发展和谐统一

续表

要点	具体内容
注意要点	①心理健康的判断应该从两方面考虑：个体内部协调和对外良好适应。 ②心理健康有层次之分：当个体没有生活的目的时，即使没有心理问题，只是低层次的“消极的心理健康”；当个体追求自我实现时，才有可能达到高层次的积极的心理健康。 ③心理健康既是一种适应状态，也是一种发展状态。 ④心理健康能够反映人生态度和生存方式，是一种整体的心理状态

3. 心理素质和心理健康的关系

外显的心理健康行为表现和内隐的心理状态同为心理素质的功能性反映，可通过人的心理健康状况去把握人的心理素质。心理素质和心理健康的关系是“本”与“标”的关系。

(1)从根本上说，心理素质和心理健康是心理现象的不同层面，具体而言：

①心理素质是一种稳定的心理品质。

②心理健康则是一种积极、良好的心理状态。

(2)从心理素质的功能来看，两者有直接关系。心理健康水平是心理素质健全的功能状态和外显标志之一。

(3)从心理素质的内容要素与功能作用的统一性意义来看，心理健康是心理素质的表现，体现心理素质的功能。

考点二、学校心理素质教育的基本理论

表 14－3　学校心理素质教育的基本理论

要点	具体内容	
根本目标	内容	要求培养学生健全的心理素质，使学生心理素质的各成分都得到发展，使其形成正常的智能、完善的人格和良好的适应能力，为促进学生整体素质的发展奠定良好的心理基础
	基本要求	开展心理素质教育，要落实到各级各类学校，各级各类学校应根据学校条件、学生情况制定合理的、切合实际的，遵循心理素质教育根本目标的教育目标
基本任务	①促进和维护学生心理健康。心理素质教育的首要功能是促进和维护学生心理健康。 ②开发智力，促进能力发展。个体心理素质形成的关键期是儿童期和青少年时期，这时个体的可塑性大，及时的心理辅导或训练，有利于大脑潜能的正常甚至超常发挥。 ③提高德性修养，培养良好品德。心理素质教育要有针对性，以学生为中心，从学生心理需要入手。 ④培养主体意识，形成完善人格。学校心理素质教育要坚持以人为本，强调主体意识。 ⑤养成良好行为习惯，提高社会适应能力。心理与行为关系密切，一方面，行为习惯受到心理素质的影响，另一方面，行为习惯又内化积淀为心理素质	
基本内容	教育内容的确定，应从以下几个方面出发： ①认知品质培养 认知品质主要包括监控性、意识性、迁移力、表现力、目的性、深刻性和发散性等因素。 ②个性品质培养 个性品质主要包括成就动机、求知欲、独立性、坚持性、自我统合、责任感等因素。 ③适应性培养 适应性主要包括社会环境适应、应激情境适应、学习适应、生活适应等因素	

续表

要点	具体内容		
基本原则	活动性原则	内容	要求创设活动情境，使学生参与活动，协调整合内外活动，进而形成健全的心理素质
		表现	①外部的行为操作、感性的实践活动，表现为人的行为系列和行为模型。 ②内部的心智操作活动，主要体现在对自己的认知、对一些心理和行为情境的体验与反思、对一些心理事件和心理现象的领悟等
	情境性原则	内容	要求教学与情境化的互动结合起来，创建师生、生生等互动的心理环境，激发学生的心理活动和行动愿望
		作用	①通过创设或利用模拟情境，让学生感受真实情境与情感。 ②通过提供真实的活动情境，引导学生参与活动，在活动中达到入境入情
	主体性原则	内容	要求充分认识学生的主体地位，认识到学生的发展性，通过发挥学生的主体地位，充分发挥其能动性
		地位	能否发挥学生的主体作用是心理素质教育成败的关键
基本模式	整合模式	内容	以培养学生健全的心理素质为基本目标，遵循积极适应和主动发展两条基本原则，综合运用专题训练、学科渗透等基本教育途径，有效发挥家校区系统的作用
		评价	弥补了单一模式的缺陷，提出了明确的、普遍适用的学校心理素质教育的基本目标以及两条原则，并对其途径、要素、环节及内容有所规定
	分层模式	内容	根据学校心理素质教育“适应——发展——创造”的三层目标，提出三种培养模式：适应层面、发展层面、创造层面的培养模式
		重点	小学生、中学生、大学生心理素质培养的重点分别是：指导适应、促进发展、激发创造
	分段模式	内容	发展心理素质需要对不同年龄段的不同心理素质的特点和不同教育目标进行适应
		要求	不同学段的教育内容、方式和策略有所区别，学校心理素质教育应建立多级培养模式，以适合不同学段学生的需求

考点三、学校心理素质教育的实施

1. 学校心理素质教育设计的基本要求

表 14－4　学校心理素质教育设计的基本要求

要点	具体内容	
含义	是指教师对学校心理素质教育的准备过程，在这一过程中，教师规划心理素质教育活动，并形成指导方案。它涉及对教育的目标、内容、方法以及学情分析等一系列因素构成的整体谋划	
特点	目标设计的综合化	心理素质教育更注重教育目标的综合性，包括认知、情感态度和行为习惯目标

续表

要点		具体内容
特点	内容设计的生活化	学生的心理素质起源于日常的学习与生活实践，在设计内容时，应当联系学生心理生活的热点、焦点和难点
	方法设计的多样化	心理素质教育可以有多种多样的组织形式或教育方法，主要包括：认知法、游戏法、测验法、交流法、讨论法、角色扮演法、行为改变法、实践操作法等
	环境设计的互动化	心理素质教育的环境需要体现互动化，它的实现依赖于师生、生生之间民主、平等的多向交流，方法包括物理环境的互动化、和谐心理气氛的创设和教师的有效监控

2. 学校心理素质教育的基本策略

表 14－5　学校心理素质教育的基本策略

要点		具体内容
和谐互动策略	含义	是指面向全体学生，整体优化每个学生的心理素质的教育
	方式	①营造和谐的课堂气氛。教师应该尊重学生；民主管理；激发学生的积极主动性。 ②促进多向交往与合作学习。多向交往的关键是使全体学生都能适应的教育活动，实现多向交往的有效办法是分组教学、合作学习
行为改变策略	含义	是指借助心理学中涉及行为塑造或行为矫正的方法和技术，使学生改变行为的策略
	方式	①学生的自我管理技术。主要步骤是：建立良好人际关系；介绍成功案例；制订并完善自我管理的计划。 ②行为练习。主要步骤是：介绍目的、环节和要求；控制练习时间，提供技术指导；独自练习。 ③矫正不良行为。以强化理论为指导，增加正确行为，减少不良行为
体验内化策略	含义	是指学生体验过训练活动的前提下，对训练内容、策略有所感触，在此基础上进一步反思，保证内化效果
	方式	①重视体验，体验是传授训练策略、巩固练习迁移的环节。 ②强调体验的积极性，避免消极被动的体验。 ③借助外部活动促进、深化内部体验
合理监控策略	含义	是指教师在教育活动中借助计划、监督、反馈、评价、调控等方法，以实现预期目标，完成既定任务的一种谋划
	环节	①编导环节。在训练活动开展前编制活动的具体步骤，并指导学生做好活动准备。 ②引导环节。在训练活动过程中引导学生积极参与活动，从不同角度思考问题。 ③开导环节。当学生被疑难问题卡住时及时开导学生，并促进学生对策略的迁移

3. 学校心理素质教育的基本途径

表 14－6　学校心理素质教育的基本途径

要点	具体内容
专题训练	专题训练包括以下三个彼此衔接的基本环节： ①判断鉴别训练。借助多种心理测评，让学生了解自我，鉴别是否存在心理困境需要帮助。

续表

要点		具体内容
专题训练		②策略训练。针对在判断鉴别中所发现的问题，要开展策略训练，提出若干解决问题的有效方法和技巧，要通过组织学生参与讨论和操作活动来帮助学生提高心理健康水平。 ③反思体验。对训练中的心理感受、情感体验等进行反思、强化、内化，促进自我认知与评价
心理辅导	含义	是指在一种新型的、建设性的人际关系中，辅导教师运用其专业知识和技能，给学生以合乎需要的心理上的协助与服务，帮助学生处理问题，发展潜能，增强与维持自身心理健康，以便良好适应各个方面的心理素质教育方法
	重点	①帮助学生认识自己、接纳自己、管理自己。 ②帮助学生适应周围环境，解决困境。 ③帮助学生改善行为，化解负向情感。 ④指导学生承担起社会责任和个人责任。 ⑤鼓励学生过健康的、有意义的、充实的生活
	有效辅导关系	①辅导关系的含义：是在心理辅导过程中，师生之间的能改善学生心理健康状况的特殊人际关系。 ②条件：同感、真诚、尊重
学科渗透	含义	是指学科教师有意识地结在学科教学中使用心理学理论、方法和模式，既传授知识技能，又完善学生心理素质结构的心理素质教育方法
	注意要点	①在思想上，找到教材中契合心理健康教育目标的点。 ②在氛围上，应具有和谐性、情趣性，让学生体验成功。 ③在教学中，应采取灵活多样的形式，重视学生的主体作用
	评价	①心理素质需要教师全员参与来保证学科渗透法发挥出最大效果。 ②学科渗透法具有潜移默化的特点，能够在中小学的课程体系保持相对稳定的情况下实现目标

4. 学校心理素质教育的科学评价

表 14－7　学校心理素质教育的科学评价

要点	具体内容		
基本标准	①目标达成情况。心理素质教育评价的起点和基本标准是心理素质教育的目标，即心理素质教育目标的达成情况是整个评价的基础。 ②学校心理素质教育效率的高低。教育效率是指在单位时间内，心理素质教育的效果与其对应的物质及精神方面的付出之比。 ③学生的接受性。为学生所接受的教学才能让教育具有真正的意义		
基本过程	确定评价目标	含义	是指心理素质教育评价对要评价什么的规定
		地位	①评价目标的确定是评价工作的开始。 ②评价目标是确定评价方法和手段的依据

续表

要点	具体内容		
基本过程	确定评价指标体系	含义	是指具体的、可操作的，并且能够体现出心理素质教育的有效性的标准
		类型	①直接的指标，即心理素质教育直接产生的效果，如学生心理素质的变化等。 ②间接的指标，即心理素质教育间接影响的效果，如学风、校风的变化等
		构成	指标、权重、标准
	选择评价方法	含义	是指根据评价目的所确定的，采用何种方式收集有关评价信息的方法
		方法	①采用指标项目表的形式，宜采用观察法。 ②考察心理素质变化，宜采用测量法、实验法和调查法
	挑选评价人员	含义	是指有一定的专业水平和经验，并持有公正客观的科学态度的人员
		要求	评价前，评价人员应接受相应培训，掌握评价的标准、意义、方法和过程等
	实施评价计划	含义	是指根据一定的标准，采用合适的工具和方法对信息进行评价的计划
		要求	①安排好评价所需工具和人员。 ②据评价方法，收集评价信息。 ③不易收集的评价信息，应采用多种方式进行收集
	分析评价资料，写出评价报告	过程	对所收集的信息进行相应的分析处理，形成客观的评价报告
		要求	①控制和减少各种评价误差，如光环效应。 ②多人参与，民主评议。 ③客观地解释和分析评价结果，并在必要时，进一步收集资料
	评价资料的运用	含义	是指在评价资料的基础上，考察心理素质教育的成效，并试图发现和解决问题
		要求	①考察评价结果的真实性和可靠性。 ②要用发展的眼光看待评价结果
评价类型	起始评价	含义	是指在心理素质教育行为开展前对学生心理素质发展状况和相应的心理素质教育准备情况的评价
		方式	通过专门的学生心理素质测评系统完成
		内容	对心理素质教育计划的评价；对心理素质教育活动准备情况的评价
	过程评价	含义	是指在心理素质教育活动进行过程中实施的评价，目的是收集过程性信息，为心理素质教育与教学提供及时反馈
		内容	①对心理素质教育计划部分目标或阶段性目标的达成度的评价。 ②对整个心理素质教育过程实施状况、效率等的评价
	总结性评价	含义	是指发生在活动结束时或者结束一段时间后进行的评价，目的是了解心理素质教育活动过程的成效
		内容	①对学生心理素质发展变化的评价。 ②对问题解决状况的评价。 ③对活动成效的评价

14.2 课后习题详解

1. 为什么说心理素质教育是素质教育的重要组成部分?

答: 心理素质是个体整体素质的基础。它是个体在遗传素质的基础上,通过自身努力和外界环境与教育的作用下,所形成的比较稳定的、基本的、内在的心理特征、品质和能力等心理因素的总和。心理素质教育是素质教育的重要组成部分,具体分析如下:

(1)心理素质教育包含于素质教育

素质教育旨在提高全体学生的全面素质,包括生理、心理和科学文化等。其中,心理素质居于核心位置,影响着其他素质的形成与发展。

(2)心理素质教育在素质教育中具有重要地位

①提高心理素质教育地位的需要

现实学校中所实施的教育有较为完善的德育系统、智育系统、体育系统、美育系统、劳动技术教育系统,但心理素质教育并未受到足够重视,更谈不上建立系统的心理素质教育,学生也就只能从教师零星的启发中接受心理素质教育。

②学生全面发展的需要

要想全面提高教育质量,使学生获得全面的发展,心理素质教育必须要帮助学生建立完善的认知品质、个性品质和适应性品质。学生心理素质的结构足够稳定,能适应良好,学生才能具备自发地、积极解决困境的心理力量。因此,心理素质影响学生的动机和行为,决定了学生主体性的发挥,决定了学生潜能的发挥程度,影响学生在各个方面的发展,是素质教育极为重要的一部分。

2. 学校心理素质教育与其他教育(如德育、智育)有什么关系?

答: 学校心理素质教育是教育者从教育对象的心理需要出发,运用心理科学的理论与方法,对其心理各层面施加积极的影响,以优化其心理素质,维护心理健康,促进社会适应的教育实践。学校心理素质教育与其他教育的关系,具体如下:

(1)教育目的都指向学生的发展,且都是我国素质教育的一部分

①学校心理素质教育的开展有利于提高学生的心理素质、完善学生的心理素质结构。其他教育,如德育、智育有利于提高学生的道德水平,智力水平。教育目的都指向学生,教育效果都要在学生身上得到体现。

②素质教育旨在提高全体学生的全面素质,包括生理、心理和科学文化等。其中,心理素质居于核心位置,影响着其他素质的形成与发展。

(2)学校心理素质教育与其他教育互相影响、互相渗透

①学校心理素质教育的任务是以目标为依据,辅助其他教育(如德育)更好地实现其教育效果。其根本目标就是通过心理素质教育,发展学生正常的智能、完善的人格和良好的适应能力,促进学生整体素质的良好发展。

②学校心理素质教育的基本途径之一是学科渗透法,即学科教师有意识地结合心理素质教育,在学科教学中使用心理学理论、方法和模式,既传授知识技能,又完善学生心理

素质结构。

3. 你认为学校心理素质教育中亟待解决的理论问题是什么？为什么？

答：(1)学校心理素质教育是近年来在学校开展起来的一项重要的素质教育活动，有一系列理论问题需要探索和明确。这些理论问题包括：学校心理素质教育的根本目标、基本任务、基本内容、基本原则、基本模式，等等。

(2)原因：

①学校心理素质教育的根本目标是学校心理素质教育工作的起点和方向。学校心理素质教育的根本目标是通过心理素质教育，培养学生健全的心理素质，使学生心理素质的各成分都得到健康的发展，使其形成正常的智能、完善的人格和良好的适应能力，为促进学生整体素质的发展奠定良好的心理基础。

②学校心理素质教育的基本任务是学校心理素质教育工作的具体实施要求，主要体现在以下方面：促进和维护学生心理健康；开发智力，促进能力发展；提高德性修养，培养良好品德；培养主体意识，形成完善人格；养成良好行为习惯，提高社会适应能力。

③学校心理素质教育的基本内容是实现学校心理素质教育根本目标与基本任务的载体。确定和选择学校心理素质教育的内容应该从完善学生心理素质的基本结构出发，根据学生心理素质结构的现有发展水平进行有针对性的教育。具体可从认知品质培养、个性品质培养、适应性培养等方面着手。

④学校心理素质教育的基本原则既是心理素质教育工作的基本指导思想，又是处理心理素质教育过程的基本矛盾和各种教育要素的基本准则。学校心理素质教育工作除了遵循素质教育的一般原则外，有其自身的特殊原则。活动性原则、情境性原则和主体性原则是心理素质教育应该遵循的主要原则。

⑤学校心理素质教育的基本模式是一种体现某种心理素质教育思想和目标定向，促进其功能发挥的操作思路或范型。经过理论探索和实验验证，学生心理素质培养模式不应是单一的模式，而应是一个模式系统。从学校心理素质教育的总目标出发，针对全面心理素质培养，可以把学校心理素质教育模式概括为整合模式；从心理素质教育的分层目标出发，针对某方面心理素质培养，可以把学校心理素质教育模式划分为适应层面的模式、发展层面的模式和创造层面的模式；从心理素质教育的分段(年龄段)目标出发，针对学龄段的心理素质培养，可以把学校心理素质教育模式概括为分段培养模式。

4. 你认为学校心理素质教育中亟待解决的实践问题是什么？为什么？

答：(1)学校心理素质教育方兴未艾，既不像学科教育那样内容、途径、方法比较稳定，又不像学科教学那样教师驾轻就熟，因此学校心理素质教育中亟待解决的实践问题需要得到足够的重视。这些问题主要有：学校心理素质教育的设计；学校心理素质教育实施的基本策略；学校心理素质教育实施的基本策略、学校心理素质教育的科学评价等。

(2)原因：

①教育设计是教育实施的前奏。学校心理素质教育设计是教师对心理素质教育活动进行规划和形成指导方案的准备过程。它涉及对教育目标、学生状况分析、教育内容、教育方法、教育评估、教育环境等一系列因素构成的整体谋划。与学科课程比较，心理素质教

育的设计既要遵循教学设计的一般原则，注重系统性、程序性和可教性，又应体现自身的特殊性，突出目标设计的综合化、内容设计的生活化、方法设计的多样化、环境设计的互动化等特点。

②教育实施是把教育设计具体化和现实化的过程。教师要将教育设计付诸实施，需要制订或选择一系列的教育策略。比较常见的策略有和谐互动策略、行为改变策略、体验内化策略、合理监控策略等。

③教育实施需要有一定的途径，而教育途径是依据教育模式而选择的。根据学校心理素质教育整合模式的要求，学校心理素质教育的基本途径主要包括心理素质专题训练、心理辅导和学科渗透三种基本途径。

④学校心理素质教育作为教育活动的一种类型，同样需要教育评价。心理素质教育的评价既是对心理素质教育有效性的评价，也是对学生心理素质发展水平的评价，其结果无论对学校心理素质教育还是对教师和学生，都具有非常重要的作用。

14.3　考研真题与典型题详解

简答题

1. 简述青少年心理健康的培养途径。［华中师范大学 2015 年研］

答：青少年心理健康的培养有很多途径，学校和班主任、任课教师、心理咨询教师以及家长应共同制订出对学生进行心理治疗的方案，减少在心理教育方面的失误和不足，密切配合，共同解决学生的心理问题。

(1)提高教师的心理教学水平

教师是学生身心教育和发展中的主要影响因素。教师在教育劳动过程中抱怎样的态度，表现怎样的道德风范，直接影响着学生道德品质的形成和发展，这种影响是无形的、潜在的，又是长远的、深刻的。

(2)开设心理健康教育选修课或讲座，传授心理学知识

心理素质的提高离不开对心理学知识的了解、掌握和运用。心理辅导的主要内容包括认识心理健康、考前焦虑辅导、适应能力与心理素质、自我完善与心理素质、克服心理问题、情绪的自我调节和中学生青春期心理卫生等。

(3)建立健全心理咨询机构，为学生提供心理咨询服务

心理咨询是指受过专门训练的心理咨询人员运用心理学的原理、方法和技巧，对学生的学习、适应、发展、恋爱、择业等问题加以指导和帮助，以优化学生的心理素质，为社会提供高质量的合格人才。学校领导要高度重视心理咨询活动，要设立相关机构，提供物质条件，组建相关的教师队伍，为学生提供心理咨询服务。

(4)营造积极向上的校园文化氛围

校园环境对学生影响是广泛而又深刻的，它能渗透到学生学习生活的方方面面。学校的学习氛围、管理方式、人际关系、文体活动等是影响学生心理的重要因素，良好的氛围有助于培养学生积极向上的精神。

(5)引导家长协调教育，共同解决学生的心理问题

家庭背景、父母的期望值、教育方式、社会方面的因素对学生心理健康的影响非常严重。学校应该利用家长会和家访的方式，向家长宣传中学生心理健康知识，改进家长对孩子的思想观念和教育方式，引导家长注重发展学生的特长，不片面追求“高分数”，而要全面发展；鼓励家长采用民主的管理方式，让学生有一定的自主权，尊重人格，不独断专行，不伤自尊心，同时避免过分迁就孩子，或丧失信心，放任不管。

2. 学校开展心理健康教育的基本途径。

答：教育途径是依据教育模式而选择的。包括以下几个方面：

(1)专题训练

专题训练包括以下三个彼此衔接的基本环节：

①判断鉴别训练。借助多种心理测评，让学生了解自我，鉴别是否存在心理困境需要帮助。

②策略训练。要对上一环节的问题，提出有效的解决方法。其基本步骤包括引思、导行、激情、练习四个环节。其具体形式包括：角色扮演或角色换位、讨论、辩论、参观、教师辅导或咨询等。

③反思体验。不断反思训练过程及效果，反思中应锻炼学生的自觉性、自发性和自控性(“三自”)。实施形式包括：针对问题，前后对比；设计情境，实际操作；分析案例，总结迁移；言语暗示，箴言提醒。

(2)心理辅导及辅导关系的确立

心理辅导是辅导教师运用其专业知识和技能，帮助学生处理问题，发展潜能，增强与维持自身心理健康的教育方式。建立有效辅导关系的基本条件包括：同感、真诚、尊重。其重点目标包括以下几点：

①帮助学生认识自己、接纳自己、管理自己。

②帮助学生适应周围环境，解决困境。

③帮助学生改善行为，化解负向情感。

④指导学生承担起社会责任和个人责任。

⑤鼓励学生过健康的、有意义的、充实的生活。

(3)学科渗透

学科渗透是指学科教师有意识地结合心理素质教育，在学科教学中使用心理学理论、方法和模式，既传授知识技能，又完善学生心理素质结构。运用这一教学形式要注意：

①在思想上，找到教材中契合心理健康教育目标的点。

②在氛围上，应具有和谐性、情趣性，让学生体验成功。

③在教学上，应采取灵活多样的形式，重视学生的主体作用。

3. 简述行为改变策略。

答：行为改变策略是心理素质教育的重要内容，对帮助学生更新认识、端正态度、调节情绪和调整行为方式有重要意义。在实际教学中，教师要学会心理学中涉及行为塑造或行为矫正的方法和技术，从而帮助学生改变不良行为。这一策略主要包括以下三方面的技术：

(1)学生自我管理

学生自我管理，是指在教师的帮助下，学生改变自我行为的一种策略。教师通过引导、控制学生行为的改变方向，促使学生进行自我控制和自我管理。其具体实施方法包括：教师示范、督促学生、强化目标行为和指导学生。其主要步骤是教师要先将改变行为的原则、方法和技巧教给学生；再帮助学生制订合理计划，并督促学生实施计划、进行计划监控和自我管理。

(2)行为练习

行为练习，是学生在不断的实际练习过程中，逐步改变行为，形成目标行为的方法。其实施的步骤包括：教师先将训练的目的、环节和要求告知学生；再为学生提供技术指导并监控、督促学生保证练习效率；最后提供给学生独自练习的机会三个环节。

(3)矫正不良行为

矫正不良行为，是指教师引导学生认识、分析不良行为，帮助学生发展更好的自我控制。教师要引导学生认清不良行为的危害，提示不良行为的改善措施并帮助学生制订矫正方案。结合行为塑造技术，借助正强化和负强化，增加正确行为，减少不良行为。教师要注意：始终以强化理论为指导，强化目标行为，使不良行为消退等强化方法，要将强化原理与行为塑造技术结合起来。

第 15 章　学生心理差异与因材施教

15.1　复习笔记

【知识框架(庖丁解牛)】

- 学生心理差异与因材施教
  - 概述
    - 心理差异及其成因
    - 心理差异在学校情境中的表现
    - 针对心理差异的因材施教
  - 认知差异与教育
    - 认知差异
    - 针对认知差异的教育
  - 人格差异与教育
    - 人格差异
    - 针对人格差异的教育

【考点剖析与拓展(游刃有余)】

考点一、概述

1. 心理差异及其成因

表 15－1　心理差异及其成因

要点		具体内容
心理差异	含义	是指人的心理特征，在心理活动(认知、情感、意志等)过程中，表现出的相对稳定而不同于他人的差异
	类型	①群体心理差异：不同社会群体，由于生活习俗、历史文化、经济发展的差异形成的独特的心理特点。 ②个体心理差异：个体之间在心理以及行为中表现出来的相对稳定的又区别于他人的心理特征，集中表现为认知差异和人格差异。一般未加说明的心理差异就是指个体心理差异
心理差异的成因	生理因素	①遗传因素。遗传是指染色体中包含的遗传物质传给下一代的现象。遗传因素是心理差异形成的物质前提。 ②生理疾病。会改变个体的身心特征
	家庭因素	①家庭结构，对个体心理发展的影响主要表现在个性发展和心理健康两个方面。 ②家长的态度与教育方式，这一因素影响个体的个性形成、社会性发展和心理健康。 ③家庭氛围，是指个体所处家庭的气氛和情调，会影响儿童智力和儿童个性
	学校因素	①教师：主要表现为教师期望、人格和教育方式对学生的影响。 ②学校环境和氛围：主要表现为学校环境和学校氛围对学生心理健康的影响

2. 心理差异在学校情境中的表现

表 15－2 心理差异在学校情境中的表现

<table>
<tr><th>要点</th><th colspan="3">具体内容</th></tr>
<tr><td rowspan="6">学生学习心理的差异</td><td rowspan="2">学习风格差异</td><td>学习风格的含义</td><td>是指学习者持续一贯的带有个性特征的学习方式</td></tr>
<tr><td>类型</td><td>①根据学习者学习时偏爱使用的感官，学习风格可以分为视觉型、听觉型、触觉型、操作型。
②根据学习者的认知方式，学习风格可以分为整体知觉型和部分知觉型。
③根据学习者学习的态度，学习风格可以分为沉思型和冲动型</td></tr>
<tr><td rowspan="2">学习策略差异</td><td>学习策略的含义</td><td>是指学习者为了完成学习任务或实现学习目标而采用的步骤</td></tr>
<tr><td>表现</td><td>①熟练地、有意识地选用策略与随机地、盲目地使用策略的差异。
②使用的策略类型的差异，如复述策略、精细加工策略和组织策略的差异。
③获得并使用高级复杂策略的可能、效率等方面的差异</td></tr>
<tr><td rowspan="2">学习兴趣差异</td><td>学习兴趣的含义</td><td>是指对某一学习活动的积极认识倾向与情绪状态</td></tr>
<tr><td>表现</td><td>①学科兴趣的差异，如不同学生喜欢不同学科。
②学习兴趣的品质差异，包括广博性差异、持久性差异和效果性差异</td></tr>
<tr><td rowspan="3">学生学习的性别差异</td><td>学生智力的性别差异</td><td colspan="2">①男女两性的智力发展水平整体差异小，智力水平呈正态分布。
②男女两性的智力优势不同，男性右脑发展优于女性，空间知觉能力、数学能力较强，女性左脑发展优于男性，言语表达能力较强。
③男女两性的智力差异，在不同年龄段有不同表现</td></tr>
<tr><td>学习动机发展的性别差异</td><td colspan="2">①小学阶段，女生比男生更听话，能遵守师长的教导，因此具有更高水平的学习成就动机，而男生的附属动机更高。
②中学阶段，中学生的学习动机以学业成就动机为主，男生的自我提高内驱力水平较高，女生的认知内驱力水平较高</td></tr>
<tr><td>学习归因的性别差异</td><td colspan="2">女生易将事情的成败归因于能力、努力程度等内部因素；男生则易将事情的成败归因于运气、工作难度、外界环境等外部因素</td></tr>
<tr><td>学业优秀生和学业后进生的心理差异</td><td>学业优秀生和学业后进生的认知差异</td><td colspan="2">①智力差异：在智力水平上，学业优秀生的智力显著高于学业后进生。
②元认知差异：学业优秀生的元认知计划以及元认知监控能力高于学业后进生，能够很好地制定学业计划并将其有效落实，进而提高学习效率。
③知识量与知识结构的差异：学业优秀生的知识积累量大于学业后进生，为后续的学习奠定良好基础，能够提升相关知识学习的记忆理解能力，从而提升学习效果。
④认知加工的差异：学业优秀生能够更好地深入理解知识和掌握基本技能</td></tr>
</table>

续表

要点	具体内容	
学业优秀生和学业后进生的心理差异	学业优秀生和学业后进生的人格差异	①气质差异：学业优秀生的行为基本符合家长老师的要求，性格沉稳认真，能够长时间集中注意力；学业后进生的行为则较为活泼，体现为多动、分心、固执、笨拙、孤僻等。学业优秀生中情绪稳定型气质的更多。 ②动机差异：学业优秀生的学习动机水平更高。 ③自我意识差异：自我效能是影响学生学业成绩的重要因素

3. 针对心理差异的因材施教

表 15－3　针对心理差异的因材施教

要点	具体内容
因材施教的含义	是指在共同的培养目标的前提下，根据教育对象的个体差异，采用不同的教育方式，使之最有利于教育对象的学习和发展的一种教育方法和原则
因材施教的方式	①尊重学生的个体心理差异。教师必须尊重学生差异的客观存在，重视学生的个别差异。 ②了解和发现学生的个别差异。这是实施因材施教的前提和基础。 ③实施有针对性的个别教育。对不同的学生，要采用不同教法
因材施教的原则	①可接受性原则，是指教学能够被学生接受，符合学生的发育程度和现有知识和概念的水平，要求教师要“量力而教”，教学要落在最近发展区内。 ②可选择性原则，是指教师要向学生提供多种多样、形式各异的活动内容和手段方法，让学生根据自己的爱好和需要去选择。 ③主体性原则，是指教师要将学生视为教育的主体，尊重学生的主体地位，由单纯的知识传授者向学生学习活动的引导者、组织者转变

考点二、认知差异与教育

1. 认知差异

表 15－4　认知差异

要点	具体内容		
认知类型差异	认知类型的含义	又称认知风格，是指在个体进行信息加工时，通过其知觉、记忆、思维等内在心理过程在外显行为上表现出的习得性特征	
	分类	知觉类型的差异	①根据知觉时分析和综合所占的比重，知觉可分为分析型、综合型和分析－综合型。 ②根据知觉受外界影响的程度，知觉可分为场依存型和场独立型
		记忆类型的差异	知觉偏好，是指学习者对视觉、听觉和动觉的偏重程度。根据记忆过程中的知觉偏好，记忆可以分为视觉型、听觉型、动觉型和混合型
		思维类型的差异	①根据思维的概括性，思维可以分为、艺术型、思维型和中间型。 ②帕斯克根据学生学习策略差异，将思维分为整体型和序列型
		认知反应类型的差异	卡根等人根据学生认知反应和情绪反应的速度，将认知反应分为冲动型和思考型

续表

要点	具体内容		
认知水平差异	认知水平的含义	是指对信息的处理能力，主要包括专注力、判断力、思维力、记忆力等	
	分类	智力发展水平的差异	智力的发展水平可以通过智商来体现；一般智商在100上下为正常，低于70为低常，高于130为超常
		智力发展速度的差异	智力的发展有早有晚，有人很小就表现出较高的智力水平；智力发展的最佳年龄区是30～45岁；不同学科有不同的最佳年龄区

2. 针对认知差异的教育

表15－5　针对认知差异的教育

要点	具体内容	
针对认知类型差异的教育	①教师必须帮助学生识别自己的认知类型帮助学生明确认知类型无优劣，但要采用不合适的学习方式和策略。 ②教师要明确适应认知类型的两类教学策略，即匹配策略和失配策略。 ③教师要调整自己的教学风格，提供多模式教学，尝试多样的教学风格，提供多样化的教学活动和多模式的教学方式	
针对认知水平差异的教育	按能力分组	①班级间分组，又称同质性分组，根据学生的能力将其分配到不同的班级中，分班的依据一般为标准化智力测验或成就测验。 ②班级内分组，又称异质性分组，根据学科的能力或成绩，将同班学生分成不同小组，使组内学生能力相近。 ③重新分组，是指在学科学习中，按学科能力的不同，将不同班级甚至不同年级的学生重新分班的方法
	设置不同的教育目标	设置不同的教育目标，就是要根据学生智力的不同，对不同学生设置适合其发展的教育目标
	选择不同的教育方式	①智力超常学生，可提供提早入学或跳级的机会；提供常规课程以外的课程；提供更多的充满挑战的课外活动。 ②智力低常学生，可给予更多的机会，从简单处做起；加强自理、自助技能的培养；激发学习动机，增加学习信心

考点三、人格差异与教育

1. 人格差异

表15－6　人格差异

要点	具体内容	
气质差异	多血质的学生	活跃，情绪多变热情大方，善于表现，适应能力强，但注意力易被分散，行事不稳重，兴趣易变
	胆汁质的学生	精力充沛，直爽热情，好胜心强，但脾气暴躁，不稳重，缺乏耐心

续表

要点	具体内容		
气质差异	抑郁质的学生	情感深刻而稳定，不容易变化，从事长时间的繁重工作容易感到疲倦；在工作中缺乏果断和信心，在日常生活中有孤僻、胆怯、刻板的表现	
	黏液质的学生	思维较迟缓，性格较内向，不善表达，但注意力集中，兴趣稳定	
性格差异	根据心理活动的倾向	①外向型学生：爽朗、积极、能言善辩、胆量大、好奇心强。 ②内向型学生：爱安静，不喜交往，爱好独处，对新事物反应迟缓，社会适应力差	
	根据个人独立性的程度	①独立型的人：其认知方式是场独立型，不易受别人的暗示和环境的影响，独立能力强，有主见，善于发现问题和解决问题。 ②顺从型的人，其认知方式是场依存型，较易受别人的暗示和环境的影响，独立性差，缺乏主见，常常做违背自己意愿的事情	
动机差异	目标性动机的个别差异	含义	是指学习者在学习中想要达到的目标或者结果，当这个目标或者结果成为驱动学生学习的动力时，学习目标就转化为学习动机
		分类	①具有成绩目标动机的学生，追求高成绩的目标是获得赞许或逃避批评。 ②具有掌握目标动机的学生，注重知识的获得与自身能力的提升，倾向于选择中等难度的工作，成功了会产生成就感，失败了仍然学有所获
	成就动机的个别差异	含义	是指个体力求实现有价值的目标，以便获得新的发展或地位或赞扬的一种内在推动力量
		表现	①成就动机与学习效果有密切关系，呈倒“U”型曲线。 ②成就动机与学段和性别有关系，中学生在成就动机方面没有显著的性别差异；大学生有显著的性别差异，男生成就动机强于女生

2. 针对人格差异的教育

表 15－7　针对人格差异的教育

要点	具体内容	
气质差异	多血质的学生	教师要鼓励他们继续保持积极进取、行动力强等品质。同时，要严格要求他们，使之遵守纪律、约束不良行为
	胆汁质的学生	教师要引导他们积极参与各项活动，通过及时反馈和奖励其有耐心的行为，批评和惩罚其粗心、轻浮等缺点，在活动中培养其耐力和持久性
	抑郁质的学生	教师应当给予更多的关怀、体贴和鼓励，让他们放开手脚，鼓励他们积极交往，及时表扬
	黏液质的学生	教师要利用他们冷静沉着、稳重实干等优势，让他们参与班级管理，克服冷漠、固执的不良品质，培养其集体荣誉感
性格差异	根据学生的性格类型因材施教	教师要在观察、调查、测量等方法的运用后，判断学生性格类型，并选用适合的教育对策

续表

要点	具体内容	
性格差异	发挥集体的作用	①良好的班风可以培养学生关心集体、诚实正直、遵守纪律等性格特征。 ②在集体中，学生很容易体验合作与竞争。 ③集体活动是培养学生良好性格的有效方式。 ④班集体的舆论也可以引导学生健康性格的形成。 ⑤教师要善于利用从众心理改正学生不良性格，培养良好的性格特点
	引导学生进行自我教育	帮助学生学会自我分析、自我评价、自我教育和自我调节的方法
动机差异	根据学生学习动机的类型进行因材施教	①对以外部学习动机为主的学生，教师可提供适当的外部诱因，以激励外部学习动机，例如合理的奖惩、创设既有竞争又有合作的环境。 ②对以内部学习动机为主的学生，教学的关键在于通过学习兴趣的培养与激励来调动学生学习的积极性
	激发学生的成就动机	①让学生获得成功的体验。 ②进行归因训练，方法有团体发展法、强化矫正法和观察学习法等

15.2 课后习题详解

1. 学生的个别差异主要表现在哪些方面？依据是什么？

答：在学校情境下，学生的个别差异主要表现为以下几个方面：

(1)学生学习心理的差异

①学习风格差异

学习风格是指个体自然地、习惯性地吸收、处理和储存新信息和技能的偏爱方式，这种偏爱方式不受教学方法和教学内容的影响。根据不同的依据，学习风格可以划分为以下几种类型：根据学习者学习时偏爱使用的感官，学习风格可以分为视觉型、听觉型、触觉型、操作型；根据学习者对认知方式的偏爱，学习风格可以分为整体知觉型和部分知觉型；根据学习者学习的态度，学习风格可以分为沉思型和冲动型。

②学习策略差异

学习策略是指学习者为了完成学习任务或实现学习目标而采用的一系列步骤。学习策略差异主要体现为：

a. 熟练地、有意识地选用策略与随机地、盲目地使用策略的差异。

b. 使用的策略类型的差异，如复述策略、精细加工策略和组织策略的差异。

c. 获得并使用高级复杂策略的可能、效率等方面的差异。

③学习兴趣差异

学习兴趣是指对某一学习活动的积极认识倾向与情绪状态。学习兴趣差异主要表现为：

a. 学科兴趣的差异，如不同学生喜欢不同学科。

b. 学习兴趣的品质差异，包括广博性差异和持久性差异。

c. 学习兴趣的效果性差异，如停留在头脑中的兴趣和成为强大学习动力兴趣的差异。

(2)学生学习的性别差异

①学生智力的性别差异，主要表现为以下几方面：

a. 男女两性的智力发展水平整体差异小，智力分布呈正态分布。

b. 男女两性的智力优势不同，男性右脑发展优于女性，空间知觉能力、数学能力较强，女性左脑发展优于男性，言语表达能力较强。

c. 男女两性的智力差异，在不同年龄段有不同表现。

②学习动机发展的性别差异，主要表现为以下几方面：

a. 小学阶段，女生比男生更听话，能遵守师长的教导，因此具有更高水平的学习成就动机，而男生的附属动机更高。

b. 中学阶段，中学生的学习动机以学业成就动机为主，男生的自我提高内驱力水平较高，女生的认知内驱力水平较高；女生在提高威信方面的动机较高，男生在得到他人尊重方面的动机较高。

③学习归因的性别差异，主要表现为：女生易将事情的成败归因于能力、努力程度等内部因素，男生则易将事情的成败归因于运气、工作难度、外界环境等外部因素。

(3)学业优秀生和学业后进生的心理差异

①学业优秀生和学业后进生的认知差异，主要表现为以下几方面：

a. 智力差异。在智力水平上，学业优秀生的智力显著高于学业后进生。在智力结构上也存在差异，学业后进生的智力结构，多存在注意缺陷。

b. 元认知差异。学业优秀生的元认知计划以及元认知监控能力高于学业后进生，能够很好地制定学业计划并将其有效落实，进而提高学习效率。

c. 知识量与知识结构的差异。学业优秀生的知识积累量大于学业后进生，为后续的学习奠定良好基础，能够提升相关知识学习的记忆理解能力，从而提升学习效果。

d. 认知加工的差异。学业优秀生能够更好地深入理解知识，熟练掌握基本知识和技能，知识的积累也是有机架构的且有条不紊。

②学业优秀生和学业后进生的人格差异，主要表现为以下几方面：

a. 气质差异。学业优秀生的行为基本符合家长老师的要求，性格沉稳认真，能够长时间集中注意力；学业后进生的行为则较为活泼，体现为多动、分心、固执、笨拙、孤僻等。学业优秀生中，情绪稳定型气质更多。

b. 动机差异。学业优秀生的学习动机水平更高。学业优秀生的学习动机以认知内驱力为主，主要表现为从好奇的倾向中派生出来的探究、理解外部事物的需要。

c. 自我意识差异。自我意识中的自我效能是影响学生学业成绩的重要因素。班杜拉发现，自我效能水平可以准确地预测学生学业成绩的高低。高自我效能感的人具有较高的成绩。

2. 认知方式差异对学生学习有哪些影响？为什么？

答： 认知方式差异，又称认知类型差异、认知风格差异，是指个体进行信息加工时，通过其知觉、记忆、思维等内在心理过程在外显行为上表现出的独特的习得性特征。关于认知方式差异对学生学习的影响及原因分析如下：

(1)从知觉类型的差异来看

①根据知觉时分析和综合所占的比重，知觉可分为不同类型，其对学生学习的影响也不相同，具体如下：

a. 分析型，使学生形成善于分析，易察觉事物的细枝末节，但整体感知力较差的特点。

b. 综合型，使学生形成善于概括，能把握整体，但不善于分析感知对象局部的特点。

c. 分析-综合型，使学生形成既能把握整体，也能关注细节的特点。

②根据知觉受外界影响的程度，知觉可分为：场依存型、场独立型。不同类型对学生学习的影响如下：

a. 场依存型，场依存型学生较多地依赖外在参照知觉事物，或者难以摆脱环境因素的影响和干扰。这类学生善于记忆包含社会性内容的材料，较喜欢人文科学和社会科学。他们易于接受他人暗示，学习的程度受外因影响。

b. 场独立型，场独立型学生对事物的知觉和判断不易受外部因素的影响和干扰，常根据自己的内部参照，独立进行分析判断。这类学生善于记忆缺乏组织的材料，对抽象的理论更感兴趣，较喜欢自然科学。他们更容易打破思维定势，更适合在内在动机作用下学习。

(2)记忆类型的差异

知觉偏好，是指学习者对视觉、听觉和动觉的偏重程度。根据记忆过程中的知觉偏好，记忆可以分为以下四类：

①视觉型，对视觉刺激比较敏感，习惯通过“看”来学习，学习方式偏爱看书和记笔记而非教师讲授。

②听觉型，使学生更偏好于通过听来学习，更容易从教师或他人的讲授中获得更多信息。

③动觉型，好动，善于通过触摸物体，如写、画、动手操作来学习。

④混合型，使学生习惯通过多感觉通道的协调与配合来学习。

(3)思维类型的差异

①根据思维的概括性，思维可以分为：

a. 艺术型，艺术型学生在知觉事物时具有鲜明性和形象性，具有丰富的想象力和形象的记忆力。

b. 思维型，思维型学生倾向于分析和系统化，倾向比较概括和抽象的思维。

c. 中间型，使学生兼具艺术型和思维型的特点。大多数人都属于中间型。

②帕斯克根据学生学习策略差异，将思维分为两类：

a. 整体型，这类学生解决问题时视野较宽，能全面审视问题，倾向于对与问题相关的子问题进行全面考虑，而非立刻着手一步一步解决问题。男生一般擅长整体型的认知方式。

b. 序列型，这类学生解决问题时，倾向于按照问题的逻辑顺序，一步一步地解决子问题，在学习即将结束时才会对所学内容形成一种比较完整的看法。女生又一般擅长序列型的认知方式。

(4)认知反应类型的差异

卡根等人根据学生认知反应和情绪反应的速度，将认知反应分为：

①冲动型，使学生能简单、迅速做出选择，但错误率较高。这类学生在解决问题时，

常急于求成，不习惯全面考虑问题解决的各种可能性，容易出错。

②思考型，使学生常仔细考虑后做出选择，但错误率较低。这类学生在解决问题时，常小心谨慎，设想各种解决方案，确认无误后才给出答案。他们的答案很准确，但反应慢。

此外，与思考型学生相比，冲动型学生在阅读、推理和记忆等方面都表现较差。

3. 以学生的气质、性格和动机为例，谈谈你对因材施教的理解。

答：因材施教，是指在共同的培养目标的前提下，根据教育对象的个体差异，采用不同的教育方式，使之最有利于教育对象的学习和发展。我对因材施教的理解包括以下内容：

(1)因材施教的原则

因材施教具有针对性和灵活性，需要根据不同学生的特点施教，无固定的模式，但要注意以下几点原则：

①可接受性原则，是指教学能够被学生接受，符合学生的发育程度和现有知识和概念的水平。可接受性原则要求教师：

a. 了解学生的发展水平是前提，“量力(学生的已有经验)而教”。

b. 教学要走在学生发展的前面，要落在学生的最近发展区内。

②可选择性原则，是指教师要向学生提供多种多样、形式各异的活动内容和手段方法，让学生根据自己的爱好和需要去选择。可选择性原则要求教师：

a. 设计多个教学目标。

b. 准备多套教学内容。

c. 让学生自主选择适合自己的教学。

③主体性原则，是指教师要将学生视为教育的主体，尊重学生的主体地位，由单纯的知识传授者向学生学习活动的引导者、组织者转变。主体性原则要求教师要：

a. 尊重学生的主体地位。

b. 培养学生的主体意识。

c. 充分发挥学生的主体作用。

(2)举例谈因材施教

①以气质为例

学生的气质可以分为胆汁质、多血质、黏液质、抑郁质四类。不同的学生的气质类型不同，教师要根据不同学生的气质类型因材施教，才能使不同气质类型学生的优势得到充分发挥，提高学生的学习效率。如对多血质的学生，教师既要注意他们活泼开朗、好表现的优点，也要注意他们好动、注意力易改变的不足，在通过多种教学方法激发和培养其学习动机的同时，要注意引导他们积极参与活动，在活动中提高其耐力和持久性。

②以性格为例

从学生的性格类型来看，对外向型学生，教师要支持他们广泛地参与社会活动，使其性格优势得到充分体现，也要利用需要精加工的任务，培养其细心的品质。对内向型学生，教师既要让他们在集体活动中发挥稳重品质，使之认识到自己的价值，也要锻炼其人际交往能力。此外，教师还要根据学生性格上的个别差异，对不同的学生采用不同的教育方式方法，如对自尊心强的学生，批评应点到即止。

③以动机为例

教师要对不同动机类型的学生因材施教，具体的做法如下：

a. 对以外部学习动机为主的学生，教师要向学生提供适当的外部诱因，以激励外部学习动机。实施的具体步骤包括：

第一，合理的奖惩。对学业不良学生来说，奖励比惩罚更有效。奖励要与学生的实际努力一致，以精神奖励为主，物质奖励为辅。惩罚要合理，否则会引起学生的对立情绪。

第二，适时提供学习结果反馈。让学生及时了解自己的学习结果，会产生极大的激励作用。

第三，创设既有竞争又有合作环境。

b. 对以内部学习动机为主的学生，教学的关键在于如何通过学习兴趣的培养与激励来调动学生学习的积极性。

15.3 考研真题与典型题详解

一、单项选择题

1. 学生做作业时，有的学生喜欢和别人对答案，不敢肯定自己的回答；有的学生坚持自己的答案。坚信自己答案的学生认知风格属于(　　)。

A. 沉思型　　B. 冲动型　　C. 场独立型　　D. 场依存型

【答案】C

【解析】认知风格是指个体感知、记忆、思维、问题解决、决策以及信息加工的典型方式。CD 项，场独立型与场依存型是相对的一组认知风格，美国心理学家威特金把受环境影响大称为场依存型，把不受或很少受环境因素影响称为场独立型。AB 两项，沉思型和冲动型是相对的一组认知风格，杰罗姆·卡根通过实验发现，冲动型思维的学生倾向于根据几个线索做出很大的直觉的跃进，以很快的速度形成自己的看法，在回答问题时很快做出反应，反思型思维的学生倾向于在回答之前进行深思熟虑的、计算的、分析性的和逻辑的思考，先评估各种可替代的答案，再给出较有把握的答案。

2. 有的学生在回答问题时很快就做出反应，倾向于根据几个线索做出很大的直觉的跃进，往往以很快的速度形成自己的看法。有的学生则在做出回答之前倾向于进行深思熟虑的、计算的、分析性的和逻辑的思考，往往先评估各种可替代的答案，然后给予有把握的答案。前一类学生的认知方式属于(　　)。

A. 冲动型　　B. 场独立型　　C. 场依存型　　D. 反思型

【答案】A

【解析】知觉与思维方式以冲动为特征的学生常常表现为快速形成自己的看法，回答问题时反应迅速，根据几个线索做出很大的直觉的跃进。B 项，不受或很少受环境因素影响称为场独立型。C 项，受环境影响较大的称为场依存型。D 项，反思型思维的学生倾向于在做出回答之前进行深思熟虑的、计算的、分析性的和逻辑的思考，往往先评估各种可替代的答案，然后给予有把握的答案。

二、概念题

1. 学习风格[华东师范大学 2019 年研；华中师范大学 2018 年研]

答：学习风格是指人们在学习时所惯用或偏爱的方式，即是学习者在完成学习任务时所表现出来的具有个人特色的方式，学习风格的概念是多维的。关于学习风格的构成，有人认为包括六个类别，有人认为包含五大要素。我国学者认为对学习风格的划分应分别从生理、心理和社会三个层面进行。第一，学习风格的生理因素。学习风格的生理因素主要表现在学习者在进行学习时对时间节律以及感觉通道的偏爱。第二，学习风格的心理因素。包括认知过程中归类的宽窄、信息的继时加工与同时加工、场依存性与场独立性、分析与综合、沉思与冲动、理性水平的高低、学习兴趣或好奇心的高低、成就动机差异等。第三，学习风格的社会性要素。包括个体在独立学习与结伴学习、竞争与合作等方面所表现出的特征。

2. 三元智力理论

答：三元智力理论是由美国耶鲁大学的斯滕伯格提出的一种智力理论。该理论认为，人的智力是由分析性能力、创造性能力和应用性能力三种相对独立的能力组成的。多数人在这三种能力上存在着不均衡，个体的智力差异主要表现在这三种能力的不同组合上。斯滕伯格认为，一个完备的智力理论必须要说明智力的三个方面：智力的内在成分、智力成分与经验的关系和智力成分的外部作用。这三个方面分别构成了：①成分亚理论，解释影响智力水平的基本信息加工过程或成分，包括元成分、操作成分、知识获取成分。②情境亚理论，将智力与个体日常生活情境联系起来，解释个体与周围环境相互作用的基本方式。③经验亚理论，将智力与经验联系起来，用来解释与信息加工成分有关的不同水平的先前经验(相对新异情境和自动化)。

三、简答题

个体的差异有哪些方面？[东北师范大学 2019 年研]

答：同一年龄阶段、同一阶级、同一民族、同一社会的人的心理有共同的方面，但是其中每个人的心理却又各有各的特色。个体的差异主要表现在两个方面，即智力的个别差异和人格的个别差异。

(1)智力的个别差异

智力差异主要反映在水平差异和结构差异两个方面。前者包括超常、中常、低常三种发展水平的常态分布；后者包括智力类型、认知风格和学习方式等方面的差异。由于教学中的因材施教是以智力差异为依据的，所以还涉及因材施教与智力差异的关系；由于智力差异是可以测量的，因而又涉及个体智力测验和团体智力测验的理论与操作问题。另外，也可能涉及智力的性别差异问题。

(2)人格的个别差异

人格差异主要表现在两个方面，即人格类型差异和人格特质差异。人格同智力一样也是可以测量的，所以还要涉及人格测量的理论和操作问题，以及人格差异与教育的问题。

第16章 教学交往与课堂管理

16.1 复习笔记

【知识框架（庖丁解牛）】

- 教学交往与课堂管理
  - 班级人际关系与课堂管理
    - 班级人际关系
    - 课堂管理
  - 教学交往与课堂教学互动
    - 教学交往
    - 课堂教学互动
  - 课堂秩序的建立与维护

【考点剖析与拓展（游刃有余）】

考点一、班级人际关系与课堂管理

1. 班级人际关系

表16－1 班级人际关系

要点	具体内容		
含义	是指班级成员之间通过交往而形成的心理关系，主要包括师生关系和生生间的同伴关系		
划分维度	交往中的组织关系	正式关系	是指社会公共生活中以完成组织目标、满足社会需要为目的，受纪律规范等调节的人际组织关系，具有规范化、程序化、非情感性等特点
		非正式关系	是指班级成员在沟通交际过程中形成的以兴趣、情感等为纽带的，没有正式规定的关系，如兴趣小组
	交往者之间的角色	师生关系	是指师生在教育教学情境下，通过互动形成和发展的关系
		同伴关系	是指年龄相同或相近的儿童在共同活动中形成的相互协作的关系，包括友好型、对立型、疏远型三种，其中友好的同伴关系有利于教学目标的实现
心理成分	认知因素	①是班级人际关系的最显性层面，也是首要层面。 ②人际关系的认知与师生之间的相互评价息息相关	
	情感因素	是班级人际交往和谐、有效的隐性前提，也是双方特殊的内心情感体验。如师生、生生间情感上的相互认同、接纳，学生之间的合作互助，集体的情感共鸣等	
	行为因素	①是班级人际关系的最直接层面，直接反映人际交往的价值取向和情感倾向。 ②一般用行为方式的一致性程度来判断交往关系的亲疏	

续表

要点		具体内容
类型	同伴关系	①与学业成绩相互影响。学业成绩越高，被同伴接纳的可能性越高；良好的同伴关系影响学生学业成绩和教师教学体验。 ②与社会化相互影响。同伴关系影响同伴群体的社会化程度；学生感知到的班级人际越和谐，其表现出的亲社会行为就越多。 ③受个体换位思考能力影响。同伴交往的信息互动是学生克服自我中心主义、获得观点采择能力的主要途径。 ④影响个体自我概念和人格发展。同伴交往有利于学生理解合作与竞争的社会机制，并形成健康的自我概念
	师生关系	①受交往方式影响。包括单向交往、双向交往和多向交往。 ②受教师影响。教师对学生的理解、期待和指导都会影响师生关系

2. 课堂管理

表 16－2　课堂管理

要点		具体内容
含义	是指建立有效的课堂学习环境、保持课堂、促进课堂生长和目标实现的管理活动	
课堂管理的功能	创立良好的课堂环境 维持有效的课堂秩序	是教学活动顺利开展的基本前提。师生对课堂情境的认识存在差异，会导致课堂秩序不和谐，因此教师要转变教学观念和课堂管理方式，与学生协商以达成共识
	促进成员的有效交流 保持积极的课堂互动	交流是互动的前提，一方主动地与另一方进行交流，能够拉近二者之间的心理距离，促进双方良性互动的形成
	激发课堂的生命活力 促进课堂的持续生长	课堂的组织、生成和建构由师生共同完成。教师要营造蓬勃向上的心理氛围；课堂应具有不断发展、完善和超越自我的生命力，并挖掘师生的自我价值
课堂管理的目标	更多时间用于管理	①分配时间，即由课程表决定的时间。 ②教学时间，即完成常规管理任务后可用于教学的时间。 ③投入时间，即学生专注于学习的时间。 ④学业学习时间，即学生学有所得的时间
	更多学生投入学习	①营造良好的课堂气氛。 ②与学生互动。 ③监控学生的课堂参与情况。 ④明确表述课堂规则与期望
	帮助学生自我管理	重点为培养学生的学习责任感，具体步骤为： ①让学生参与课堂规则的制订。 ②引导学生思考制定什么规则、为什么制定、为什么出现不良行为等。 ③引导学生思考计划、监视和调节自己行为

续表

<table>
<tr><th>要点</th><th colspan="3">具体内容</th></tr>
<tr><td rowspan="12">课堂管理的内容</td><td rowspan="4">常规管理</td><td>设定目标</td><td>课堂目标可以促进课堂成员间的协调，引导课堂向积极的方向发展</td></tr>
<tr><td>制订计划</td><td>计划应由师生共同拟订以保证其可行性</td></tr>
<tr><td>组织协调活动</td><td>合理安排设备、场地、人员，协调活动成员与团体间的关系</td></tr>
<tr><td>管理资料</td><td>教师须善于利用学生基本信息、课堂规范等资料</td></tr>
<tr><td rowspan="2">环境管理</td><td>物理环境</td><td>教师要对教室内空间因素进行科学规划与整合，做到：
①减少拥挤。
②能看清每个学生。
③学生能观察到全班进行的活动。
④与学习活动相匹配</td></tr>
<tr><td>心理环境</td><td>是师生、生生在交互作用下形成的特殊的社会环境。心理环境管理要做到：
①创设丰富的课堂活动和教学情境。
②尊重、信任、关注学生。
③和谐的师生互动</td></tr>
<tr><td rowspan="2">活动管理</td><td>内容</td><td>课堂活动管理取得成功的重要因素是课堂活动的多样化。活动管理具体包括：
①活动的设计。
②活动内容的选择。
③活动方法的运用。
④活动资源的统合等</td></tr>
<tr><td>推进方式</td><td>惩罚、鼓励、强化等，运用奖惩要合理</td></tr>
<tr><td rowspan="2">秩序管理</td><td>重点</td><td>处理课堂冲突；矫正课堂问题行为；保证课堂规范</td></tr>
<tr><td>要求</td><td>教师要运用系统的课堂规范与管理策略来引导学生的课堂行为</td></tr>
<tr><td rowspan="2">课堂心理氛围的营造</td><td>含义</td><td colspan="2">是指师生在课堂教学中进行相互作用而产生的一种综合的群体心理状态，包括师生的注意状态、知觉状态、思维状态等，课堂心理气氛包括积极、消极和对抗三种</td></tr>
<tr><td>方法</td><td colspan="2">①接受、尊重、关爱学生，增强其自我效能感。
②营造无威胁性的课堂气氛，满足学生的安全感和归属感。
③让学生产生对课堂教学的控制感和自我决定感，培养他们积极的学习动机。
④引导学生在班级中建立集体感，为课堂机制的运行奠定思想基础</td></tr>
</table>

考点二、教学交往与课堂教学互动

1. 教学交往

表16－3　教学交往

要点	具体内容
含义	是指发生在学校教育教学情境中，以师生间的人际关系为主体，进行两者之间的信息交流与活动共享的活动，是一种特殊的人类社会现象和社会活动形式

续表

要点	具体内容			
主要特点	主体之间的互动性和连续性			教学交往是主体间动态的、循环的、双向的、按需进行的活动和交流，会影响互动主体的当前行为与后续行为
	信息整合的能动性和创造性			教学交往涉及主体精神世界的相互影响和协调，包括知识、思想、情感、人格、生活经验等多元信息
	情感体验的愉悦性			教学交往是教师唤醒、激励、期待学生，以促进其心理技能的成长，内化被经验化的材料的过程。师生情感逐渐形成视界融合，达成共识、共享
	教学效益的互惠性			教师以自身的知识才学、人格魅力来熏陶学生；学生在内化经验的过程中不断产生的新问题、新要求，又促使教师继续学习
	人际关系的可控性			师生间关系的决定因素是教师，教师可以通过各类活动来调节、控制师生、生生之间关系的形成与发展
功能	交互影响	目标追求		需要和目标一致是师生积极性趋同的心理条件；师生都能接受的目标是有效交往的前提；相互满足目标的共同作用能够产生内在动机、驱动积极性
		教与学的态度		师生，尤其是教师，对待教学的态度直接影响教学交往的效率；教师应采取民主的态度，引导学生接受影响
		群体规范		师生生活的群体不同，其群体规范也不同；规范影响行为，并制约交互影响的效果；教师要注意学生群体的非正式规范与教育者群体的规范之间的矛盾
	相互认同	过程		要形成对自我的认知、对对方的认知，以及对双方关系的认知；师生自我认知和对对方认知的同一性程度影响双方的相互认同
		影响因素	个性因素	师生间相互喜爱的个性品质越多，关系就越和谐；教师的个性和刻板影响等因素也影响其对学生的认知
			角色扮演	师生对于自身角色的正确认知与正确演绎，影响着对方对于自身角色的认同
			所属群体	群体的声誉影响着师生的自我认知和相互认知；教师要克服对学生的刻板印象、选择合理的参照群体，正确认识学生
	信息交流	基本任务		①信息转换为知识。 ②知识转化为能力。 ③促进人格的良好发展
		运作程序		①教师即信源，学生即信宿，语言、板书、模型等即中介。 ②教师在特定时间内向学生发送信息。 ③要弄清信息流失的主要原因
		影响因素		教师的个性、教学风格、学识水平等因素，学生的个性、学习兴趣、注意力和智能水平等的差异，影响学生的信息接收率
		阻碍因素		①智力操作系统问题，如师生任一方在智力操作过程中的失误。 ②文化知识系统问题，如师生双方社会观、共同语言的差异。 ③性格系统问题，如师生双方的性格差异。 ④角色问题，如师生间的角色差异。 ⑤群体问题，如缺乏积极、开放、互动的群体心理氛围

续表

要点	具体内容		
实现条件	交往主体心理条件	学生	学生的学习心向和风格影响教学交往，因此教师教学目标的实现须以学生主动加工、内化教学信息为基础
		教师	教师的人格特征影响教学交往；良好的人格特征为教学交往创造有利因素；消极的人格特征则会防碍教学交往
	教学信息有效传输	通畅	教学信息表达准确、传输有序，师生心理同步，教师及时调控
		高效	简化信号并合理编码；多通道传输；适量传输；重视非语言信息的作用
		有效	减少无效信息；确保信息能为学生所理解；遵循教学信息有效性的条件
	反馈功能有效发挥	主动接受反馈信息	设计不同层次的课堂提问，进行课堂讨论、探究，进行练习、考试分析，与家长保持信息沟通等
		善于接受反馈信息	善于从学生的目光、表情、姿态、答问中了解学生对教学信息的接受程度，进而评价教学效果，调整教学进度与教学内容
		分清主次及时反馈恰当调控	①应分清其主次，抓住主要问题。 ②对学生做出及时反馈。 ③根据教学任务，调控教学方向和学生行为
	交往风格灵活运用	交往风格的含义	是指每个人所独有的、相对稳定的交往方式，包括观念、作风、习惯等，是个人性格在交往中的体现
		特点	教师关心学生的态度、情感和学习，根据学生反应调整教学计划
		类型	包括权威型、逻辑型、争论型、放任型和民主型五种交往风格，它们各有优缺，选择教学交往风格应该根据具体情况而定

2. 课堂教学互动

表 16-4 课堂教学互动

要点	具体内容		
含义	是指在课堂教学环境中，师生、生生、人与环境之间，通过信息交换、沟通、分享、创造而相互影响、作用的方式和过程		
基本类型	范围	外互动	是指其中一方与外界信息传递的过程，是人与人、人与媒体、人与环境互动的综合。其中生生互动是影响学生成绩、社会化和发展的最有力因素，因此教师要充分利用小组学习来促进学生间的互帮互学
		内互动	是指互动主体内部的信息交流活动，包括感知、记忆、思维、想象、情感等心理活动。互动的活跃程度越高，互动主体的信息存储库的容量越大
	内容	认知互动	是教学的实质所在，也是师生教学互动的第一目标，能够发展学生的智能，其体现方式为教学设计
		情感互动	是认知互动的进阶体现，是师生双方在情感、心灵上所达成的意志和共鸣，是教学互动应追求的重要目标

续表

要点	具体内容		
基本类型	性质	正互动	是师生双方的需要得到满足时进行的积极的认知与情感交流。 ①学生的需要包括社会接纳、决策及亲和。 ②教师的需要包括被尊重与认同等
		负互动	教学过程中由于反馈延迟、错误而导致互动无效或产生消极影响的情况
	地位	平等互动	所有学生都有机会参与各项活动的互动。 ①在班级中，体现为观点共存，有双向或多向交流的信息网络。 ②学生可选择不同的学习方式、方法和时间。 ③教师对学生的期望要合理
		不平等互动	在教学中，教师表现出权威倾向，学生不敢发言，教师偏爱或漠视个别学生，这会导致学生所获机会不均等，部分学生厌学
认知偏差	原因	首因效应、晕轮效应、投射效应、近因效应等。认知偏差不利于学生形成积极的自我概念、不利于建构的和谐师生关系	
	消除措施	教师应主动树立正确的学生观，对学生进行客观、公正、准确的评价，避免认知偏差对学生的发展所带来的不良影响	
实施策略	内容为主	侧重具体教学内容的实施与教学任务的完成。 ①认知互动策略，包括创设问题情境、科学提问、适时适度、因材施教等。 ②情感互动策略，包括优化班级心理气氛、激发理智感及积极的教师期待等。 ③人格互动策略，包括引导自我评价与自我认同、通过自身人格魅力促进人格互动	
	条件为主	侧重激发、维持、调控教学进程。 ①背景创设策略，要求师生关系要融洽，教师要具备相应的互动技巧。 ②互动调控策略，包括激发主体意识、合作学习、角色转换等。要求学生有较强的主体参与意识和参与能力	

考点三、课堂秩序的建立与维护

表 16－5　课堂秩序的建立与维护

要点	具体内容		
课堂秩序的含义	是指教师在授课过程中保持和维护课堂纪律的行为，是提高教学质量的重要条件，它直接关系到教学活动的效率和教学任务的完成		
要求	师生平等，共同参与教学，共同制订并遵守规范，以营造均衡、和谐、理想的课堂情境		
步骤	确立管理目标	①依据学生的年龄与成熟水平。年龄越大，认知、推理能力越成熟。 ②依据学校氛围。秩序规范要与学校总体氛围一致。 ③依据学生特点与来历。要注意到不同学生的期望和需求	
	制订课堂规范	含义	课堂规范是学生进入课堂、参与课堂活动时应遵守的规范
		要求	区分规则和程序；正面表述为主，多用积极语言；师生充分讨论，共同制订
	完善课堂规范	①确保每个学生都清晰地理解规范。 ②确立后的几周内要不断强化。 ③不断调整课堂规范	

续表

<table>
<tr><th>要点</th><th colspan="4">具体内容</th></tr>
<tr><td rowspan="5">维持</td><td rowspan="2">有效监控课堂</td><td>发现问题行为</td><td colspan="2">①课堂问题行为是指违反课堂行为规范、影响课堂秩序、不利于教学顺利进行的消极课堂行为，如上课漫不经心、情感淡漠、逃避课堂活动等。
②发现课堂问题行为是有效维持课堂秩序的关键。
③教师要关注所有学生，并同时监控几个活动</td></tr>
<tr><td>鉴别问题行为</td><td colspan="2">①确定课堂问题行为的频率、影响、强度、持续性、有无消失的可能。
②分析行为产生的原因或背景，对课堂问题做正确归因</td></tr>
<tr><td rowspan="3">促进良好秩序</td><td>消除问题行为</td><td colspan="2">①运用非言语暗示、言语提示、惩罚等，其中运用惩罚要恰当。
②注意及时惩罚、结合说理、避免体罚。
③坚持奖励多于惩罚、公正一致性、与心理辅导相结合、积极倾听、最小干预、多方支持的原则。
④矫正要同家庭、社会等因素联系起来，必要的时候可以寻求家长和学校领导的帮助</td></tr>
<tr><td rowspan="2">强化有效行为</td><td>方式</td><td>①社会强化。教师利用面部表情、身体接触、语言文字等鼓励期望的行为。其内容包括契约强化、代币强化、集体绩效强化。
②活动强化。教师通过允许、支持学生参与其所喜爱的活动的方式，为学生良好的课堂行为提供强化
③榜样强化。教师提供行为范例供学生模仿、学习</td></tr>
<tr><td>注意</td><td>①正强化为主，负强化为辅。
②与学生的具体情况相结合。
③及时和正确强化。
④强化的最终目的是提高学生自控力</td></tr>
<tr><td rowspan="2">完善</td><td>维护有效规范</td><td colspan="3">①通过言语说服的方式，让学生认识到维护良好课堂秩序的重要性和积极意义。
②适时、明确向学生传达课堂规范行为标准，强化目标行为。
③对破坏课堂规范的行为进行相应的有效处理</td></tr>
<tr><td>补充修正规范</td><td colspan="3">教师要及时征求领导、同事和学生的意见，对规范进行补充、修改或调整，以保证课堂规范的有效实施</td></tr>
</table>

16.2 课后习题详解

1. 什么是班级人际关系？班级人际关系包括哪些类型？

答：(1)班级人际关系的含义

班级人际关系，是指班级成员之间通过交往而形成的心理关系，主要包括师生关系和生生间的同伴关系。班级人际的心理成分包括认知因素、情感因素和行为因素，是这三种成分构成的动态系统。

(2)班级人际关系的类型

①根据交往中的组织关系可分为：正式关系与非正式关系

a. 正式关系，是指社会公共生活中以完成组织目标、满足社会需要为目的，受纪律规范等调节的人际组织关系，具有规范化、程序化、非情感性等特点。

b. 非正式关系，是指班级成员在沟通交际过程中形成的以兴趣、情感等为纽带的，没有正式规定的关系，如兴趣小组。

②根据交往者之间的角色可分为：师生关系和同伴关系

a. 师生关系，是指教师与学生，在教育教学情境下，通过互动形成和发展的关系。

b. 同伴关系，是指年龄相同或相近的儿童在共同活动中形成的相互协作的关系。同伴关系的类型，包括友好型、对立型、疏远型三种。友好的同伴关系有利于实现教学目标。

2. 师生交往方式有哪几种？师生关系对学生的影响体现在哪些方面？

答：师生交往方式有多种类型，其对于学生的影响也体现在多个层面。

(1)师生交往方式

根据课堂教学中信息传递的方向和渠道，可将师生交往分为以下三种基本形式：

①单向交往，是指师生之间仅存在“授受”的单线联系，特点是师生缺乏良性互动，信息传递具有单向性，学生被动学习的教学效果差。课堂气氛单调、沉闷。

②双向交往，是指师生之间存在双向互动。双向交往比单向交往的程度更深，但总体上仍较为单调。双向交往可分为链式、轮式和环式。

③多向交往，是指师生、生生进行多方面的积极交往方式。是师生之间交往的最高形式，有利于双方之间的积极互动和信息的传递，促进学生积极学习，促进教学效果的提升。

(2)师生关系对学生的影响

①影响学生的认知。师生平等相处，良性互动，则有利于学生接受来自教师的知识信息，有助于丰富学生对世界的认知。

②影响学生的情感。教育即生活，受教育的过程也是学生生活的一部分，不和谐的师生关系会导致学生情感上的困惑，不利于学生健康的心理发展。

③影响学生的态度。师生关系直接影响学生对待教师的态度，而学生对教师的态度会间接影响学生对该教师所授学科的态度，这在低年龄学生中表现得更为明显。

④影响学生的行为。师生关系通过影响学生对教师的认知、态度和情感，影响学生对待教师的行为，如不听该教师的课，漠视教师的言语、动作等一切课堂教学行为。

3. 什么是课堂管理？课堂管理的含义、目标、功能、内容分别是什么？

答：(1)课堂管理的概念

课堂管理与课堂行为、课堂纪律、课堂气氛、组织教学、学习环境等密切相关。良好的课堂管理能够提高教学活动的参与性、保持教学过渡的流畅性、确保教学节奏的紧凑性、维持班级整体的注意焦点等。

(2)课堂管理的含义

从不同的角度出发，对课堂管理的定义也就不同。总体来说，课堂管理是指教师在课堂中，为建立、维护、完善良好的课堂秩序，达成一定的课堂目标，提升课堂效率而进行的一种管理活动。

(3)课堂管理的目标

①争取更多的时间用于学习。课堂管理能够消除学生的不良行为，创造良好的课堂环

境，让教师、学生将有限的时间更多用于传授、学习知识。其中，教师的教学时间包括四个层面：

a. 分配时间，即由课程表决定的时间。

b. 教学时间，即完成常规管理任务后可用于教学的时间。

c. 投入时间，即学生专注于学习的时间。

d. 学业学习时间，即学生学有所得的时间。

因此，教师运用时间的策略差异、不同学生持续注意和有效学习持续的时间差异都会造成学生学习效果的差异。课堂管理要从多个方面增加学生的学习时间。

②争取让更多的学生投入学习。教师善于营造良好的课堂气氛，善于与学生互动，善于监控学生的课堂参与情况，善于明确表述课堂规则与期望等因素，都能够让更多学生投入学习活动。

③帮助学生自我管理。良好的课堂管理最终要让学生知道如何管理自己。帮助学生自我管理的重点要放在培养学生的学习责任感上。具体的步骤包括：

a. 让学生参与课堂规则的制订。

b. 引导学生思考为什么制订以及制定什么样的规则，不良行为出现的原因等问题。

c. 引导学生思考计划、监视和调节自己行为。

(4)课堂管理的功能

①创立良好的课堂环境，维持有效的课堂秩序。良好的课堂秩序是顺利开展教学活动的基本前提。师生对课堂情境的不同认识，会导致课堂秩序的不和谐。教师要转变教学观念和课堂管理方式，通过协商与学生达成共识。

②促进成员间的有效交流，保持积极的课堂互动。交流是课堂互动的前提。一方主动地与另一方进行交流，能够拉近两者之间的心理距离，促进双方良性互动的形成。

③激发课堂的生命活力，促进课堂持续生长。课堂的组织、生成和建构由师生共同完成，教师要营造蓬勃向上的课堂心理氛围。课堂应该唤起一种不断发展、完善和超越自我的生命力，挖掘师生的自我价值。

(5)课堂管理的内容

①课堂常规管理。课堂常规管理的步骤包括：

a. 设定管理目标。管理目标的设定是课堂常规管理的必要条件，它为课堂的发展和学生遵循的规范指明了方向。

b. 制订管理计划。管理计划应由师生共同参与拟订，并保证其可行性。这样不仅可以获得学生的认同与支持，还能激发学生的积极性与责任感。

c. 组织与协调活动。组织与协调活动既要合理安排活动所需的设备、场地、人员，又要协调活动成员与团体间的关系。

d. 管理档案资料。教师必须熟悉并善于利用学生基本信息、课堂规范等资料。

②课堂环境管理。课堂环境管理的步骤包括：

a. 物理环境管理，是对教室内所有空间因素的科学规划与整合。教师要在有限的空间之内，使各种物理教学设施、设备相互协调，使教学环境为教学活动创造有利的条件，发挥各设施 $1+1>2$ 的效果。

b. 心理环境管理，是师生或生生间，在交互作用下形成的一种特殊的社会环境。教师要做到：创设丰富的课堂活动和教学情境；尊重、信任、关注学生；开展和谐的师生互动。

③课堂秩序管理。课堂秩序是指教师在授课过程中保持和维护课堂纪律的行为，是提高教学质量的重要条件，课堂秩序管理就是为建立、维护、完善课堂秩序而采取的管理行为。其中，问题行为经常在课堂秩序的维护阶段出现，这是一种违反课堂行为规范、影响课堂秩序、不利于教学顺利进行的消极课堂行为，如上课漫不经心、情感淡漠、逃避课堂活动等，所有学生都或多或少地存在问题行为。教师发现、鉴别、消除学生的问题行为，强化有效行为，能够为更好地监控课堂、强化良好的课堂秩序提供保障。

④课堂活动管理。课堂活动管理是教师为课堂活动作用的积极发挥而进行的管理行为，如对于活动的策划、组织、协调、反思等。多样化的课堂活动有利于课堂活动管理的成功。课堂活动的推进方式包括惩罚、鼓励、强化等方式。教师要合理有效地运用奖惩来激励学生。

4. 什么是教学交往？如何在课堂教学互动中减少认知偏差？

答：(1)教学交往的含义

教学交往是一种特殊的人类社会现象和社会活动形式，它发生在学校教育教学情境中，以师生间的人际关系为主体，进行两者之间的信息交流与活动共享。

教学交往与其他交往，在交往的主体、目的和方式等方面有所不同，具体表现为：

①教学交往一种人际交往，且这种人际交往必须以教学情境作为依托。

②师生是教学交往的主体，师生主体性发挥的程度将直接影响交往活动的质量。

③教学交往是师生间的信息交流与共享活动。教师与学生通过信息的交换，从而实现知识的共享，在此基础上进一步形成认知、情感上的交往与互动。

(2)在课堂教学互动中，减少认知偏差的措施

导致教师对学生出现认知偏差的原因包括：首因效应、晕轮效应、投射效应、近因效应等。教师应主动树立正确的学生观，对学生进行客观、公正、准确的评价，避免认知偏差对学生的发展所带来的不良影响。具体的措施包括：

①在课堂教学互动中，实施以内容为主的互动策略。以内容为主的互动策略，侧重于具体教学内容的实施与教学任务的完成，包括以下几种：

a. 认知互动策略，包括创设问题情境、科学提问、适时适度、因材施教等。

b. 情感互动策略，包括优化班级心理气氛、激发理智感及积极的教师期待等。

c. 人格互动策略，包括引导自我评价与自我认同、通过自身人格魅力促进人格互动等。

②在课堂教学互动中，实施以条件为主的互动策略。以条件为主的互动策略，适合用来激发、维持、调控教学进程，包括以下几种：

a. 背景创设策略，要注意师生关系要融洽，教师要具备相应的互动技巧。

b. 互动调控策略，要求学生具有较强的主体参与意识和参与教学的能力，包括激发主体意识、合作学习、角色转换等策略等。

此外，要注意将以内容为主和以条件为主的两类策略紧密联系起来、使其能够协同作用。

5. 什么是课堂规范？如何制订和完善课堂规范？

答：(1)课堂规范的含义

课堂规范，是指学生进入课堂、参与课堂活动时应遵守的规范，通常表现为规范学生课堂行为的一般性期望或标准。确定管理目标、制定并完善课堂规范，有利于良好课堂秩序的建立。

(2)制订和完善课堂规范的步骤

①制订课堂规范

制订课堂规范，教师要注意：

a. 区分规则和程序。两者都是关于行为规范的明文规定，但存在明显区别，具体如下：

第一，规则是针对学生而言，是对学生行为的一种限制。与程序相比，规则的数量较少，但更明确。

第二，程序是有序完成课堂活动的步骤，要向学生详细说明如何完成教师要求。程序的制立，要先分解活动，再分析活动并提出预防问题的措施。此外，还要根据学生的反馈意见，修正程序。程序的呈现方式有口头解释和书面形式两种。

b. 正面表述为主。表述会在潜移默化中进入学生的认知领域，因此，教师应多用积极的正面表述，引导学生向正确的行为方向发展。

c. 充分讨论，共同制订。规范应通过师生的充分讨论，并达成共识。新学期开始时，教师和学生要共同制订课堂规范，这有利于培养学生自觉遵守纪律并乐于承担责任的品质，有利于学生综合思维能力和社会性认知的发展。

②完善课堂规范

课堂规范要逐步完善，不能一蹴而就，教师要注意：

a. 确保每个学生都清晰地理解规范。

b. 要在课堂规范确立后的几周内不断予以强化。

c. 要不断调整课堂规范。

16.3 考研真题与典型题详解

一、单项选择题

1. 在教学情境中师生相互交流信息、思想、感情和共享信息的人际沟通活动称为(　　)。

A. 师生关系　　B. 师生沟通　　C. 教学交往　　D. 教学互动

【答案】C

【解析】教学交往是一种特殊的人类社会现象和社会活动形式，它发生在学校教育教学情境中，以师生间的人际关系为主体，进行两者之间的信息交流与活动共享。因此答案选 C。

2. 关于课堂管理和教学关系的表述，不正确的是(　　)。

A. 课堂管理影响了教学　　B. 教学影响了课堂管理

C. 两者相互发生影响　　　　　　　　D. 两者基本上不发生相互作用

【答案】D

【解析】课堂管理与教学密切相关，良好的课堂规则能够提高教学活动的参与性、保持教学过渡的流畅性、确保教学节奏的紧凑性、维持班级整体的注意焦点等。

二、概念题

1. 课堂管理

答：课堂管理是指教师为了有效利用时间、创造愉快的和富有建设性的学习环境以及减少问题行为等，而采取的组织教学、设计学习环境、处理课堂行为等一系列的活动与措施。其重要意义主要表现在它要实现的目标上，其目的不是维持课堂秩序、驯服学生，而是促进学生的学习和发展。课堂管理的目标包括三个方面：①争取更多的时间用于学习；②争取更多的学生投入学习；③帮助学生学会并进行自我管理。

2. 课堂纪律

答：课堂纪律是指学生在课堂活动中，其行为适当的度，具体表现为指向性的任务。换言之，课堂纪律是教师采取的方法，这些方法运用的目的是防止和处理学生的行为问题以减少行为问题的发生。课堂纪律，是课堂管理的一个方面，即行为管理。课堂纪律的好坏，是课堂气氛的重要表现。课堂纪律混乱，则影响教师和学生的情绪，进而影响教师教学的效率和学生学习的效率。

3. 课堂期望

答：课堂期望，又称教师期望，是指教师对所教学生的学习成绩、智力发展所寄予的期望。教师期望由心理学家罗森塔尔和贾可布森在研究中证明，他们认为，凡教师寄予高期望的学生，经一段时间后，其学习成绩均得到相应提高。他们将这种期望所产生的效应称为皮格马利翁效应。此外，被期待儿童往往对教师也施以有利的反馈影响，并具更深的信赖。这种心理上的互相期待的和谐统一，为学习和智力的发展提供有利条件。

三、简答题

1. 简述课堂学习管理的含义、功能及影响因素。

答：课堂管理和纪律是有效教学的重要成分，也是教师最关心的领域之一。课堂管理在整个课堂教学中处于重要的地位，对课堂教学具有维持、促进的作用。课堂的性质、教学、学生都影响课堂教学。

(1)课堂学习管理的含义

课堂学习管理是指教师在教学活动中，建立一个有效的学习环境，促进学生积极参与教学活动，从而实现预定教学目标的过程。20世纪50～70年代，课堂学习管理集中在控制学生的问题行为，处理学生的消极行为上。此后，课堂学习管理的概念有了较大的变化。目前，课堂学习管理强调的是促进学生积极的学习行为和争取成就的行为，创设鼓励学生积极学习行为的教学环境，预防问题行为的出现，这就是现代课堂学习管理的基本思想。

(2)课堂学习管理在教学中的功能

课堂学习管理在整个课堂教学中处于重要的地位，其功能主要包括维持功能和促进功能。

①维持功能。课堂教学管理的首要功能是为教学活动建立良好的学习环境，维持课堂教学的正常秩序，使教学活动能顺利地进行。

②促进功能。课堂学习管理的第二个功能是调动学生学习的积极性，启发其自觉性，以促进学生的学习。

(3)影响课堂学习管理的因素

①学校领导的管理方式。学校领导的管理方式对教师课堂学习管理有着直接的影响。学校领导如果采取民主管理方式，教师就能够发挥自主性和创造性，大部分的课堂学习气氛就会是活跃的、良好的；学校领导如果采取监督的、权威的、专制的领导方式，课堂学习管理的气氛就会比较紧张，学习气氛也就比较沉闷。

②学生的定型期望。定型期望是指人们对某一种职业或职务类型的人，在行为表现、动机和意向方面的期望。学生对教师的课堂教学行为，同样怀有一种定型期望，希望教师以某种方式进行教学和课堂学习管理。教师要时刻了解学生对自己的期望，尽量使自己的行为方式、处理方式等与学生的期望相一致、相协调，这样才能使师生关系更融洽、更和谐，从而取得更好的课堂学习管理效果。

③班集体的特点。对待不同性质、规模的班集体，应采取不同的课堂学习管理的模式。不同的班级往往有不同的规范和凝聚力，教师不能用固定不变的课堂管理模式对待不同性质的班级。班级群体不宜过大，一般以 30～40 人为宜，最多不超过 50 人。一般来说，班集体大，情感纽带弱，师生之间、同学之间交往的频率低，相互了解少，建立集体规范就比较困难，容易形成各种非正式的小群体。

2. 简述课堂气氛的概念、类型。

答：课堂气氛是指班级里各种心理学的和社会的气氛，可分为积极的、消极的、对抗的三种类型。课堂气氛是否良好与教师的课堂运作能力、移情、期望以及焦虑等有关。

(1)课堂气氛的概念

课堂气氛，又称课堂心理气氛或课堂心理气候，是教学情境中的心理成分。课堂气氛是在教学过程中，通过师生相互作用而产生和发展起来的，是由大多数学生的共同态度和情感的优势状态组成的。它是课堂学习赖以发展的心理背景，健康积极的课堂气氛有助于提高学生的积极性；相反，则降低学习效果。课堂气氛一旦形成，就具有相对的稳定性，会维持相当长的时间。

(2)课堂气氛的类型

课堂气氛是一种综合的心理状态，如知觉、注意、思维，情绪、意志以及定势等状态。我国学者依据这些心理状态综合表现的不同特点，将课堂气氛划分为积极的、消极的和对抗的三种类型。

①积极的课堂气氛。这种课堂气氛是恬静与活跃、热烈与深沉、宽松与严格的有机统一体，即课堂纪律良好，学生注意力高度集中，思维活跃。师生双方都有饱满的热情，课堂发言踊跃。在热烈的课堂气氛中，学生保持冷静的头脑，注意听取同学的发言，并紧张而又深刻地思考。师生关系融洽，配合默契。

②消极课堂气氛。这种课堂气氛以学生的紧张拘谨、心不在焉、反应迟钝为基本特征。在课堂学习过程中，学生情绪压抑、无精打采、注意力分散、小动作多，有的甚至打瞌睡。对教师的要求，学生一般采取应付态度，很少主动发言。学生害怕上课，甚至提心吊胆地上课。

③对抗的课堂气氛。这种课堂气氛实质上是一种失控的教学气氛。教师失去了对课堂的驾驭和控制能力，学生在课堂学习过程中，各行其是，教师有时不得不停止讲课来维持秩序。

四、论述题

1. 课堂问题行为的应对策略。［河南大学2015年研］

答：课堂问题行为是指学生在课堂中发生的，违反课堂规则，妨碍及干扰课堂教学活动正常进行的行为。课堂问题行为包括：品行方面的问题行为、人格方面的问题行为。课堂问题行为的应对策略有以下几点：

(1)运用积极的言语和非言语手段调控

教师发现学生出现问题行为时，不要指名道姓地批评，而要尽量用非言语行为控制。另外注意表扬和激励的运用。

(2)合理运用惩罚

①惩罚是有原则的，惩罚应偶尔为之。

②惩罚的目的在于使学生明白为什么要接受惩罚。

③惩罚的同时给学生提供一个可选的方法以获得某种积极的强化。

④惩罚时要注意强化学生与问题行为相反的行为。

⑤避免使用体罚。

⑥避免在教师愤怒或情绪不好时使用惩罚。

⑦在某一行为开始而不是结束时使用惩罚。

⑧在运用惩罚时，教师要坚持对事不对人的原则，执行惩罚时既要公平一贯又要灵活运用。

(3)引导学生参与学习活动，减少学生可能违纪的时间

当学生充分参与课堂时，学生的课堂问题行为就会减少，因此教师要引导学生积极、主动参与课堂。

(4)对学生进行合理的心理辅导

①给予倾听、接受、移情性的理解而不要给予批评、指示、约束、强制的教育。

②通过引导帮助学生找到产生问题行为的原因，分析问题行为带来的消极后果。

③帮助学生制定新的适应性课堂行为目标。

④给予情感发泄的机会，疏导学生内心忧郁、愤怒、冲动、不满、攻击、不安等消极情绪，从而消除问题行为背后的根源。

2. 试述如何创设课堂物理环境？

答：课堂物理环境是指师生双方教与学活动所处的客观环境，如学校的建筑、校园、校舍、教育设施，教室及教室中的色彩、照明度、温度、背景、噪音，班级规模及人数，

座位编排方式等。创设良好的课堂物理环境，可以从以下几方面入手：

(1)教室设置

教室一般应有6米×10米(宽×长)的空间，教室里前排课桌离黑板的距离应不少于2米，最后一排离黑板的距离应不超过9米，在教室的后面应建有供学生放置个人物品的书架或柜子。黑板应是墨绿色、平整、无裂缝、不反光。各种实验用具、电教用品均应安全可靠，不损害学生的健康。

(2)通风良好

在同一教室里大约有40~50名学生同时进行学习与活动。如果没有良好的通风设备，没有新鲜空气的流入，教室内的二氧化碳增加，空气就会浑浊不堪。在这种环境中学习，学生的感知能力和思维活动会受到压抑。

(3)温度适宜

温度它影响着学生的舒适水平、心理警觉以及学习效率等。据研究，教室中最适宜的温度为20℃~25℃之间，此时的智力活动最佳。由于各个学校所处的纬度不同，教室的温度变化较大，可随季节做出相应的调整。

(4)采光充足

一般来说，采光越好，学生就越容易学习。如果教室是以自然光源为主要照明光源，那么教室里的窗户应以宽而大为宜；如果教室是以人工光源为主要照明光源，就存在一个照明度的问题。在一般情况下，教室需有300~500勒克司的亮度。此外，照明须避免炫目，因为炫目容易造成视觉的紧张与疲劳，降低视觉的敏感性。

(5)色调宁静

教学环境中的色调也会影响学生的智力活动，浅绿色和浅蓝色会使人产生安静、和谐的感受，易于消除大脑疲劳，而深黄色和红色，由于它们太容易引起大脑的兴奋，会使人产生惶惶不安的感觉。因此，教室中的环境一般以淡蓝和淡绿的颜色为主。

(6)低背景噪音

噪音是一种令人不安或不适的听觉刺激，是一种污染，它会严重地干扰教学活动的有效进行。70分贝以上的声音即为噪音，在噪音环境中学习学生会感到疲倦，肌肉紧张，注意力涣散，有时甚至会出现多疑、易发怒等状况，严重的还会出现攻击性行为。背景噪音越大，分心作用越大。因此，学校应选择在远离尘嚣的区域。

(7)座位模式

座位模式是形成教学环境的一个重要因素，它对学生的学习动机、课堂学习行为和学生的学业成绩都有深刻的影响。沃尔伯格调查发现，坐在前排的学生一般是学习态度十分积极的学生，而坐在后排的学生则对学习持消极态度。贝克尔等人发现，坐在前排和中间的学生的学业成绩要比坐在后排和两边的学生好一些。

(8)班级规模

人们一般从一个班级中教师与学生之比来衡量一个国家的教育发展水平。师生比越低，说明教育水平越高，现在欧美各国的师生比都在降低，班级小规模化已成为世界各国的发展趋势。小班级给学生提供了学习机会平等的权利，适合不同学生的需要，从而使学生能将全身心的情感都倾注到学习活动中去。

第17章　美育心理及其效应

17.1　复习笔记

【知识框架(庖丁解牛)】

- 美育心理及其效应
  - 概述
    - 美育心理的基本概念
    - 美育心理学的形成和发展
    - 美育心理学的意义
  - 美育心理活动与美育心理效应
    - 审美心理结构及其发展
    - 美育心理活动
    - 美育心理效应分析
  - 以美育心的基本途径一教育审美化
    - 教育审美化的含义
    - 教学审美化设计

【考点剖析与拓展(游刃有余)】

考点一、概述

1. 美育心理的基本概念

表17-1　美育心理的基本概念

要点		主要内容
美育的含义		是指通过加强个体对各种自然美的感受、艺术美的鉴赏和社会生活美的实践，提高个体理解美、欣赏美、创造美的能力，进而促进个体形成良好的心态、习惯和高尚的道德、情操
美育心理与美育心理学		①美育心理，是个体在美育活动中对客观现实的主观反映，其过程包括认知、情感、意志三部分。 ②美育心理学，是研究个体在审美教育过程中出现的各种心理现象及其规律的学科
美育与美育心理	关系	①美育是美育心理产生的前提条件，没有美育活动，个体就无法产生一系列相关心理活动。 ②两者有着密切的联系，但各自又有着不可被替代的地位
	区别	①美育心理研究不能离开美育实践活动。 ②美育心理的研究要符合美育或教学审美活动的需要，并与美育实践活动紧密结合。 ③美育心理的研究有助于揭示美育的本质、规律和作用机制。 ④美育心理的研究需要分析各种审美心理现象，阐述师生心理活动的特点和规律
	联系	①美育研究更着重于美育的基本原理、原则、方法和作用问题的探讨。 ②美育心理研究更强调主体心理活动的过程和规律、美育效应发生的心理机制等

2. 美育心理学的形成和发展

表 17－2 美育心理学的形成和发展

要点	主要内容
美育心理思想源远流长	①美育心理思想，与美育思想同时诞生。但古代多强调美育为伦理道德服务的功能，如孔孟提出了具有美育思想性质的诗教、乐教理论，强调了诗和乐的教化作用。 ②美育具有培养人的审美能力、促进人的审美心理结构形成的独特功用，如《三百千》本身的音乐美与节奏美。近代教育家王国维和蔡元培是最早认识到这一点的教育家
美育心理学的创立和发展	①1983 年 4 月，刘兆吉教授发表了《试论美育心理学中的几个问题》一文，这是第一篇关于美育心理学的文章，标志着我国美育心理学的诞生。 ②1987 年刘兆吉教授发表了《创建美育心理学刍议》一文，提出了我国美育心理学的学科建构问题。 ③1991 年 9 月，刘兆吉教授主编的《美育心理学》一书问世，标志着我国美育心理学学科初步建成

3. 美育心理学的意义

表 17－3 美育心理学的意义

要点	主要内容
理论价值	①对丰富和发展教育心理学的基本理论、促进心理学科的发展具有重要的理论价值。 ②有助于揭示美育的本质、规律和作用机制，为美育的研究和发展提供指导和启示
实践意义	①为美育和教学审美实践活动提供心理学依据和方法指导，促进学校美育的科学化。 ②为美育工作提供了实践依据，使美育活动的开展更有效，有利于提高美育效应

考点二、美育心理活动与美育心理效应

1. 审美心理结构及其发展

表 17－4 审美心理结构及其发展

要点	主要内容
审美心理结构	①审美感知，是个体对审美活动的感觉和知觉，这是个体进行审美活动的基础。 ②审美情感，是个体对于审美活动中主客体关系的反应、体验和评价，是由审美对象所引起的主观体验，有无情绪情感色彩是区别一切审美与非审美的主要标志。 ③审美想象，是个体在审美活动中以自身原有的记忆表象为基础，对表象材料进行选择、分解与重组，形成未曾知觉过的新的形象的心理过程。 ④审美理解，是个体对审美对象的深刻内涵进行进一步的感悟和领悟
审美心理的形成和发展	①审美心理的萌芽期：个体的审美能力萌芽于儿童时期，主要来源于遗传中的普通感知能力。 ②审美心理的发展期：幼儿时期的儿童审美能力有一定发展，能够初步感受美，开始主动欣赏美，具备了一定程度的审美表现甚至创造能力。但还不能理解高深艺术语言和抽象艺术符号。 ③审美意识的形成期：在少年时代，个体的审美心理结构有飞速的发展，初步形成了包括审美感受、审美评价、审美欲望和审美理想在内的审美意识。其特点有：审美范围日益扩大；审美评价的形成；审美感受增强。 ④审美鉴赏能力的提高期：到青年期，个体审美鉴赏能力接近成人水平。但审美水平的发展和提高是永无止境的，如普通人无法欣赏一些专业性较强的艺术领域

2. 美育心理活动

表 17－5　美育心理活动

要点	主要内容
美育心理活动过程	①审美准备阶段，又称初始阶段，是指个体进入审美活动的预备阶段，包括静态的审美素养准备和动态的审美心理状态准备。 ②审美实现阶段，是指个体在审美情感推动下的审美联想和审美想象过程。主体心理在知觉材料和以往经验所积累的记忆表象的基础上，进行充分的想象和联想，使审美知觉建构起来的形象更完善，可表现为以下三个从低到高的层次：审美直觉；审美领悟；审美超越。 ③审美效应阶段，是指审美主体离开审美对象，结束对审美对象的现实加工之后的阶段，包括对当前审美活动的直接效应和对个体未来审美活动的间接效应
教学审美心理活动的特征	①认知形象性：在教学审美活动中始终伴随着生动可感的形象以及对生命形象的体验。 ②情感激励性：强调情感因素的动力作用，促进学生积极情感的发展。 ③自由创造性：教学影响通过对情感的熏陶、感染而实现，使师生思维敢于创造，善于创造

3. 美育心理效应分析

表 17－6　美育心理效应分析

要点	主要内容
美育心理效应的含义	是指美育和审美活动对个体心理结构形成和发展所产生的影响，主要包括主效应和副效应。 ①主效应是指美育和审美活动对个体审美结构所产生的影响。 ②副效应是指美育和审美活动对个体其他心理活动的影响
美育心理的认知发展效应	①提高审美能力，完善审美心理结构。 ②促进知识掌握，提高学习效率。 ③开发认知潜能，促进一般认知能力的发展
美育心理的人格培育效应	①培育良好品德。美育能丰富学生的道德情感体验，促进道德评价能力的发展，培养和发展良好的道德品质，使其道德情感更加丰富、稳定。 ②塑造健全人格。美育能帮助学生塑造健全人格，促进学生内部心理和谐发展、帮助学生正确处理人际关系，指导学生将智慧和能力有效地运用到工作学习生活中
美育心理的行为习惯养成效应	①美育心理的行为习惯养成效应，主要表现为美育和审美活动能够帮助学生养成良好的行为习惯，包括提高学生的生活趣味，美化言谈举止。 ②美育既能使个体抑制盲目的感性冲动，走向理性自觉，又使弱化理性冲动的强制性，实现感性自由，从而使社会成员的道德行为习惯更和谐、自由、有序

考点三、以美育心的基本途径——教育审美化

1. 教育审美化的含义

表 17－7　教育审美化的含义

要点	主要内容	
教育审美化的概念	含义	是指将所有的教学因素转化为审美对象，使整个教学过程转化成为美的欣赏、美的表现和美的创造活动，使整个教学成为静态和动态和谐统一、内在逻辑美和外在形式美高度和谐统一的整体，从而大幅提高教学效率、减轻学习负担，使师生都获得充分身心愉悦的一种教学思想、理论和操作模式
	转变	①将教育要素转化为具有审美品质或审美价值的审美对象。 ②将整个教学过程转化成为美的欣赏、美的表现和美的创造活动。 ③将纯粹的教学关系转化为师生共同欣赏的审美关系
教育审美化的条件	①教师必须充分了解学生审美心理发展的水平和特点。 ②教育教学活动要注重引导学生进入审美心理状态。 ③教师要在保证教学目标、教学内容的内在逻辑规定性和需要的前提下尽可能感性化，以形象、生动、丰富的感情化审美特质开展教学工作	
教育审美化的作用	①通过各种美的事物培养学生的审美欣赏力、审美表现能力、审美创造力，同时促进学生德智体美劳全面发展。 ②有效调动教与学的潜能，提高教学效率。 ③帮助学生集中注意、陶冶情感、开发智力。 ④减轻教与学的心理压力，促进心理健康发展	

2. 教学审美化设计

表 17－8　教学审美化设计

要点	主要内容
教学审美化设计的含义	是指在课堂教学中，运用美与审美的思想、方法和手段，改进教学活动，实现教学的审美转化，从而提高教学效益，促进师生素质和谐发展的过程
教学审美化的原则	①审美施教原则，是指将教学自身的规律发展与美联系起来，从而将审美的内容范围扩大到整个教育系统，即按照美的规律和人的审美心理特点与审美法则组织教育活动。 ②和谐发展原则，是指通过教学审美化使学生获得全面发展，通过各种美的事物促进学生德智体美劳各方面全面和谐发展。 ③艺术化原则，是指以教育为立足点，带着美学的眼光思考一系列教育问题，使教育活动在一种较全面的意义上展示出美的风采；教学活动的艺术手段是教学审美化的载体和体现者
教学审美化设计的内容	①教学目标审美化设计：要求教学目标的设置既要注重科学性，又要注重审美性，教学目标的定位既要强调知识的落实、方法的掌握，又要强化审美素质的培养、审美能力的提高。 ②教学内容审美化设计：是教学审美化的基础，教师要恰当充实、联系艺术，使学习内容成为审美对象。 ③教学手段与方法审美化设计：教学手段和方法的审美化体现了教学的静态美，能够为教学过程的审美化打下基础，包括教学语言、板书、体态、和现代化教学媒体设计的艺术化。 ④教学评价审美化设计：教师要以表扬、赞同、激励评价学生，使其在学习活动中体验到积极情感，进而激发其学习的自信心。 ⑤教学过程审美化设计：教师要根据审美支配的教学原则，按照教学内容发展的逻辑结构、教学目标以及学生身心发展规律来设计安排教学环节

17.2　课后习题详解

1. 你认为现在的学校教育在培养学生的审美能力方面做得怎样?

答：我对当代学校在美育方面的评价如下：

(1)将美育作为全面发展的素质教育的一部分，对美育有足够的重视

①1983 年，刘兆吉教授发表了《试论美育心理学中的几个问题》一文，标志着我国美育心理学的诞生。至今，美育心理学走过了几十年的发展历程，对各学段的美育心理教育进行了初步的探索。

②我国美育心理学虽起步较晚，但美育同德育、智育、体育一样，是学校教育的有机组成部分，是全面发展的素质教育的重要组成部分。

(2)发展了较为系统的以美育心的基本途径——教育审美化

教育审美化是学校教育情景下可采用的美育途径。教育审美化是指将所有的教学因素转化为审美对象，使整个教学过程转化成为美的欣赏、美的表现和美的创造活动，使整个教学成为静态和动态和谐统一、内在逻辑美和外在形式美高度和谐统一的整体，从而大幅提高教学效率、减轻学习负担，使师生都获得充分身心愉悦的一种教学思想、理论和操作模式。教学审美化设计的内容包括对以下几个方面的设计：

①教学目标方面：教学目标的设置既要注重科学性，又要注重审美性，教学目标的定位既要强调知识的落实、方法的掌握，又要强化审美素质的培养、审美能力的提高。

②教学内容方面：教学内容审美化设计是教学审美化的基础。教师要结合教学内容，恰当充实、联系艺术内容，同时对教学内容进行深入而广泛的挖掘，揭示出各种知识的美的信息，使学习内容成为审美对象。

③教学手段与方法方面：教学手段和方法的审美化体现了教学的静态美，能够为教学过程的审美化和教学内容的传递打下基础。教师要注意将审美活动贯穿整个教学过程，包括教学语言的表述、教学板书的设计、教学体态的体现、教学媒体的设计。

④教学评价方面：教师要以表扬、赞同、激励评价学生，使其在学习活动中体验到积极情感，进而激发其学习的自信心。

⑤教学过程方面：教师要根据审美支配的教学原则，按照教学内容发展的逻辑结构和教学目标，学生接受教学内容的心理结构和生理规律，来设计安排教学环节。

因此，现在的学校教育在培养学生的审美能力方面，已经有了足够的重视，也探索出了开展美育的基本模式，但在我国分支型教育制度下，迫于升学和分流的压力，美育教育的开展还是遇到了一些障碍，因此，学校还需要坚持将教育审美化的设计模式落实到所有教育活动中。

2. 你认为现代化教学媒体技术在实现教学审美化过程中扮演着怎样的角色?

答：教学中使用的现代化教学媒体技术是教学手段和方法中的一种。在教学审美化过程中，现代化教学媒体技术扮演的角色，或者说发挥的作用如下：

(1)现代化教学媒体技术是实现教学审美化的重要工具。现代化教学媒体技术，以通

信、计算机技术为基础，以信息处理为核心，集声、文、色、形于一体，从而使知识信息容量增大，内容更充实，形象更丰富，它改变了传统教学中知识线性输出的模式，使信息传输成为多层次、多渠道的开放空间。

(2)现代化教学媒体技术有助于教师以更加丰富的教学方法，使教学内容化大为小、化远为近、化虚为实、化静为动、化抽象为具体、化宏观为微观，把教学内容变得直观可感、生动形象，大大增强了教学效果。

(3)现代化教学媒体技术有助于学生运用多种感官迅速快捷地获得信息，完整准确地理解知识；同时，它的新颖性、趣味性、综合性等特点不仅可以促使学生认知、技能的发展，还可以促进学生兴趣、情感、心理等非智力因素的发展。

3. 有人说，实施教学审美化对于音乐和美术教师来说更为容易。你同意这个观点吗？为什么？

答：不同意这一观点，理由如下：

教育审美化，是指将所有的教学因素转化为审美对象，使整个教学过程转化成为美的欣赏、美的表现和美的创造活动，使整个教学成为静态和动态和谐统一、内在逻辑美和外在形式美高度和谐统一的整体，从而大幅提高教学效率、减轻学习负担，使师生都获得充分身心愉悦的一种教学思想、理论和操作模式。对音乐和美术教师来说，促进师生愉悦或许更容易，但教学审美化不仅仅要达到促进师生愉悦的效果，还要满足一定的条件，有一定的教育审美化的设计要求。因此，我不认同这一观点，具体分析如下：

(1)从教育审美化的作用来看

教学审美化的作用包括以下几点：

①通过各种美的事物培养学生的审美欣赏力、审美表现能力、审美创造力，同时促进学生德智体美劳全面发展。

②有效调动教与学的潜能，提高教学效率。

③有利于集中注意、陶冶情感、开发智力。

④减轻教与学的心理压力，促进心理健康发展。

音乐和美术本身就具有审美价值，因此，在一定程度上音乐和美术教师在使学生感受美、体验美、减轻心理压力上，更为容易。但教学的审美化的作用还包括开发学生智力，提高教学效率等内容，在这些方面，任何学科的教师都不容易，都要对教学进行精心的设计。

(2)从教育审美化的条件来看

任何学科的教师都必须努力做到以下三点，才能真正实现教育审美化：

①教师必须充分了解学生审美心理发展的水平和特点。这是进行教育审美化的前提。不同年龄阶段的学生，其审美心理发展水平和特点不同。

②教育教学活动要注重引导学生进入审美心理状态，包括激发学生审美需要以及引导学生产生审美愿望，这是教学审美活动产生的前提条件。

③教师要在保证教学目标、教学内容的内在逻辑规定性和需要的前提下尽可能感性化，以形象、生动、丰富的感情化审美特质开展教学工作。审美信息和审美化的教学信息是教育审美化的基础和前提，是产生美育心理的具体刺激物。

(3)从教育审美化设计来看

①要遵循教学审美化的原则。教学审美化的实现，必须坚持用美的规律来设计教学。具体来说，要遵循以下原则：

a. 审美施教原则，是指将教学自身的规律发展与美联系起来，从而将审美的内容范围扩大到整个教育系统，即按照要按美的规律和人的审美心理特点与审美法则组织教育活动。其基本内容包括设计教学环境、呈现教学内容、展开教学过程等。

b. 和谐发展原则，是指通过教学审美化使学生获得全面发展，通过各种美的事物促进学生德智体美劳各方面全面和谐发展。

c. 艺术化原则，是指以教育为立足点，带着美学的眼光思考一系列教育问题，把人类的审美引入教育实践，赋予教育过程美的属性，把美的问题扩展到教育领域，从而使教育活动在一种较全面的意义上展示出美的风采。

②要遵循教学审美化设计内容的要求，具体表现为以下几个方面：

a. 教学目标的审美化。教学目标的设置既要注重科学性，又要注重审美性，教学目标的定位既要强调知识的落实、方法的掌握，又要强化审美素质的培养、审美能力的提高。

b. 教学内容的审美化。教学内容审美化设计，是教学审美化的基础。教师要结合教学内容，恰当充实、联系艺术内容，同时对教学内容进行深入而广泛的挖掘，揭示出各种知识的美的信息，使学习内容成为审美对象。

c. 教学手段与方法的审美化。教学手段和方法的审美化体现了教学的静态美，能够为教学过程的审美化和教学内容的传递打下基础。教师要注意将审美活动贯穿整个教学过程，包括教学语言的表述、教学板书的设计、教学体态的体现、教学媒体的设计。

d. 教学评价的审美化。教师要以表扬、赞同、激励评价学生，使其在学习活动中体验到积极情感，进而激发其学习的自信心。

e. 教学过程的审美化。教师要根据审美支配的教学原则，按照教学内容发展的逻辑结构和教学目标，人接受教学内容的心理结构和生理规律，来设计安排教学环节。

17.3　考研真题与典型题详解

一、单项选择题

1. 美育心理学的研究对象是(　　)。

A. 美育心理现象　B. 美育心理原则　C. 美育心理原理　D. 美育心理方法

【答案】A

【解析】美育心理学是研究个体在审美教育过程中出现的各种心理现象及其规律的学科。美育心理现象是个体在美育活动中对客观现实的主观反映，美育心理过程包括认知、情感、意志三部分。美育心理学的研究对象为学生在美育活动中产生各种心理现象。美育研究更着重于美育的基本原理、原则、方法和等问题的探讨。因此，BCD 三项属于美育研究的范畴，A 项是美育心理学的研究对象。

2. 青少年的审美范围日益扩大，审美评价形成且审美感受增强是在(　　)。

A. 萌芽期　B. 发展期　C. 形成期　D. 提高期

【答案】C

【解析】个体审美心理的发展表现出年龄特征与个别差异的统一。青少年时期是个体审美意识的形成期。少年时期的青少年的审美心理结构飞速发展，初步形成了审美意识。其特点有：审美范围日益扩大；审美评价的形成；审美感受增强。因此答案选C。

二、概念题

美育[华中师范大学2017年研]

答：美育是有目的、有计划、有组织地通过各种美的事物，培养和发展学生的审美心理，提高学生认识、欣赏、表现和创造美的能力的特殊教育活动。美育的目标是以自然美、社会美、艺术美和科学美等为基本内容，促进学生审美心理素质发展和整体心理素质全面和谐发展。美育不是一般意义上的情感教育或人格教育，也不是一般的艺术教育或美学理论教育。

三、论述题

论述青少年审美心理发展的基本规律。

答：个体审美心理的发展表现出年龄特征与个别差异的统一。青少年时期是个体审美意识的形成期。由于知识范围扩大、思维能力的发展以及情感的丰富和性的成熟，青少年的审美心理结构快速发展，初步形成了完备的审美意识。其审美心理的发展表现出以下特点：

(1)审美范围日益扩大

儿童期，个体只能欣赏简单的艺术美和自然美，到青少年时期，个体不仅能欣赏简单的自然美，也能欣赏对复杂的自然美和艺术美以及社会美、科学美等。例如：

①青少年能够欣赏和评价诗歌、散文、小说、通俗音乐、绘画等。

②青少年的艺术理解能力进一步发展，对艺术作品的理解开始进入作品的深层意蕴，能够深入领悟艺术作品中蕴含的社会意义、历史意义和人生意义，有时可以把它们提高到哲理水平。

③由于道德规范的学习，青少年能够对社会事件进行初步的道德评价，形成审美价值观。例如，学生通过阅读历史人物传记，开始探索什么是崇高，由此产生对崇高的鉴赏。

(2)审美评价的形成

青少年时期，个体形成了自我意识，其审美评价的成熟不仅表现在自主性上，也表现在深刻性上。例如：

①青少年已经能自觉选择审美对象，并对其进行评价，还能明显地流露出对美的不同追求。青少年对服装、发型的自我选择和需要就是其审美自觉性的体现。

②青少年的审美评价不是停留于表面的直感式评价，而是在感知层次之外加上了伦理的、社会的、政治的、历史的尺度。

(3)审美感受增强

青少年的审美感受是强烈的，如他们在阅读艺术作品时，到精彩处，常拍案叫绝。他们对喜爱的事物，常赋予最大的热情；对丑恶的事物常恨之入骨。

第18章　教与学的评价

18.1　复习笔记

【知识框架(庖丁解牛)】

- 教与学的评价
  - 概述
    - 教与学的评价的含义
    - 有效测评的条件
    - 教学评价的类型
  - 教师课堂教学评价
    - 教师课堂教学评价概述
    - 教师课堂教学评价的内容和标准
    - 教师课堂教学评价的方法
  - 学生学习成效评价
    - 学生学习成效评价概述
    - 学生课业评价中的标准化方法
    - 学生课业评价中的非标准化方法
    - 非认知领域的评价
  - 测评结果的报告
    - 为什么要报告测评的结果
    - 测评结果报告的方法

【考点剖析与拓展(游刃有余)】

考点一、概述

1. 教与学的评价的含义

表18－1　教与学的评价的含义

要点	主要内容	
与评价有关的概念	①测量，是指根据一定的法则与程序，用数值量化事物属性的过程。 ②测验，是指测量和评价人的行为特性或心理特性的工具或方式，如考试、做量表等。 ③评价，是指对事物的价值进行衡量和判断。在学校教育中，其标准是测验分数	
什么是教与学的评价	含义	是指研究教师的教和学生的学的价值并做出价值判断的过程，常借助测量进行
	要求	①以教学目标为标准，进行价值判断。 ②强调运用多种方法，来收集评价所需资料与信息。 ③强调评价内容覆盖面广，对教学的过程、效果均做出评价

续表

要点	主要内容
教与学的评价的作用	①诊断学生的优势和不足。了解学生的知识基础和准备状况，为实现因材施教提供依据。 ②监控学生的进步。教与学的评价能够发挥监控功能，便于及时发现问题，评估并改进教学工作，提升教学效果。 ③对学生进行等级评定。等级评定是教学评价最主要的功能之一。等级评定要求评价内容广泛，信息获取渠道多元，从而保证评价的真实、准确。 ④评价教师的教学效果。教与学评价能够为教师提供教学过程与效果的反馈信息，从而帮助教师监控、调整、改进教学
教与学的评价的局限性	①评价的应用方面的问题：教学测评过分强调评价对被评者的区分作用，过分强调分数等级，有些评价成为教育教学活动的“指挥棒”。 ②设置评价目标方面的问题：不仅要注重对学科知识的测评，也要注重对学生的品质与能力的测评。 ③评价方法方面的问题：方法比较单一，大多是标准化测验

2. 有效测评的条件

表 18－2　有效测评的条件

要点		主要内容
信度	信度的含义	是指测量的一致性程度，这种一致性反映了测量结果的可靠性程度
	信度系数的含义	是指在测验中常以相关系数表示的信度指标，它采用同一被试样本所得的两组资料的相关系数作为测量一致性的指标
	估计信度的方法	①检验重测信度，即用同一量表测试同一组被试两次。 ②检验复本信度，即用两个不同版本的量表测试同一组被试。 ③检验内部一致性信度，即把同一组被试的某一部分和另一部分进行比较
	影响信度的因素	主被试、测验内容、测验环境等内外部因素都影响信度。一般测验越长，信度越高
效度	含义	是指一个测验或量表对其实际要测量的特性能测出的程度。效度与测验自身的有效性和测验分数推论的准确性有关
	分类	①内容效度，是指测验的题目在多大程度上代表了应测的内容。考察内容效度常用到双向细目表，它包括两个维度：即教学目标和教学内容。 ②效标关联效度，包括两类：a. 同时效度，是指测验分数与当前的行为或作业标准之间的关系；b. 预测效度，是指测验分数对于未来的行为或作业的预测能力如何。 ③结构效度，是指测验分数能够说明心理学理论的某种结构或特性的程度
	注意	①测验的效度始终是对一定的测量目和结果而言的；并且测验的效度是相对的，效度的高低是有一定适用范围和限制的，不是在任何范围内对任何测验目的都高效或低效。 ②效度和信度是相辅相成的，效度高则信度一定高，信度高的测验却不一定效度高

续表

要点	主要内容	
评价偏见	含义	是指评价者在进行各种评价时可能在评价对象的某方面存在偏见，或者偏爱与自己相似或关系相近的人
	负面影响	会降低学生的测验分数，干扰测验的有效性
	克服方法	成立审查小组

3. 教学评价的类型

(1)正式评价

正式评价，是指通过相对规范的评价程序和测验，通常是纸笔测验工具或者正式举行的活动，有针对性地了解学生情况的评价方式。如在对学生学习成效测评中采用的标准化测验。

(2)非正式评价

非正式评价，是指教师在和学生的日常教学互动过程中，以观察和交流为主要方式不断地了解学生，进而在有意或无意之间形成对学生某种看法和判断的一种评价方式。如档案袋评价法。

考点二、教师课堂教学评价

1. 教师课堂教学评价概述

表 18－3　教师课堂教学评价概述

要点	主要内容	
教师课堂教学评价的含义	是指对教师的课堂教学，尤其是对课堂教学的行为及效果进行的价值判断。包括对教学过程、学生活动、教学效果的评价	
类型	按目的划分	①奖惩性评价，是对教师进行晋级、嘉奖、降级、解聘等奖惩的依据。 ②发展性评价，是一种形成性评价，以促进教师专业发展为最终目的
	按主体划分	①外部评价，是不参与课堂教学活动的人员对教师的课堂教学的评价。 ②内部评价，是直接从事课堂教学活动的教师本人和学生群体的评价
	按资料收集手段划分	①现场观察评价，是评价者进入课堂，听教师讲课并及时进行的评价。 ②监视监听评价，是利用单向玻璃或摄像设备等手段进行的课堂评价。 ③录像评价，是用录像记录师生的教学过程，在课后进行的分析和评价。 ④问卷评价，是师生根据对教学的主观印象来回答事先编制好的评价问卷

2. 教师课堂教学评价的内容和标准

表 18－4　教师课堂教学评价的内容和标准

要点	主要内容
对教学有效性的考察	①有关有效教学的研究对教师课堂教学评价的内容和标准影响很大。 ②两种范式： a. 从教师的教学行为特征来探讨教学的有效性，如个人心理品质和行为特征等。 b. 从课堂教学的过程、结构，或结合两者来探讨教学的有效性

续表

要点	主要内容
评价内容与标准	①以教学过程和结构为主的评价内容和标准，其指标包括教学内容、教学艺术、课堂结构、课堂管理、教学效果等。 ②以学生活动和参与情况为主的评价内容和标准，其指标包括学生课堂参与情况、参与程度及课堂行为表现等。这种评价打破了原本以教师为中心的评价，但在指标的可操作性上有待加强。 ③两者结合的评价内容和标准，其指标包括教师的活动、学生的活动、师生的互动

3. 教师课堂教学评价的方法

表 18－5　教师课堂教学评价的方法

要点		主要内容
课堂观察和听课法	含义	是指评价者通过感官或借助一定的科学仪器，在课堂内有目的、有计划地记录、描述课堂中客观对象的表现，并做出评价的方法
	模式	①对课堂教学进行实录和评价。 ②采用相对较为完善的评价量表进行定量评价
录像评价法	含义	是利用录像将教师的教学过程和学生的活动记录下来，进行课后分析，并做出评价的方法
	步骤	①准备工作。做好观察、听课所需的准备，并且充分考虑环境因素，选用良好的录像设备。 ②课堂教学过程纪实。录像的内容和质量非常关键。摄制过程中要注意对教师纪实以及对一个理想学生纪实。有条件的话，最好有一两位观察员在现场观察、记录。 ③教师访谈过程纪实。课堂录像完成后，将准备好的访谈提纲提供给教师，对访谈过程进行录像，以便更清楚、完整的了解教师的设计构思以及其自我评价。 ④录像分析。录像往往只是一种评价资料的收集手段，对录像进行数据的编码、分析和评价才是关键
问卷法	含义	是指采用问卷对参与教学的师生进行调查和评价的方法
	问卷类型	①教师自评的问卷：教师对自身教育教学的能力、过程及成效的自我评价。 ②学生评价的问卷：学生对教师课堂教学给出意见与建议

考点三、学生学习成效评价

1. 学生学习成效评价概述

表 18－6　学生学习成效评价概述

要点	主要内容
学生学习成效评价的含义	是指教师通过搜集学生在课堂中的信息，对学生的学习状况和课堂教学效果进行判断和决策的过程
学生学习成效评价的目标	①传统测评的思考角度——教学目标。教学目标是对学习结果的预期，包括行为目标(要可操作、行为化、可测量)和认知目标(分为知识、领会、运用、分析、综合、评价六个层级)。 ②新的思考角度——学生发展。学生发展包括德智体多方面的全面发展，在其评价中有三大领域：知识与能力；情感、态度、价值观；过程与方法

2. 学生课业评价中的标准化方法

表 18－7　学生课业评价中的标准化方法

要点		主要内容
概述		学生课业评价主要有两种方式： ①传统的标准化测试，主要采用纸笔测试的方式，题目形式为客观题和主观题。 ②非标准化测试，如档案袋评价、表现性评价
客观性试题	含义	是指按预定客观标准记分的试题，主要包括填空题、是非题、计算题、选择题等
	优势	①能够排除评分的主观性与不确定性，评分客观而迅速。 ②试题经选择和分类构成了有代表性的样本，可提高测验的效度。 ③各个试题的分量又可有轻重之别。 ④具有其他试题所不及的在试题取样方面的广泛性与系统性，有助于提高测验信度
	不足	①编制不易，且缺乏编题技巧、粗制滥造的客观性试题，会突出其缺陷。 ②难以有效测量学生在语言表达、思维分析过程以及创造技能等方面的高级学习成就
主观性试题	含义	是指允许学生自由反应作答，作答结果是由被试构建的、相对完整而又符合所属科学规范要求的“产品”，主要包括论述题、证明题、计算题、作图题等
	优势	①更适合测量学生领会和理解学科知识和结构的深度。 ②有利于测量学生组织观念、整理证据、构思论据以及批判性思维的能力。 ③能使教师了解学生的独立性、创造性思维、认知风格等特征
	不足	①试题数量少，样本缺乏代表性，评分困难，主观性强，信度和效度差等。 ②测试过程有大量的书写任务，易使学生忙于书写而无心思考。 ③使学生弄虚作假，东拉西扯，离题太远

3. 学生课业评价中的非标准化方法

表 18－8　学生课业评价中的非标准化方法

要点		主要内容
表现性评价法	含义	又称真实性评价法，是指标准化测验以外的一类以行动、作品和操作等更真实的表现来展示学生各项能力及学习成果的评价方法，包括真实性任务与量规两部分
	特点	①不仅能够评价学生知道什么，而且还能评价学生能够做什么。 ②强调学习和思考的方法。 ③任务必须与真实情境相联系。 ④评价重点是过程和作品。 ⑤要事先确定评价的规则和标准
	类型	①口头报告与答辩。 a. 口头报告：要求学生用口头语言对学习内容进行反应。 b. 答辩：要求学生详细阐述专家的提问。 ②项目调查。如对市民不文明习惯的调查。项目可分为三种：个人项目；小组项目；个人－小组项目。

续表

要点	主要内容	
表现性评价法	类型	③角色扮演。一般局部或全部模拟真实情境而设立的，如模拟法庭。 ④小论文。要求学生对某问题进行描述、分析、解释、总结、评价或论证，可有效评价学生对问题的理解程度，也可测量学生的观点和论证的清晰性、批判性等。 ⑤学习日志。要求学生用文字、绘画、照片、录像等形式记录对活动设计及过程的反思、感想等。 ⑥科学实验。要求学生操作实验设备直接感知事物的综合性，有助于发展学生的高层次认知技能，动作技能、心智技能和问题解决能力等。 ⑦艺术作品。要求学生进行诗文、图画等形式的艺术创作
	步骤	①确定评价的目的。 ②设计任务。 ③确立评价标准。 ④师制作量规。可由师生共同参与，基本步骤包括：观看作品、列出标准、标明质量等级。 ⑤评价及反馈
	要求	①保证信度，如对评分者进行训练、制订评分规则、增加评定任务数量和评分者人数等。 ②保证效度，如调查学生完成任务时所经历的过程来加强表现性评价的结构效度
档案袋评价法	含义	是指教师依据教学目标与计划，请学生持续一段时间主动收集、整理个人学习表现的材料，以评定其努力、进步、成长情形的一种评价方法
	特征	由学生收集的有目的、有计划的大量作品构成；可提供学生发表意见和反省作品的机会
	功能	有利于提高学生学习的能动性，培养学生的多元能力；也有利于更好地发现并诊断问题，为改进提供扎实的基础；还有利于加强师生间的沟通等
	档案袋类型	①展示型档案袋，主要收集能够反映个人成就的材料，如自己的最佳作品，奖章等。 ②过程型档案袋，主要收集反映不同时间段的个人表现的材料，不仅有自己最满意的作品，也有不太成熟的作品
	档案袋构成	①封面：包括作者自我介绍和自我总结。 ②目录：按一定次序列出方便查阅的条目。 ③内容：包括必选内容和可选内容。 ④日期：每件作品都应记录时间。 ⑤草稿：作品的初稿和修改稿。 ⑥反思：包括对个别作品的反思和对整个档案袋的反思
	特点	①优点：强调以个体为主的评价标准，突出正面的鼓励性评价。 ②缺点：增加了教师的工作量；缺乏有效的评定标准；不能发挥筛选功能
概念图	含义	是某个主题的概念及其关系的图形化表示，是用来组织和表征知识的工具
	任务	①限制性任务：要求学生根据已给的一串概念和连接词将组织起来并画成概念图。 ②开放性任务：要求学生根据几个提示性的概念，自行发挥构思并画成概念图
	评分	①就学生概念图的成分来评分，概念图的成分主要包括命题、层次水平和实例。 ②通过比较学生的概念图和专家的标准图，给它们之间的重叠部分赋予分值。 ③综合前两种方式

续表

要点		主要内容
概念图	作用	①可有效探查学生的内部认知结构。 ②评价学生的预备知识，有效确认学生知识的缺陷，反映出学生头脑中的错误观念。 ③帮助教师确定在教学后，学生所建立的概念联系的广度与质量

4. 非认知领域的评价

(1)应用较多的非智力因素评价，主要是对学生的学习兴趣、学习态度、注意力、意志力等的评价。采取的评价方法包括学生自评、教师综合评定等。

(2)目前的新研究成果包括：

①对学生的心理素质进行综合评定，可用心理素质测评量表。

②对学生的非智力因素进行综合评定，可用专项评定量表或自编量表，如编制五级评分的态度量表等。

③对学生的特长进行评价，包括礼仪、运动等方面，通常需要家长参与，共同评价。

④对学生的操行进行评价，包括学生自我评价，小组评价，科任教师评价，班主任与科任教师最终的共同评语四大步骤。

考点四、测评结果的报告

1. 为什么要报告测评的结果

(1)改善教学，激发学习动机

对学生学业成效的报告，直接将教学目标与学生的进步对照起来，可较为清晰地显示学生的进步状况和教学目标的达成状况，可让学生知道自己的进步状况，激发其学习动机。

(2)向家长报告，协调家校教育

①有利于家长了解学校的教育教学目标，更有效地进行家校合作，共同促进学生发展。

②可促使家长在许多方面给予学生更多的支持和鼓励。

③有利于家长为学生制订发展规划和就业规划。

(3)便于管理和指导

①用于确定学生是否能继续升学或获得相应奖励。

②为教育管理部门提供信息，有助于教学管理的完成。

③能够使咨询辅导人员获得有关学生的情况，指导学生制订有针对性的发展计划。

2. 测评结果报告的方法

表 18－9 测评结果报告的方法

要点		主要内容
等级评定与解释	含义	是指教师在分数的基础上进行的等级评价和评语，并对等级做出的相应解释
	评定依据	①绝对标准，即以任务作参照标准，相对于课程的具体目标，采用百分制评价。 ②相对标准，即以群体、常模作参照标准，相对于班内其他同学，采用百分比等级评价。 ③进步量表，即以自我的发展、变化作为参照标准，比较此阶段学习的初始状态与最终状态的差距分级评价

续表

要点	主要内容	
评语	含义	是用相对简洁的评定性语言叙述评价的结果，评语可以弥补评分不足，可以评述分数难以反映的问题，随着教学评价的发展和发展性评价的深入，评语更加生动、有针对性
	报告方法	①评语内容，由模式化语言变为有针对性的个性化语言。 ②评语表述，由干瘪的条文变为有情感化用语的委婉和风趣的语言。 ③评语报告的时间，由过去学期末或学年末的一次性报告变为多次报告。 ④评语报告的撰写人，由教师包办变为全员参与
	形式	①“优点＋希望”型评语。 ②“个性＋期望”型评语

18.2 课后习题详解

1. 什么是教与学的评价？为什么要进行教与学的评价？

答：(1)教与学的评价的含义

教与学的评价，是指研究教师的教和学生的学的价值并做出价值判断的过程。教与学的评价，常借助测量进行，故又称教学测评。教学测评应强调：

①以教学目标为标准，进行价值判断。

②强调运用多种方法，来收集评价所需资料与信息。

③强调评价内容覆盖面广，对教学的过程、效果均做出评价。

(2)进行教与学的评价的原因

进行教与学的评价的原因在于：教与学的评价有利于教学的进行，有利于提高教学效果。其作用具体表现为以下几个方面：

①诊断学生的优势和不足。这种分析称为诊断性评价，指在某项教学活动开始之前对学生的知识、技能以及情感等状况进行的预测。目的是了解学生的知识基础和准备状况，以判断他们是否具备实现当前教学目标所要求的条件，为实现因材施教提供依据。

②监控学生的进步。教与学的评价能够发挥监控功能，便于及时发现问题，评估并改进教学工作，提升教学效果。

③对学生进行等级评定。等级评定是教学评价最主要的功能之一。等级评定要求评价内容广泛，信息获取渠道多元，从而保证评价的真实、准确。

④评价教师的教学效果。教与学评价能够为教师提供教学过程与效果的反馈信息，从而帮助教师监控、调整、改进教学。

2. 良好测评需要具备什么条件？

答：测评即测量与评价。测量，是指根据一定的法则与程序，用数字量化事物属性的过程；评价，是指对事物的价值进行衡量和判断。在学校教育中，衡量和判断的标志是测验分数。良好的测评应具备以下条件：

(1)具有较高的信度

信度，是指测量的一致性程度。这种一致性反映了测量结果的可靠性程度，即信度。测验要具有较高的信度，要注意：

①尽量减少测量误差。测验结果包括被测属性的实际水平，以及测量误差两部分。好的测试，往往误差小，信度高。

②提高信度系数。信度系数，是指测验中，常以相关系数表示的信度指标。它采用同一被试样本所得的两组资料的相关系数作为测量一致性的指标。

③合理运用估计信度的方法，并尽量提高信度。实际的教学测评中，用来估计测验信度的方法包括：

a. 用同一量表(测验或评价表)对同一组被试施测两次。

b. 用同一测验内容的不同版本对同一组被试施测。

c. 把被试在测验某一部分的表现与另一部分的表现进行相互比较。

④注意影响信度的因素。注意减少主被试、测验内容、测验环境等无关内外部因素对信度的影响。

此外，还可适当增加测验长度，使信度值增高；使测验难度水平保持在0.5左右，使分数分布范围最大。

(2)具有较高的效度

效度，是指一个测验或量表，对其实际要测量的特性，能测出的程度。效度与测验自身的有效性和测验分数推论的准确性有关。在教学测评中，要想提高效度，则要注意：

①从内容效度入手，要求测验的题目尽最大可能地代表应测的内容，体现其典型性。

②从效标关联效度入手，包括以下点：

a. 要使测验分数与当前的行为或作业标准之间具有密切的关联，从而保证同时效度。

b. 要使测验分数对未来的行为或作业具有尽可能大的预测能力，从而保证预测效度。

③从结构效度入手，要使测验题目能够充分说明心理学理论的某种结构或特性。

(3)努力克服评价偏见

①评价偏见，是指评价者在进行各种评价时，可能在评价对象的个人特征，如种族、民族、性别、年龄、性格、爱好等方面存在偏见，或者偏爱与自己的行为、人格特征相近或私人关系较好的人。

②评价偏见会降低学生的测验分数，影响测验的有效性，因此，良好的测评应尽量克服评价偏见，具体的方法成立专门的审查小组，从而判断、减少测验中偏见的存在。

3. 教师课堂教学评价的内容和标准有哪些？如何客观评价教师的教学成效？

答：(1)教师课堂教学评价的内容和标准

对教师教学评价的研究由来已久，评价的内容和标准也处在不断的发展过程之中。目前，对教师课堂教学评价的内容和标准主要包括以下三种：

①以教学过程和结构为主的评价内容和标准

具体指标主要有：

a. 教学内容，包括教学目标的明确度、内容的科学性、重难点的处理、练习的难易。

b. 教学艺术，包括启发学生思考、照顾个性差异、指导学习方法、教学语言和板书。

c. 课堂结构，包括教学环节的设计、复习提问与新课的衔接、讲授与练习的比例。

d. 课堂管理，包括按时上下课、严格要求学生、课堂纪律状况、正确评价学生。

e. 教学效果，包括课时计划的完成情况、学生对当堂知识技能的掌握程度等。

②以学生活动和参与情况为主的评价内容和标准

a. 具体指标主要有学生课堂参与情况、参与程度及课堂行为表现等。

b. 这种评价打破了原本以教师为中心的评价，但指标的可操作性上有待加强。

③两者结合的评价内容和标准

a. 具体指标主要有教师活动、学生活动以及师生间的互动。

b. 要具有一定的层次性，如刘志军提出的评价内容和标准分为以下三个层次：

第一，基础层次，如教师有明确的教学目标，能够根据目标安排和组织教学等。

第二，提高层次，如教师把学生作为学习的主人；学生积极听讲，认真思考，踊跃发言等。

第三，体验层次，如教师鼓励并支持学生创新；学生敢于并善于提问，发表不同见解等。

(2)客观评价教师的教学成效的方法

要客观地评价教师的教学成效，就要采用多种评价方法，综合不同的评价主体的意见，从而排除评价的主观性，使评价更为客观、科学。具体的方法包括以下几种：

①课堂观察和听课法

这是评价者通过感官或借助一定的科学仪器，在课堂内有目的、有计划地记录、描述课堂中客观对象的表现，并做出评价的方法。在具体的操作过程中，又包括以下两种模式：

a. 对课堂教学进行实录和评价，要求进行课堂教学实录，并在课后整理听课记录时，对课堂教学的质量进行定性的评价。

b. 采用相对较为完善的评价量表进行定量评价。要注意的是：评价表的制订要相对科学；评价具有模糊性和随意性；要加强对教学情况的质的描述。

②录像评价法。

这是利用录像将教师的教学过程和学生的活动记录下来，进行课后分析，并做出评价的方法。录像评价包括以下四个步骤：

a. 准备工作。除课堂观察和听课要准备的之外，还需注意环境条件、录像设备条件等。

b. 课堂教学过程纪实。摄像过程中要注意：对教师纪实；对一个理想学生纪实。

c. 教师访谈过程纪实。课堂摄像结束后，要访问教师，并将访谈过程摄录下来。

d. 录像分析。录像往往只是一种评价资料的收集手段，事后让教师和学生通过观看录像来反思和评价自己的教与学过程才是关键。

③问卷法

这是采用问卷对参与教学的师生进行调查和评价的方法。对教师和学生，要采用不同的问卷，具体区别如下：

a. 用于教师自评的问卷，即教师对自身教育教学的能力过程及成效的自我评价。

b. 用于学生评价的问卷，即学生对教师课堂教学进行评价并给出意见与建议。

4. 在实际教学活动中，对学生课业效果进行评价的方法有哪些？如何实施？

答：学生课业评价主要有两种方式：一是传统的标准化测试，主要采用纸笔测试的方式，题目形式为客观题和主观题。二是非标准化测试，如档案袋评价、表现性评价。这两种方式又包括不同的评价学生的课业成效的方法。具体的评价方法及其实施要点如下：

(1)标准化方法

①客观性试题

a. 含义：是指按预定客观标准计分的试题，一般包括填空题、简答题、是非题、匹配题、单项选择题或多项选择题等。

b. 实施要点：运用编题技巧、避免出现重复题、提纲成为答案的暗示等。

②主观性试题

a. 含义：是指允许学生自由反应作答，作答结果是由被试构建的、相对完整而又符合所属科学规范要求的"产品"，一般包括论述题、作图题、作文题等。

b. 实施要点：使内容样本具有广泛性和代表性；避免使学生忙于书写而无心思考；打击学生弄虚作假、离题等行为。

(2)非标准化方法

①表现性评价法

a. 含义：是指标准化测验以外的一类以行动、作品、表演、展示、操作、写作、制作档案资料等更真实的表现来展示学生口头表达力、文字表达力、思维思考力、随机应变力、想象力、创造力、实践能力及学习成果与过程的评价方法。包括口头报告与答辩、项目调查、角色扮演、小论文、艺术作品等。

b. 实施要点：

第一，注意表现性评价法的特点：不仅能够评价学生知道什么，而且还能评价学生能够做什么；强调学习和思考的方法；任务必须与真实情境相联系；评价重点是过程和作品；要事先确定评价的规则和标准。

第二，掌握正确的步骤：确定评价的目的；设计任务；确立评价标准；师生共同参与制作量规；评价及反馈。

第三，保证信度，如对评分者进行训练、制订评分规则、增加评定任务数量和评分者人数等；保证效度，如调查学生完成任务时所经历的过程来加强表现性评价的结构效度。

②档案袋评价法

a. 含义：是有目的地汇集学生的作业和作品，以展示学生在一个或几个领域学习中的进步与成就的方法。档案袋评价以实作的形式，请每位学生均设计与制作个人学习档案袋，就特定学习主题连续收集各种有意义的资料，经过整理、反思与统合，建构出有丰富内容、有创意的学习档案，以系统地展现学生个人学习的历程与成果。

b. 实施要点：要有目的、有计划收集学生的作品；要为学生提供发表意见和反省作品的机会。

③概念图

a. 含义：是某个主题的概念及其关系的图形化表示，是用来组织和表征知识的工具。概念图的测试任务包括限制性任务和开放性任务两种。

b. 实施要点：要注意两种任务的区别：限制性任务，即要求学生根据已给的一串概念和连接词，将它们画成概念图；开放性任务，即要求学生根据几个提示性的概念，充分发挥，画成概念图。

5. 根据测评分数怎样报告测评结果？以你所在班级某次测评成绩为依据，尝试撰写一份测评结果报告。

答：(1)测评结果的报告有一定的方法，常用的有两种：

①等级评定与解释，是指教师在分数的基础上进行的等级评价和评语，并对等级做出的相应解释。

②评语，是用相对简洁的评定性语言叙述评价的结果，评语可以弥补评分不足，可以评述分数难以反映的问题，随着教学评价的发展和发展性评价的深入，评语更加生动、有针对性。

(2)测评结果报告撰写

以等级评定与解释为例。等级评定的参照依据不同，等级的划分与对解释也就不同。我选择了绝对标准作为等级评定的参照依据。绝对标准，即以任务作参照标准。若采用百分制，则可将90~100分，80~89分，70~79分，60~69分，59分以下依次评定为A、B、C、D、E。

下面对我班五位学生在某次期末考试的成绩进行评价，并报告评价结果。

表1　期末考试成绩单(成绩为百分制)

学生姓名	语文成绩	数学成绩	外语成绩
小明	80	68	72
小华	88	92	80
小丽	90	85	90
小宇	75	68	80
小强	87	92	80
本次各科平均分	84	81	80.4

表2　绝对标准的依据及含义

分类等级	绝对标准(任务参照、标准参照) 相对于课程的具体目标
A	非常出色地掌握了学习目标要求的概念、原理和策略 学习目标达成，技能得掌握好 对更高级学习任务的准备很充分
B	学习目标要求的概念、原理和策略的掌握超过最低要求 学习目标要求的表现和大部分技能的掌握良好 对更高级学习的准备良好
C	概念、原理和策略的掌握达到最低要求 表现能力和使用基本技能的能力达到最低要求 对后面学习有几个方面准备不足

续表

分类等级	绝对标准(任务参照、标准参照) 相对于课程的具体目标
D	大部分概念、原理和策略没有掌握 没有达到一些重要的学习目标要求，没有掌握一些重要的基本技能 对后面学习有几个方面准备不足
E	大部分概念、原理和策略没有掌握 多数重要的学习目标没有达到，基本技能没有学会 不具备后面学习所需要的大多数条件

评价结果分析如下：

从成绩单中可以看出，小明的三科成绩为 BDC，小华的三科成绩为 BAB，小丽的三科成绩为 ABA，小宇的三科成绩为 DCB，小强的三科成绩为 BAB。根据等级的含义，对每个学生的各科成绩进行说明。

①小明的语文成绩为 B，数学成绩 D，英语成绩为 C，说明小明对语文知识与技能的掌握良好，对数学知识与技能没有掌握，对英语知识与技能的掌握不足，在今后的学习中，教师和家长应多关注数学和英语的学习，并且进行有针对性的指导，促进其自身的成长与提高。

②小华的语文成绩为 B，数学成绩 A，英语成绩为 B，说明小华对语文、英语知识与技能掌握良好，数学尤为突出，希望该同学继续保持良好的学习习惯，发挥优势。

③小丽的语文成绩为 A，数学成绩 B，英语成绩为 A，说明小丽语文、英语知识和技能掌握上非常优秀，可以在基础之上进行提升新的学习，对数学知识和技能掌握良好，希望该同学继续保持兴趣，发挥学习数学的优势。

④小宇的语文成绩为 D，数学成绩 C，英语成绩为 B，说明小宇对语文知识与技能的没有掌握，需要在今后重点学习，提升自己对语文学习的兴趣。对数学知识与技能掌握不足，可以在今后有针对性地多增加学习时间，对英语知识与技能掌握良好，可以发挥学习英语的优势，将学习技能迁移到学习语文和数学中。

⑤小强的语文成绩为 B，数学成绩 A，英语成绩为 B，说明小强在语文、英语知识技能掌握上非常优秀，可以进行更高层次的学习，数学尤为突出，希望该同学继续保持良好的学习习惯，发挥优势。

18.3 考研真题与典型题详解

一、单项选择题

1. 测验是测量一个行为样本的(　　)。

A. 基本过程　B. 全部过程　C. 主要过程　D. 系统程序

【答案】D

【解析】测验是评价的一种特定的测量活动或测量工具，是由一组题目组成并在相同的条件下通过施测来测量一个行为样本的工具或者系统的方法。

2. 教学测量的目的在于考核(　　)。

A. 教学成效　　B. 学生成绩　　C. 教学目标　　D. 教师绩效

【答案】A

【解析】测量是根据教育目标和测量的具体目标建立测量的量度标准，据此对学生现有的行为水平进行量化描述的方法，它要回答的是“程度”的问题，限于定量描述。

3. 在实际的教学过程中，教师通常会在一门课程结束后进行考试或测验，以评价学生对知识和技能的掌握程度。这种评价方式被称为(　　)

A. 形成性评价　　B. 诊断性评价　　C. 配置性评价　　D. 总结性评价

【答案】D

【解析】总结性评价的目的在于判断是否达到教学目标，检查教学的有效性和教材教法的适当性，考核学生的学习效果，确定学生的最终学习成绩，用于一门课程或教学活动结束后，如单元、章节、科目、学期结束时。

4. 关于教学测量与评价的分类，按教学评价的功能可分为(　　)。

A. 形成性评价和总结性评价　　B. 常模参照评价和标准参照评价

C. 配置性评价和诊断性评价　　D. 正式评价和非正式评价

【答案】A

【解析】布鲁姆依据学习评定在教学工作中的作用即教学评价的功能将学习评定分为诊断性评价(又称配置性或准备性评定)、形成性评价(又称诊断进步评定或进展评定)和总结性评价3类。B项，常模参照评价和标准参照评价是根据评定时的比较标准划分的。C项，配置性评价即诊断性评价，使用在教学目标确定后、教学前，目的是分析学生的起点行为，确定学生对新任务的准备情况。D项，正式评价和非正式评价是按照评价的严谨程度划分的。

二、概念题

1. 教学评价[湖北大学2019年研]

答：教学评价是指对教学工作质量所做的测量、分析和评定。它以参与教学活动的教师、学生、教学目标、内容、方法、教学设备、场地和时间等因素的有机组合的过程和结果为评价对象，是对教学活动的整体功能所做的评价。教学评价主要包括：对学生学业成绩的评价，对教师教学质量的评价和进行课程评价。根据评价在教学活动中发挥作用的不同，可把教学评价分为诊断性评价、形成性评价和总结性评价；根据评价所运用的方法和标准不同，可把教学评价分为相对性评价和绝对性评价；根据评价的主体不同，可把评价分为教师评价和学生自我评价。教学评价具有诊断、反馈、导向、激励、调控等功能。

2. 常模参照测验[首都师范大学2014年研]

答：常模参照测验是指将被试与常模相比较，以评价被试在团体中的相对地位为目的的测验。常模是根据标准化样本的测验分数经过统计处理而建立起来的具有参照点和单位的测验量表。常模参照测验重在个人与个人之间的比较，主要用于选拔或编组、编班。

3. 信度与效度［南京师范大学 2013 年研］

答：①信度是指测验所得分数的稳定性和可靠性。个体在数次接受同一测验时，都能获得近似相同的分数，这说明数次测量结果的一致性，即几次测验的相关系数越高，信度越大。判断信度时，可采用的方法包括：a. 重测法，是指在相隔的一段时间段的两个时间点，对同一组被试进行同一测验；b. 复分法，是指用两套试题对一组被试进行同一目的的测试，然后计算两套分数相关系数高低；c. 分半法，是指把所有的测验题平分为奇数题和偶数题，然后再求出这两类题得分的相关。②效度是指测量的正确性或有效性的指标，即测量的结果与所要达到的目标两者之间相符合的程度。一个测验所要测量的是被测者的某种比较稳定的水平，而不是其他方面的水平。如，数学测量考查考生对政治知识的理解与掌握的水平，而不是测量考生的写作水平。总之，效度是指测验本身所能达到目标的有效的程度，对某一个目标准确而有效的测验，对其他目标就不一定准确有效，测值的效度是与测量目标密切相关的。测量目的不同，效度就不同，一个测验可以包含多种效度。效度包括内容效度、效标效度、结构效度三种。

4. 多元智能理论

答：多元智能理论是由美国哈佛大学的加德纳提出的一种智力理论。该理论认为，“智力应该是在某一特定文化情境或社群中所展现出来的解决问题或制作生产的能力”，人类至少存在八种智能，包括语言智能、逻辑－数学智能、空间智能、肢体－动觉智能、音乐智能、人际智能、内省智能，以及他后来补充的自然观察智能。每一种智能代表着一种区别于其他智能的独特思考模式，但这些智能之间是相互依赖、相互补充的。受遗传和环境的影响，这些智能在不同个体身上的体现是有差异的。

三、简答题

简述学习评定功能。

答：学习评定功能包括：

(1)提供反馈

评定信息越明确、越具体，反馈的作用越有效。学习评定的反馈作用，具体表现为以下两方面：

①教师通过学习评定的反馈，了解教学效果。在课堂上教师可以随时提问学生，根据回答的情况推想学生对讲课内容的理解程度；经常让学生做一些小测验，能更准确地把握学生的学习进展。

②学生通过学习评定，能明确自己对知识的掌握情况。如果学生明白了自己的不足，在下节课的学习中就会对症下药。

(2)提供信息

学习评定为家长和学校提供了有效信息，具体表现为：

①学校可向家长报告学生的评定结果，可使家长通过成绩单，及时了解学生在学校中的表现，有助于家长配合学校，在家庭内建立一套以评定为标准的强化系统。

②学校通过评定的结果来选拔学生，对学生进行职业指导，为学生设计适合其能力发展的培养计划。

(3)作为诱因

评定结果作为诱因可以激励学生努力学习。学习评定能够激励学生付出最大的努力。要想通过评定提高学生的努力程度，需要注意以下几点：

①评定对学生实现有价值的目标要起关键作用或者有影响。

②评定要公平、客观。

③评定要有清晰的评估标准，学生知道怎么做才能获得好的评价。

④评定对评估要有合理的解释，根据情景不同而不同。

⑤评估应该具有经常性和挑战性，频繁短小的测验比偶尔的大测验更能促进学生学习。

(4)衡量教学

在教学活动中，评定确定教学行为在多大程度上接近预设的目标，判断教学活动的效果与效率。教学过程是一个需要学习评定不断向教学目标、起点行为和教学活动提供反馈、反复循环上升不断逼近教学目标的过程。若学习评定的成绩表明教学已经达到了既定的目标，就标志着旧教学过程的终结和新循环的开始。

四、论述题

常见的教学测验有哪些类型？它们各有什么特点和作用？

答：在学校教学过程中，教学测验可以用来测量和评价学生在一定群体中的等级，也可以用来测量和评价学生是否有效地完成了教学目标，根据不同的分类标准，常见的教学测验可以分为不同的类型。

(1)教学测验的类型

①常模参照测验与标准参照测验

a. 常模参照测验：以学生团体的平均成绩作为参照标准，就某学生得分的高低来说明其在学生团体中的相对位置(或名次)，将学生分类排队。学生成绩的高低是相对的。

b. 标准参照测验：参照规定的作业标准，核对学生的测验得分，评定其是否达到标准以及达标的程度如何。

②准备性测验、形成性测验与总结性测验

a. 准备性测验，一般在教学活动开始之前施行。其目的在于了解学生对未来的教学活动的准备状态，即是否具有完成新的教学任务所必需的基本知识和基本技能，从而有效地安排教学。

b. 形成性测验，一般在教学过程中进行。其目的在于了解学生在教学过程中达到教学目标要求的程度，探究教学中存在的问题或缺陷，以便及时调整教学，提高教学的自觉性和主动性。

c. 总结性测验，一般在教学活动结束后进行。其目的在于考查教学目标达到何种程度，判明是否有必要修订教学目标，重新进行补救教学，同时，检查教学活动的组织是否得当，教材的安排是否合理并确定学生的学习成绩。其目的在于对整个教育活动所取得的较大成果做更为全面的评价。一般在形成性测验的基础上进行。

③标准化学绩测验与教师自编测验

a. 标准化学业成绩测验，是指由学科专家和测验编制专家共同按照标准化程序为受过某种教学或训练的人员编制的测验，目的在于评价经教学或训练后的实际工作表现。

b. 教师自编测验，是指教师根据自己的教学经验和教学风格，而自行设计和编制，用来考查学生学习进步情况的测验。

(2)特点和作用

①常模参照测验与标准参照测验

a. 常模参照测验，着重学生个人之间的比较，适于区分学生的成绩水准，可供选拔、编班、编组之用。这种测验要求测得的分数变异性大，得分的范围广，充分显示个别差异；要求试题有很强的鉴别力。这种测验重视名次排列，鼓励竞争，对学生的学习能起考核和监督的作用，但缺少诊断困难的效用，且易引起学生过度的紧张与焦虑。

b. 标准参照测验，能用来考查学生的基础知识与技能的学习情况，哪些学得较好，哪些没有学好，需要补救。标准参照测验主要用于基本知识、基本技能的测量，用于诊断及个别指导。

②准备性测验、形成性测验与总结性测验

a. 准备性测验，一般属于掌握性测验，试题难度较低，考核内容主要是有关基本知识和基本技能，目的在于为制定教学目标和教学计划提供依据。这种测验一般在老师不了解学生的知识和能力时，或者所预测的学习结果非常具体并有明显的顺序的情况下采用。

b. 形成性测验，一般要根据情况进行多次，它应成为教学过程的一个有机组成部分。试题根据教学内容和教学要求制定，可难可易，一般由任课教师本人根据教学进度和实际教学情况实施。但它一般不以区分学生的优良程度为目的，不重视对学生分等鉴定，以及学生间成绩的比较。教学测量与评价的反馈—调节功能主要是通过形成性测验来实现的。

c. 总结性测验，因其涉及的范围广，所以测验的内容须注意代表性，各种试题的比例应与整个课程各类学习结果所占的比例相当。

③标准化学绩测验与教师自编测验

a. 标准化测验，是已经具备常模、效度、信度、施测程序和计分方法等基本条件的心理教育测验。智力测验和人格测验都可以是标准化测验，而标准化学绩测验则是标准化测验的一种。由于标准化学绩测验具有客观性和可比性的优点，所以它是评价学生学业成绩的重要工具之一。这种测验在国外使用比较普遍。

b. 教师自编测验，操作过程简单，施测手续方便，应用范围一般限于自己所任教的学科，是实际教学中应用最多和教师最愿意用的测验。